구약에 나타난 그리스도

네비게이토 선교회는
국제적이며 복음적인 기독교 기관이다.
예수 그리스도께서는 자기를 따르는 자들에게
"너희는 가서 모든 족속으로 제자를 삼으라"
(마태복음 28:19)는 지상사명을 주셨다.
네비게이토 선교회는 세계 모든 국가에서
예수 그리스도의 일꾼들을 배가시켜
이 지상사명의 성취를 돕는 것을
근본 목표로 하고 있다.

네비게이토 출판사는
네비게이토 선교회의 문서 선교를 담당하고 있다.
본 출판사에서는 그리스도인의 영적 성장을 돕는
서적과 자료들을 출판하여,
그리스도인의 삶의 기초가 견고한
헌신된 제자로 성장하게 하고,
나아가 성숙한 인격과 지도력을 갖춘
일꾼이 되도록 돕고 있다.

Translated by permission
Title originally published in English as
THE UNFOLDING MYSTERY by NavPress
Copyright © 1988 by Edmund Clowney
Korean Copyright © 1991, 2024
by Korea NavPress

EDMUND P. CLOWNEY
THE UNFOLDING
MYSTERY
DISCOVERING CHRIST IN THE OLD TESTAMENT

TO KNOW CHRIST AND TO MAKE HIM KNOWN

차 례

저자 소개 ·· 7

추천의 말 ·· 9

머리말 ··· 11

1. 새사람 ··· 23

2. 여자의 후손 ·· 45

3. 아브라함의 자손 ·· 55

4. 약속의 후사 ·· 79

5. 여호와와 여호와의 종 ··· 111

6. 모세의 반석 ·· 139

7. 여호와의 기름 부음을 받은 자 ···································· 165

8. 평화의 왕 ·· 211

9. 오실 주님 ·· 225

저자 소개

에드먼드 클라우니는 이 시대의 저명한 신학자요 교육자요 목회자입니다. 그는 휘튼 대학, 웨스트민스터 신학교, 예일 신학원을 졸업하고 휘튼 대학에서 신학박사 학위를 받았습니다. 1952년부터 1984년까지 약 30여 년 동안 웨스트민스터 신학교 교수로 재직하였으며 1966년부터 1982년까지는 총장을 역임하였습니다.

클라우니 박사는 여러 분야에서 탁월한 책을 저술했으며, 여러 신학교와 대학교의 초빙을 받아 활발하게 설교와 강의도 하며 일평생 주님의 종으로서 겸손히 섬겼습니다.

추천의 말

성경은 수십 권으로 이루어진 한 권의 책입니다. 성경은 66권의 독립된 책으로 되어 있으며, 서로 다른 다양한 문화적 배경을 가진 40여 명의 사람이 천오백여 년에 걸쳐 썼습니다. 그들 대부분은 서로 다른 시기에 서로 다른 장소에서 독립적으로 책을 썼으며, 자신이 쓴 책이 성경이 되리라고는 전혀 생각지도 못했습니다. 이는 아마도 세상에서 가장 놀랄 만한 일입니다. 성경은 다양한 문학 장르가 망라되어 있는 총서라고 해도 과언이 아닙니다. 성경에는 편지, 시, 역사, 찬송, 설교, 예언, 교훈의 이야기가 있는가 하면 통계 숫자도 있고, 법률도 있고, 사랑의 노래도 있습니다.

우리는 왜 수십 권의 책을 하나로 묶어서 '성경', 즉 '거룩한 책'이라 부르며 한 권의 책으로 다룰까요? 성경을 공부해 보면 금방 알 수 있듯이, 한 가지 이유를 든다면, 이 66권은 아주 깜짝 놀랄 만큼 서로 유기적인 연관성을 지니고 있기 때문입니다. 천 년이 훨씬 넘는 장구한 세월에 걸쳐 각기 따로따로 쓰여졌지만 66권의 책은 서로를 보완하고 조명해 주면서 어떤 특별한 목적하에 기획되었습니다. 66권 전체에 걸쳐, 한 주도적 인물(창조주 하나님)과 한 역사적 관점(세상의 구원)과 한 중심인물(하나님의 아들이요 구세주이신 '나사렛 예수')과 하나님 및 경건한 삶에 대하여 올바로 가르쳐 주는 한 견고한 공동체(그리스도의 몸 된 교회)가 나타나 있습니다. 진실로 성경의 내적 통일성은 회의적인 현시대의 불신앙을 도전하는 기적적인 사실입니다.

에드먼드 클라우니 박사는 훌륭한 성경 학자로서, 저자의 뛰어난 통찰력과 하나님을 경외하고 사랑하는 마음이 이 책 속에 잘 조화되어 있습니다. 이 책은 구약성경 전반에 걸쳐 예수 그리스도에 대하여 말씀한 바를 탐구한 책으로 저자의 최고 걸작이라고 할 수 있습니다.

이 책을 읽을 때 독자 여러분의 머리가 맑아질 뿐 아니라, 엠마오로 가던 제자들처럼 마음이 뜨거워지리라 믿습니다.

제임스 패커

머리말

'역사상 가장 위대한 이야기'. 흔히 성경에 대하여 이렇게 말하고 있는데, 여기에는 그럴 만한 이유가 충분히 있습니다. 성경이 가장 위대한 책으로 불리는 이유는 단지 성경이 놀라운 이야기로만 가득 차 있기 때문이 아니라 한 위대한 이야기, 즉 예수 그리스도의 이야기를 하고 있기 때문입니다. 역사상 가장 오래된 이 이야기는 전 세계 어디를 가나 지금도 이야기되고 있습니다.

그러면 이 이야기는 언제 어디에서 시작됩니까? 이천여 년 전 베들레헴의 어느 마구간에서 시작됩니까? 그렇지 않습니다. 누가복음은 예수님 탄생 일 년 전 일을 기록함으로써 이 이야기를 시작합니다.

제사장 사가랴와 아내 엘리사벳은 모두 나이가 많았고 자녀가 없었습니다. 어느 날 사가랴가 제사장 직무를 수행하려고 성소에 들어가 분향하고 있었습니다. 그때 주님의 사자가 나타나 향단 우편에 섰습니다. 사가랴는 천사를 보고 놀라며 무서워했습니다. 천사가 사가랴에게 말했습니다. "사가랴여, 무서워 말라. 너의 간구함이 들린지라. 네 아내 엘리사벳이 네게 아들을 낳아 주리니 그 이름을 요한이라 하라"(누가복음 1:13). 계속해서 천사는 요한이 장차 어떤 인물이 될지 이야기했습니다. 오래도록 자녀가 없던 이 노부부가 아들을 갖게 되리라는 사실도 놀라운 소식이었지만, 훨씬 더 놀라운 점은 그 아들이 선지자가 되리라는 소식이었습니다. 하나님께서 선지자들을 통하여 마지막으로 말씀하신 지가 수백 년이 흘렀습니다. 천사는 사가랴에게 그의 아들 요한은 옛 선지자 엘리야와 같은 인물이 될 것이며, 장차 오실 메시야의 길을 예비하기 위하여 부르심을 받은 자라고 알려 주었습니다.

하지만 천사가 세례 요한의 출생을 알리는 소식이 예수님 이야기의 시작은 아닙니다. 비록 누가복음이 세례 요한의 출생을 알리는 소식으로부터 그 위대한 이야기를 시작하였다 할지라도 그게 그 이야기의 시작은 아닙니다. 요한의 출생은 구약성경에 나오는 옛 예언의 성취였습니다. "보라. 여호와의 크고 두려운 날이 이르기 전에 내가 선지 엘리야를 너희에게 보내리니"(말라기 4:5). "이스라엘 자손을 주 곧 저희 하나님께로 많이 돌아오게 하겠음이니라. 저가 또 엘리야의 심령과 능력으로 주 앞에 앞서 가서 아비의 마음을 자식에게, 거스리는 자를 의인의 슬기에 돌아오게 하고 주를 위하여 세운 백성을 예비하리라"(누가복음 1:16-17). 이 예언은 구약성경 마지막 페이지에 나옵니다. 그러나 이 예언 역시 그 위대한 이야기의 시작은 아닙니다.

그 이야기의 시작을 알아내려면 훨씬 더 거슬러 올라가 엘리야에 대하여 읽고, 그가 주님의 오심을 어떻게 예비했는가를 알아보아야만 합니다. 그러나 엘리야 역시 이 이야기의 시작은 아닙니다.

그러면 과연 얼마나 거슬러 올라가야 합니까? 누가복음은 우리에게 놀라운 답을 하나 제시해 줍니다. 곧 예수님의 계보입니다(누가복음 3:23-38). 예수님의 계보는 스룹바벨, 나단을 거쳐 다윗에게로 거슬러 올라가며, 거기서 다시 유다, 아브라함, 셈, 노아, 셋, 아담을 거쳐 마침내 하나님께로까지 거슬러 올라갑니다. "그 이상은 아담이요, 그 이상은 하나님이시니라"(38절). 누가복음은 예수님의 이야기가 인류의 시작으로부터 시작된다는 사실을 말해 줍니다. 예수님은 아담의 아들이요, 하나님의 아들이셨습니다. 따라서 예수님의 이야기를 시작하려면 성경의 맨 첫 페이지로부터 시작해야 합니다.

그러면 하나님께서 사람을 처음 창조하신 내용이 예수님 이야기의 시작입니까? 그렇지 않습니다. 요한복음에서는 훨씬 더 앞으로 거슬러 올라갑니다. "태초에 말씀이 계시니라. 이 말씀이 하나님과 함께 계셨으니 이 말씀은 곧 하나님이시니라"(요한복음 1:1). 진실로 예수님의 이야기는 영원 전으로 거슬러 올라갑니다. 요한계시록 22:13에서 예수님께서는 자신에 대하여 이렇게 말씀하셨습니다. "나는 알파와 오메가요 처음과 나중이요 시작과 끝이라." 예수님께서는 창조주시요 모든 역사의 궁극적인 목표이십니다.

요한복음은 "태초에"라는 말로 시작함으로써 그 위대한 이야기의 참된 시작이 어디인가를 가리켜 줍니다. 사도 요한이 예수님에 대하여 이와 같이 놀라운 결론에 다다른 것은 단지 자신이 듣고 목격한 예수님의 말씀과 행동으로부터만 나온 것은 아니고, 예수님을 약속의 주님이시요 이스라엘의 구주로 인식하게 되었기 때문입니다. 사도 요한은 요한복음을 기록한 목적을 이렇게 말합니다. "오직 이것을 기록함은 너희로 예수께서 하나님의 아들 그리스도이심을 믿게 하려 함이요, 또 너희로 믿고 그 이름을 힘입어 생명을 얻게 하려 함이니라"(요한복음 20:31). 요한이 말한 의미를 잘 이해하기 위해서는 그가 잘 알고 있었던 이야기, 즉 구약의 이야기를 알아볼 필요가 있습니다.

어린 시절 성경 이야기를 들은 사람들은 누구나 성경에는 위대한 이야기가 많다는 사실을 잘 압니다. 그러나 성경에 있는 여러 가지 이야기는 잘 알면서도 성경이 말하는 참된 이야기는 모르는 경우가 많습니다. 성경을 일컬어 '진리의 보석이 가득한 황금 상자'라고도 하는데, 사실 성경은 훨씬 그 이상입니다. 성경은 교훈, 시, 법률, 건축 관계 기사, 연대기, 예언 들을 잡다하게 모아 놓은 책이 결코 아닙니다. 성경은 하나의 굵은 이야기 줄거리를 가지고 있습니다. 성경은 한 편의 드라마입니다. 이 드라마는 이스라엘의 역사를 배경으로 하고 있지만, 이스라엘의 역사를 알려 주는 데 목적이 있지 않습니다. 하나님께서 택하신 백성인 이스라엘은 하나님의 기대를 저버렸습니다. 성경은 이스라엘 민족에게 경의를 표하지도 않으며, 오히려 반복해서 이스라엘을 정죄하고, 하나님의 준엄한 심판을 경고하며, 그 심판이 정당했음을 보여 줍니다.

성경 속의 이야기는 하나님의 이야기입니다. 하나님을 거스른 죄악 된 인간을, 그들의 어리석음과 죄와 멸망으로부터 구원하기 위하여 하나님께서 행하신 일을 기록하고 있습니다. 이 구조 작전에서 하나님께서는 늘 주도권을 쥐십니다. 사도 바울은 하나님의 구원 사역의 드라마를 깊이 생각하면서 이렇게 하나님을 찬양합니다. "이는 만물이 주에게서 나오고 주로 말미암아 주에게로 돌아감이라. 영광이 그에게 세세에 있으리로다. 아멘"(로마서 11:36).

오직 하나님만이 수천 년에 걸친 이 드라마를 계속 연출하실 수 있었습니다. 이 드라마는 처음부터 그 끝이 예고되었으며, 이 드라마를 전개해 나가는 원리는 우연이나 운명이 아니라 하나님의 약속이었습니다. 하나님의 계시가 아니었다면 불가능했습니다. 사람들은 대개 자신이 생각해 낸 줄거리를 중심으로 허구적인 이야기를 만들어 냅니다. 그러나 하나님만이 참되고 궁극적인 목적을 향하여 역사를 이끌어 가실 수 있습니다. 맨 처음부터 하나님의 목적은 하나님의 아들을 중심으로 하고 있습니다. "그는 보이지 아니하시는 하나님의 형상이요 모든 창조물보다 먼저 나신 자니, 만물이 그에게 창조되되 하늘과 땅에서 보이는 것들과 보이지 않는 것들과⋯ 만물이 다 그로 말미암고 그를 위하여 창조되었고"(골로새서 1:15-16).

하나님의 창조는 하나님의 아들로 말미암은 것이며, 또한 그 아들을 위한 것입니다. 하나님의 구원 계획 역시 그리스도 안에서 시작하여 그리스도 안에서 끝납니다. 아담과 하와가 에덴동산에서 쫓겨나기 전에 이미 하나님께서는 하나님의 목적을 말씀하셨습니다. 우리를 구원하시기 위하여 자기 아들을 세상에 보내리라는 사실입니다(창세기 3:15).

하나님께서는 하나님의 목적을 단번에 모두 성취하시지 않았습니다. 하나님께서는 당장 그리스도를 보내어 에덴동산의 문 옆에 있는 하와에게서 나게 하시지도 않았으며, 시내산에서 모세에게 주신 돌판 위에 성경 전체를 새기시지도 않았습니다. 그보다는 자신이 때와 기한의 주님이시라는 사실을 보여 주셨습니다(사도행전 1:7). 하나님의 구원 사역의 이야기는 하나님의 약속의 말씀을 따라 하나님께서 정하신, 역사의 때와 기한 속에서 전개되어 왔습니다. 하나님께서는 자신의 능력의 말씀으로 만물을 창조하셨습니다. 하나님께서 말씀하시면 그대로 이루어졌습니다. 하나님께서 명령하시면 견고히 섰습니다. 하나님께서 "빛이 있으라"라고 말씀하시자 빛이 있었습니다(창세기 1:3). 동일한 방법으로 하나님께서는 어떤 사실을 약속하셨습니다. 그 약속의 말씀이 미래 시제로 되어 있다고 해서 결코 능력이 덜하지 않습니다. 하나님의 모든 약속은 확실합니다. 이미 성취된 것도 있고, 어떤 약속은 장차 하나님께서 정하신 때에 반드시 성취될 것입니다(창세기 21:2 참조).

이 구원 사역의 이야기는 하나님의 이야기입니다. 그렇다고 이 구원 사역에서 우리 인간은 그저 방관자에 불과한 것이 아닙니다. 하나님께서는 어떤 때는 우리에게 가만히 서서 하나님께서 우리를 위하여 행하시는 구원을 보기만 하라고 말씀하시지만(출애굽기 14:13-14), 어떤 때는 대적하는 민족들과 싸우라고 말씀하시기도 합니다. 하나님께서 우리를 위하여 대신 싸우시든 우리가 싸우든 하나님께서는 우리가 전심으로 하나님을 믿고 의뢰하며 우리 자신을 하나님께 헌신하게 하십니다. 하나님께서는 자기 백성을 구원하여 주실 것을 약속하셨기 때문에, 우리는 기쁨으로 '구원은 여호와께로부터 온다'(요나 2:9 참조)고 고백할 수 있습니다. 그러나 하나님께서는 자신이 약속하신 바를 한꺼번에 모두 성취하시지 않기도 하기 때문에, 하나님의 백성의 믿음은 때로 시험을 당하기도 하고 시련에 처하기도 합니다. 이러한 시련 가운데서 하나님께서 약속하신 구원을 더욱 간절한 마음으로 갈망하기도 합니다. 그러나 때로는 그 약속이 성취되려면 아직도 멀게만 보이고, 현실과는 너무나 거리가 먼, 단지 하나의 꿈이나 환상에 불과한 것처럼 여겨지기도 합니다. 그리하여 때로는 불신앙의 희생 제물이 되어 이렇게 외칩니다. "여호와께서 우리 중에 계신가 아닌가?"(출애굽기 17:7).

신약성경의 저자들은 구약 성도들의 믿음이 어떠하며 얼마나 강하였는지를 우리에게 상기시켜 줍니다. 히브리서 기자는 그들의 고난과 승리를 자세히 연구하여 다음과 같이 결론을 내리고 있습니다. "이 사람들은 다 믿음을 따라 죽었으며 약속을 받지 못하였으되 그것들을 멀리서 보고 환영하며 또 땅에서는 외국인과 나그네로라 증거하였으니"(히브리서 11:13).

하나님께서는 고난받는 성도들을 격려하고 강하게 해 주시려고 자주 하나님의 약속을 반복해서 말씀해 주셨습니다. 하나님께서는 선지자들을 통하여 이스라엘에게 말씀하시고 자신을 거역한 자들의 죄를 공공연히 책망하기도 하셨지만, 하나님의 백성에게 임할 놀라운 복에 대하여도 선포하셨습니다. 사도 베드로는 저 구약의 예언자들의 사역을 깊이 생각하고 나서 다음과 같이 말했습니다. "이 구원에 대하여는 너희에게 임할 은혜를 예언하던 선지자들이 연구하고 부지런히 살펴서 자기 속에 계신 그리스도의 영이 그 받으실 고난과 후에 얻으실 영광을 미리 증거하여 어느 시, 어떠한 때를 지시하시는지 상고하니라"(베드로전서 1:10-11). 선지자들뿐만 아니라 하늘의 천사들도 하나님의 위대한 계획의 비밀을 살펴보기를 간절히 원한다고 말했습니다(12절).

하나님의 드라마는 결코 꾸며낸 이야기가 아닙니다. 성경의 이야기는 참역사이며 수많은 사람들의 삶 속에 기록되어 있습니다. 사망이 지배하는 세상에서 그들은 인내하며 하나님의 신실하심을 믿었습니다. 우리가 구약성경의 핵심 줄거리를 잊어버린다면 또한 그들의 믿음의 증언을 놓치게 됩니다. 그것을 빼 버리면 성경에서 심장을 잘라내 버리는 셈입니다. 성경에서 핵심 주제를 빼 버리면 거기에 나오는 여러 가지 이야기는 그저 단지 재미있는 옛날이야기가 되어 버리고 맙니다. 삼손은 슈퍼맨이요, 골리앗을 물리친 다윗은 자이언트 킬러가 되어 버립니다.

그러나 다윗은 단지 나쁜 거인을 두려워하지 않고 물리친 용감한 소년인 것만은 아닙니다. 하나님의 택함을 받은 자입니다. 다윗의 위대한 자손이시요 우리의 구원자와 용사이신 그리스도의 길을 예비하기 위하여 하나님께서는 자기 마음에 맞는 왕으로서 다윗을 택하셨습니다. 골리앗의 모욕에 대한 다윗의 응답을 보면 다윗이 믿음의 용사였다는 사실을 알 수 있습니다. "다윗이 블레셋 사람에게 이르되 '너는 칼과 창과 단창으로 내게 오거니와, 나는 만군의 여호와의 이름 곧 네가 모욕하는 이스라엘 군대의 하나님의 이름으로 네게 가노라'"(사무엘상 17:45).

다윗은 여호와의 이름으로 싸웠기에, 그가 당한 호된 시련과 놀라운 승리는 큰 의미를 지니고 있었습니다. 그는 하나님께서 이스라엘을 하나님의 백성이 되도록 부르셨다는 사실을 알고 있었기에 승리를 확신하였습니다. 하나님께서는 만군의 하나님이실 뿐만 아니라 이스라엘 군대의 하나님이셨습니다.

다윗은 선지자 사무엘에 의해 기름 부음을 받았습니다. 다윗은 여호와 하나님께서 자기를 그 아비의 양 떼를 치는 데서 부르셔서 이스라엘의 목자로 삼으셨다는 사실을 알고 있었습니다. 다윗은 그 역할을 수행했습니다. 하나님께서 다윗을 통하여 이스라엘에 구원을 주신 것은, 그가 용감했기 때문이거나 물매로 골리앗을 맞혀 죽였기 때문이 아니라, 그가 하나님의 택하심을 입었고 하나님의 영으로 충만했기 때문입니다. 하나님께서는 후일 다윗의 자손에게 영원한 통치권을 주겠다고 약속하셨습니다. 하나님께서는 다윗의 왕권은 다윗 대에서 끝나는 것이 아니라 계속 이어져 장차 오실 위대한 왕 예수 그리스도의 왕국을 예비하게 될 것임을 분명히 하셨습니다.

이와 같이 구약성경은 신약에 와서 성취될 사건들의 모형을 보여 줍니다. 모형이란 성경에서 특징적으로 사용되고 있는 유추의 한 형태입니다. 모든 유추처럼 모형은 그 본체와 같은 점과 다른 점을 함께 지니고 있습니다. 다윗과 그리스도는 모두 왕으로서의 권세와 통치권을 받았습니다. 다윗의 왕권과 그리스도의 왕권 사이에는 큰 차이점이 있음에도 불구하고, 서로 일치하는 공통점이 많이 있습니다.

그러나 성경에 나타나 있는 모형을 명확하게 만드는 것은 다름 아닌 바로 이 차이점입니다. 성경에 있는 하나님의 약속은 과거의 황금기로 다시 복귀함을 제안하는 것이 아닙니다. 앞으로 오실 다윗의 자손은 결코 또 하나의 다윗이 아닙니다. 오히려 그분은 다윗보다 훨씬 위대한 분으로서 다윗조차 그분을 '주님'이라고 불렀습니다(시편 110:1). 예수님 당시의 성경 학자들은 이 사실을 이해하지 못했습니다. 그래서 "다윗이 그리스도를 주라 칭하였은즉 어찌 그의 자손이 되겠느냐?"(마태복음 22:45)라는 예수님의 질문에 대답할 수가 없었습니다. 예수님과 그 대적자들은 모두 약속된 메시야가 다윗의 자손이라는 사실을 알았습니다. 그러나 예수님만이 다윗이 성령으로 말미암아 그분을 '주'라고 불렀던 이유를 아셨습니다.

그러므로 예수님 이야기는 그 약속의 성취로부터 시작되는 게 아니라, 약속 그 자체와 그 약속에 수반된 하나님의 행위로부터 시작됩니다. 우리는 그 이야기의 시작으로 거슬러 올라가면서 신약성경에서 말하고 있지 않는 내용을 많이 발견하게 됩니다. 하나님께서 이스라엘을 그들의 압제자들로부터 구원하기 위하여 세우셨던 사사들을 보면서, 우리는 하나님께서 의로 호심경을 삼으시고 구원을 그 머리에 써서 투구로 삼으시며, 친히 자기 백성의 사사(재판장)와 구주(구원자)가 되시겠다고 하신 말씀의 의미를 더 잘 이해할 수 있게 됩니다(이사야 59:16-17 참조). 하나님께서 기드온의 군대를 단 삼백 명으로 줄이신 것에서 구원하는 것은 하나님이시지 군대의 힘이 아니라는 사실을 알게 됩니다.

더 나아가 하나님께서 이스라엘의 힘을 삼손 한 사람으로 줄이셨을 때, 하나님께서는 용사 한 사람을 통하여서도 자기 백성을 구원하실 수 있다는 사실을 알게 됩니다. 삼손은 살아 있을 때보다 죽을 때에 훨씬 더 많은 적을 무찔렀습니다. 진실로 삼손의 죽음은 적에 대한 큰 승리였습니다. 우리는 삼손의 생애에서 그리스도의 모형을 발견할 수 있습니다.

동시에 우리는 그리스도와 삼손 사이에 큰 차이점이 있음을 발견하게 됩니다. 이스라엘의 사사로서의 삼손의 역할은 모든 대적으로부터 이스라엘을 구해 주시겠다는 하나님의 약속을 성취하는 것이었습니다. 그러나 삼손은 자신의 소명을 다 완수하지 못했을 뿐 아니라 너무도 미흡하였습니다. 사실 삼손은 여러 결점에도 불구하고 사사가 되었습니다. 그는 블레셋 군대보다는 블레셋 여인을 쫓아갔고, 그러다가 곤경에 빠지기도 하였는데, 바로 이 곤경을 사용하여 이스라엘의 구원을 이루기도 하였습니다. 이와 같이 그가 이스라엘에 가져다 준 구원은 때로 자기 스스로가 불러들인 곤경으로부터 나오기도 했습니다.

다곤 신전에서 장님의 몸으로 온갖 조롱과 모욕을 받았지만, 그럼에도 불구하고 삼손은 이스라엘의 사사로서 죽었습니다. 그는 두 손으로 그 신전을 버티고 있는 기둥들을 껴안았습니다. 그리고 블레셋 사람들에 대한 원수를 갚게 해 달라고 부르짖으며 기도했습니다. 그의 마지막 말은 "블레셋 사람과 함께 죽기를 원하노라"였습니다. 사사기에 보면 삼손이 죽을 때에 죽인 자가 살았을 때에 죽인 자보다 더욱 많았습니다(사사기 16장 참조). 여기에서 성경은 하나님께서는 사사의 죽음을 통하여서까지도 하나님의 구원을 이루실 수 있다는 사실을 보여 줍니다.

삼손의 실패와 죄는 삼손의 승리 못지않게 삼손 이야기의 중요한 일부입니다. 왜냐하면 이 이야기는 삼손보다 더 위대한 분이 하나님의 약속을 성취하기 위하여 오셔야 한다는 사실을 보여 주기 때문입니다. 삼손은 나실인 서약의 외적인 순결성만 지켰을 뿐이며, 마지막에 가서는 그것조차도 깨뜨렸습니다. 참된 내적 순결성은 이스라엘의 마지막 사사이신 그리스도 안에서 발견될 것입니다.

이 책의 목적은 예수님의 이야기를 처음부터 시작하여 모든 것까지 다 이야기하려는 것이 아닙니다. 성경의 중심 줄거리를 따라, 핵심적인 사건을 택하여 하나님께서 구약성경에 계시하신 그리스도를 나타내는 데 있습니다. 이 책을 통하여 예수 그리스도를 더욱 깊이 알게 되기를 바랍니다.

1
새사람

맨 처음 기록된 성경 말씀은 하나님께서 친히 쓰셨습니다. 하나님께서 두 돌판 위에 손수 율법을 새기셨습니다(출애굽기 31:18). 그 말씀은 이렇게 시작됩니다. "나는 너를 애굽 땅, 종 되었던 집에서 인도하여 낸 너의 하나님 여호와로라"(출애굽기 20:2).

하나님께서는 시내산에서 자신을 이스라엘의 하나님으로 밝히셨습니다. 하지만 이스라엘의 하나님 여호와는 하나의 부족신이 아니었습니다. 그분은 열방의 왕이시며 온 우주 만물을 지으신 창조주이십니다. 이스라엘에게 하신 하나님의 계시 속에는 이스라엘 민족의 삶과 예배의 규범이 되는 율법뿐 아니라 훨씬 그 이상의 것이 들어 있었습니다. 여호와를 그들의 하나님으로 알기 위하여는 이스라엘은 그분을 창조주로서 알아야만 했습니다. 또한 이스라엘이 자기의 부르심을 알기 위하여는 자신들의 조상 아브라함과 그의 부르심에 대한 이야기를 알아야만 했습니다. 하나님께서 열방을 통치하신다는 사실을 아는 것이 그들에게는 필수였습니다. 하나님께서는 아브라함의 자손으로부터 시작되는 새로운 민족을 통해 열방이 복을 받게 되리라고 약속하셨습니다.

　모세의 첫 번째 책인 창세기는 이스라엘의 부르심과 그들의 출애굽 이야기를 하기 위하여 태초의 창조 이야기로부터 시작합니다. 창세기는 '계보의 책'으로서, 이스라엘의 조상들 이야기를 추적할 뿐만 아니라, 창조 때부터 하나님께서 모든 인류를 어떻게 다루시는가라는 맥락 속에서 이스라엘의 부르심을 이야기합니다. 온 땅이 하나님의 것이지만, 이스라엘은 특별히 하나님께서 택하신 백성이며 그분의 귀중한 소유였습니다. 그러나 이스라엘의 부르심은 그들만을 위한 게 아니었습니다. 그들이 열방 중에서 하나님의 택함을 받은 것은 열방에게 하나님을 증거하도록 하기 위함이었습니다. 그렇게 하기 위하여 이스라엘은, 아브라함을 부르시고 노아를 아끼시고 아담을 동산에 두신 그 하나님을 하나님으로 고백해야만 했습니다.

하나님의 형상대로 창조됨

　"하나님이 자기 형상 곧 하나님의 형상대로 사람을 창조하시되 남자와 여자를 창조하시고"(창세기 1:27). 창세기 1장은 우리를 창조의 절정으로 인도합니다. 즉 하나님께서 자기 형상대로 남자와 여자를 만드셨다는 사실입니다. 이로써 다른 민족들의 모든 신화는 단번에 물리쳐집니다. 인간은 남신과 여신 사이에서 태어난 사생아도 아니며, 죽임을 당한 어떤 신의 피에서 생긴 것도 아니며, 어떤 신의 일부도 아니요, 신과 짐승의 결합체도 아닙니다. 아담과 하와는 하나님께서 창조하시되, 하나님의 형상을 따라 창조되었습니다.

　그들이 하나님의 피조물이라는 사실은 더할 나위 없이 분명합니다. 그들의 창조는 하나님께서 따로 어느 한 날을 잡아 하신 것이 아닙니다. 동물들과 똑같이 창조의 여섯 째 날에 지음을 받았습니다. 바다의 물고기와 공중의 새에게 복을 주시며 생육하고 번성하라고 명령하신 하나님께서는 아담과 하와에게도 복을 주시며 생육하고 번성하라고 명령하셨습니다. 바다의 고기나 공중의 새나 사람이나 모두 생육하고 번성하는 피조물입니다. 인간의 창조에 대해서는 천지가 창조된 '대략(계보)'을 적고 있는 창세기 2장에서 더욱 강조되고 있습니다. 여기에는 하나님께서 그 만드신 땅에 나게 하신 것들이 나옵니다. 땅은 하나님의 명령에 따라 살아 있는 피조물들을 내었습니다. 사람도 역시 땅으로부터 나왔습니다. 하나님께서는 아담을 흙으로 지으시고, 하와는 아담의 몸에서 지음을 받습니다.

한편, 창세기 1장과 2장은 모두 인간과 다른 피조물과의 차이점을 이야기하면서 인간 창조의 특별한 점을 강조합니다. 1장에서 인간의 창조는 하나님의 결정에 의한 것입니다. "우리의 형상을 따라 우리의 모양대로 우리가 사람을 만들고…"(26절). 1장의 서두에 '하나님의 신'이 나오는데, 이는 하나님께서 자기 자신과 의논하셨다는 사실을 암시합니다. 이는 사람이 자기 영혼에게 말하는 것과는 다른, 삼위일체 하나님의 신비에 속한 사실입니다. 2장에서 인간 창조의 괄목할 만한 특징은 맨 먼저 하나님께서 흙에서 사람을 만들기 위하여 행하신 특별한 행동 속에 나타납니다. 그것은 하나님의 손의 직접적인 접촉 외에 그분의 입술의 숨결입니다. 하나님께서는 인간의 코에 '생기' 곧 생명의 숨을 불어넣으십니다. 이는 친밀한 교제의 모습을 그리고 있습니다.

인간은 하나님에 의하여 지음을 받았기 때문에 피조물입니다. 그러나 인간은 독특한 피조물입니다. 왜냐하면 인간은 하나님의 형상을 따라 지음을 받았기 때문입니다. '형상'이라는 말은 나중에 구약성경에서 우상을 묘사할 때 사용되기도 합니다. 하나님께서는 인간이 예배할 목적으로 어떤 형상을 만드는 것을 금하십니다. 심지어 하나님의 형상대로 지음을 받은 인간의 형상까지도 예배할 목적으로 만드는 것은 절대 금하셨습니다.

다시 말하지만, 인간이 하나님의 형상대로 창조되었다는 창세기의 설명은 다른 민족들의 신화와는 전혀 다릅니다. 그 신화들을 보면 어느 특정한 개인이나 부족이나 민족을 신들로부터 내려온 것으로 따로 구별하고 있습니다. 왕조의 신화들은 왕만이 홀로 신의 형상으로 지음을 받았다고 가르칩니다. 설형문자로 된 고대 비문을 보면, "나의 주이신 왕의 부친은 벨의 형상이었고, 나의 주이신 왕은 벨의 형상이다"라고 나와 있습니다. 그러나 창세기에는 **모든 인간**이 하나님의 형상대로 창조되었다고 이야기합니다. "하나님이 자기 형상 곧 하나님의 형상대로 사람을 창조하시되 남자와 여자를 창조하시고"(창세기 1:27).

창조 시 인간은 하나님의 형상대로 창조되었기 때문에 그 본성과 역할이 독특합니다. 인간은 생명을 가진 다른 피조물들과 마찬가지로 유기체적인 신체적 생명을 지니고 있으며, 이로 말미암아 인간은 하나님 앞에서 그들을 대표할 자격을 얻게 됩니다. 인간을 통하여, 신체를 가진 모든 피조물은 하나님께 찬양을 드릴 수가 있습니다. 창조의 절정인 인간에게는 수행해야 할 역할이 하나 있습니다. 인간은 피조물 중 하나이면서, 창조주와 피조물 세계 사이에서 중보자 역할을 하고 있습니다. 인간 안에서 하나님께서는 자신의 피조물을 개인적으로 다루실 수 있습니다. 하나님께서는 인간에게 말씀하시고, 인간은 그 입술로 피조물의 머리로서 피조물을 위하여 대신 하나님께 응답합니다.

인간은 창조된 형태에서 바로 하나님의 영광을 나타내기 때문에, 그는 또한 피조물을 다스립니다. 인간이 하나님의 형상을 지니고 있다는 사실은 피조물에 대한 인간의 통치권과 연관되어 있습니다(창세기 1:26-27). 아담이 동물들의 이름을 짓는 재미있는 장면은 단지 어린아이들의 즐거움을 위하여 기록된 게 아닙니다. 이는 아담이 피조물의 형태를 이해하고 그들에게 명령을 하도록 하나님의 부르심을 받았다는 사실을 가리킵니다. 그러므로 이는 또한 어떤 동물도, 아무리 충성스럽게 인간을 섬기는 동물이라 할지라도, 인간의 반려자가 될 수 없고, 인간과 동등한 지위를 가질 수 없다는 사실을 단적으로 보여 줍니다.

다 알다시피 서로 구별되면서도 둘 사이에 놀라운 유사성을 지니는 그런 관계가 있습니다. 곧 아버지와 아들의 관계입니다. 우리는 흔히 "쟤는 아버지를 꼭 빼닮았어!"라고 하는 말을 듣습니다. 창세기 5장에 보면, 아담과 하와가 셋이라는 아들을 낳았는데 이렇게 기록합니다. "아담이… 자기 모양 곧 자기 형상과 같은 아들을 낳아 이름을 셋이라 하였고"(3절). 이 구절에 대하여 어떤 사람은, 아담은 범죄로 말미암아 타락하였기 때문에, 아담 자신이 하나님의 형상대로 창조된 것은 분명하지만, 그 형상은 타락 시에 상실했으며, 따라서 아담 안에 남아 있는 것은 더 이상 하나님의 형상이 아니고 아담 안에 있었던 그 형상의 희미한 반영일 뿐이라고 주장합니다. 그러나 인간 생명의 가치와 존엄성은 인간이 바로 하나님의 형상대로 창조되었다는 사실 위에 굳게 세워지는 것입니다(창세기 9:6, 야고보서 3:9).

어떤 의미에서 볼 때 인간과 동물을 계속 구별해 주는 것이 바로 이 하나님의 형상이며, 아담이 자기 형상대로 낳은 아들 셋 역시 하나님의 형상대로 창조되었으며 하나님의 형상을 지니고 있었다고 말할 수 있습니다. 이러한 이유로 누가복음은 그리스도의 계보를 셋, 아담, 하나님으로까지 거슬러 올라갑니다. 창세기는 인간의 타락에도 불구하고 인간 속에서 하나님의 형상은 계속된다고 강조하고 있습니다. 셋은 자기 아버지 아담의 형상을 가지고 있고, 아담은 하나님의 형상을 가지고 있습니다. 누가복음이 그 계보에서 밝히고자 한 바는 분명합니다. 즉 아담은 하나님의 형상을 가진 자로서 하나님의 아들이라 불릴 수 있다는 사실입니다. 동시에 창세기에서 아버지 아담의 형상을 가지고 있다고 말하는 사람은 가인이 아니라 셋이라는 점을 주목해야 합니다. 하나님의 약속은 셋의 계보로 이어졌지 가인의 계보로 이어지지 않았습니다. 바로 셋의 계보에서 참된 아들 직분이 실현될 것입니다.

창세기에서 아담은 얼마나 영광스러운 존재인지 모릅니다. 하나님께서 친히 자기 형상대로 아담을 지으시고 하나님께서 만드신 동산에 살게 하셨습니다. 그곳은 생명의 활기로 가득한 곳이었습니다. 즐겁게 뛰어 노는 온갖 동물, 주렁주렁 열매를 달고 있는 각종 나무, 햇빛이 찬란하게 비치는 파란 하늘, 나지막이 안개를 드리운 아름다운 계곡…. 이 첫 번째 사람은 '만물의 주'였습니다. 그를 통하여 피조물은 그 눈을 창조주께로 향하여 들며 하나님의 영광을 이야기하고 하나님을 찬양합니다. 아담은 동산을 다스리며 지키는 자였고, 그 동산의 부요함을 탐구하고 온 땅을 마음껏 가꾸고 누릴 자유가 있었습니다. 하윌라에는 금이 있었고, 큰 강들이 동산에서 발원하여 동산을 적시고 흘러갔습니다.

아담의 자유에는 단 한 가지 제한만이 있었습니다. 하나님께서는 동산에 있는 한 나무를 가리키시며 그 나무의 실과는 먹어서는 안 된다고 말씀하셨습니다. 이보다 더 작은 제한이 있을까요? 아담은 동산에 있는 모든 나무의 열매를 마음대로 먹을 수 있었습니다. 모든 나무가 다 그의 것이었고, 모든 동물이 그의 것이며 그들에게 명령할 수 있었습니다. 그러나 하나님의 아들인 아담은 그의 아버지시요 창조주이신 하나님께 대한 순종에서 시험을 받고 있었습니다. 첫 번째 사람 아담에게는 그의 모든 자손의 운명이 달려 있었습니다. 그만큼 중요한 역할을 하는 위치에 있었습니다. 아담은 자기 형상대로 태어날 모든 자의 아버지였습니다. 그로부터 나올 모든 인류를 대표했습니다. 만일 아담이 시험을 받을 때 하나님의 말씀에 순종했더라면, 당시 자신의 죄 없는 차원을 뛰어넘어 하나님의 의로운 아들로 온전히 입증되었을 것이며 생명나무의 열매를 영원히 자유롭게 먹을 수 있었을 것입니다.

아담은 낙원에서 혼자였습니다. 하나님께서는 아담의 갈빗대 하나를 취하여 그와 함께 살아갈 여자, 곧 그의 생의 반려자요 돕는 배필이 될 하와를 만드셨습니다. 이렇게 하여 피조물의 머리로서의 아담의 역할에 그의 뼈 중의 뼈요 살 중의 살인 그 여자와의 관계에서 여자의 머리 역할을 해야 하는 새로운 역할이 더해집니다. 그들은 함께 생육하고 번성하여 그들의 소유인 땅에 충만할 수 있었습니다.

아담과 하와의 타락 기사 이전에 이미, 창세기는 예수 그리스도께서 하나님의 구원 계획 가운데서 하실 역할을 보여 줍니다. 인류 역사 여명기에 아담의 모습은 우리에게 하나님께서는 인류를 개인적이고 인격적으로 다루신다는 사실을 상기시켜 줍니다. 첫 사람 아담은 모든 인류를 대표하는 사람이었습니다. 그리스도께서는 '마지막 아담', '둘째 사람'으로 오셨습니다(로마서 5:12-21, 고린도전서 15:22,45,47 참조). 그리스도께서는 하나님의 때늦은 방편으로서 오신 게 아니라, 인간 속에 있는 하나님의 형상, 그것이 의미하는 바를 모두 나타내 보여 주기 위하여 창세전부터 택하심을 받은 분으로서 오셨습니다.

창세기 3장의 구속의 이야기가 시작되기 전, 하나님의 형상을 지니고 있는 자로서의 아담의 모습이 창세기 1-2장에 나타나 있습니다. 아담은 하와가 그에게 주어지기 전에 이미 하나님의 명령과 약속을 받습니다. 이 모든 것은 인류 역사의 시작뿐 아니라 그 정점에 대하여도 의미를 갖습니다. 아담은 모든 인류의 대표자로서 장차 오실 그리스도를 그림자로 보여 주고 있습니다. 그리스도께서는 단순히 아담의 대체자가 아닙니다. 즉 말하자면 아담이 실패한 것을 대신할 사람 그 이상입니다. 그리스도께서는 오메가요 인류 역사의 목표이며 피조물인 인간의 목표일 뿐만 아니라, 또한 알파요 참 아담이요 새롭고 참된 인간의 머리이십니다. 그분은 "보이지 아니하시는 하나님의 형상이요 모든 창조물보다 먼저 나신 자"이십니다(골로새서 1:15). 또한 모든 창조물의 왕이실 뿐만 아니라, 그들을 만드신 창조주이십니다. 그분이 지니고 있는 하나님의 형상은 아담이 지니고 있는 하나님의 형상을 무한히 초월합니다. 왜냐하면 그분은 영원하신 아들로서 아버지와 하나이시기 때문입니다. 결국 피조물인 아담의 아들 직분은 그리스도의 위대하고 영원한 아들 직분을 반영할 수 있을 뿐입니다. 사도 바울은 우리가 그리스도 안에서 얻는 아들 직분이 우리가 아담 안에서 잃어버린 아들 직분을 훨씬 능가한다는 사실을 기뻐하고 있습니다(로마서 8:14-17).

그러한 이유로 해서 또한 하나님께서는 이스라엘 백성에게 예배할 목적으로 하나님의 형상을 만드는 일을 금하셨습니다(신명기 4:15-24). 하나님께서는 그들에게 다른 신들의 형상인 우상을 숭배하는 것에 대하여 경고하셨을 뿐만 아니라, 시내산에서 하나님께서 그들에게 말씀하실 때 그들이 아무 형상도 보지 못했음을 기억하고, 참된 하나님을 어떤 형상으로든 만드는 일을 시도하지 말라고 명령하셨습니다.

이는 하나님을 나타내는 어떤 표현물도 있을 수 없다는 의미가 아닙니다. 왜냐하면 하나님께서 친히 사람을 자기 형상대로 만드셨기 때문입니다. 따라서 이는 인간이 예배할 목적으로 어떤 형상을 만들어서는 안 된다는 의미입니다. 인간은 하나님께서 자기의 형상대로 만드신 인간 자신의 형상까지도 예배할 목적으로 만들어서는 안 됩니다. 광야에서 이스라엘에게 주신 성막 제도에서 언약궤는 바로 하나님의 보좌를 나타냈습니다. 이 궤의 황금 뚜껑이 시은좌, 곧 하나님께서 이스라엘 중에서 보좌에 앉아 계시는 곳이었습니다. 날개를 펼치고 있는 그룹들이 그 보좌에 계신 하나님을 시중들었습니다. 그러나 보좌 위에는 아무 형상도 없었습니다. 오직 영광의 광채만이 이스라엘을 위한 하나님의 임재를 나타내고 있었습니다.

비록 하나님께서는 사람을 자기의 형상으로 만드셨으나, 사람은 그러한 형상을 예배 대상으로 삼아서는 안 됩니다. 언약궤 위에 아무 형상도 없다는 점을 통해 이스라엘은 하나님이 물질적 존재가 아니라 보이지 아니하시는 영이시라는 사실을 배워야 했지만 거기에는 그 이상의 이유가 있습니다. 하나님께서는 자신의 자기 계시에 대한 독점권을 주장하셨습니다. 하나님은 자신이 원하시는 대로 사람들에게 자신을 나타내신다는 사실입니다. 하나님은 사람들이 원하거나 상상한 대로 자신을 나타내시지 않으실 것입니다. 언약궤 위의 빈자리는 장차 오실 분을 위하여 예비되어 있었습니다.

요한복음 14장에서 빌립이 예수님께 "주여, 아버지를 우리에게 보여 주옵소서. 그리하면 족하겠나이다"라고 말씀드렸을 때(8절), 예수님께서는 이렇게 대답하셨습니다. "빌립아, 내가 이렇게 오래 너희와 함께 있으되 네가 나를 알지 못하느냐? 나를 본 자는 아버지를 보았거늘 어찌하여 아버지를 보이라 하느냐? 나는 아버지 안에 있고 아버지는 내 안에 계신 것을 네가 믿지 아니하느냐? 내가 너희에게 이르는 말이 스스로 하는 것이 아니라 아버지께서 내 안에 계셔 그의 일을 하시는 것이라"(9-10절).

예수님께서는 십자가에 못 박혀 죽으시기 얼마 전 마리아가 자기에게 향유를 붓고 경배하는 것을 막지 않으셨습니다(요한복음 12:1-8). 예수님을 '주님'이라 부르는 것은 우상 숭배가 아닙니다. 진실로 그리스도인들이란 예수님을 주라고 부르는 사람들입니다(고린도전서 1:2). 그들은, 인간의 육체 안에 하나님의 형상을 지니고 계시며, 따라서 발아래 엎드려 경배해야 할 분이 계신다는 사실을 알고 있습니다(골로새서 2:9, 요한계시록 1:17). 아들을 공경하는 사람은 누구나 아버지를 공경합니다. 사도 요한은 예수 그리스도에 대하여 이렇게 말합니다. "또 아는 것은 하나님의 아들이 이르러 우리에게 지각을 주사 우리로 참된 자를 알게 하신 것과 또한 우리가 참된 자 곧 그의 아들 예수 그리스도 안에 있는 것이니 그는 참하나님이시오 영생이시라. 자녀들아, 너희 자신을 지켜 우상에서 멀리하라"(요한일서 5:20-21).

아담의 모습은 우리에게 예수 그리스도를 가리켜 줍니다. 신약성경 또한 하와의 창조 기사 속에 들어 있는 비유적인 의미를 이야기합니다. 사도 바울은 남편과 아내의 올바른 관계를 가르치기 위하여 창조 기사로 거슬러 올라갑니다. 아담은 하와가 자기 몸에서 취함을 입었기 때문에 하와를 자기 몸처럼 보살펴야만 합니다. 아름다운 창조 기사는, 결혼이란 두 사람이 하나로 연합되는 것일 뿐 아니라, 두 사람이 하나로 이루어져 있다는 사실을 가르쳐 줍니다. 그들은 서로 속하여 있습니다. 그러나 에베소서에서는 이것을 언급할 때 단순히 아담과 하와에 대하여만 이야기하지 않습니다. 이어 그리스도와 교회와의 관계를 이야기합니다.

> 이와 같이 남편들도 자기 아내 사랑하기를 제 몸같이 할지니 자기 아내를 사랑하는 자는 자기를 사랑하는 것이라. 누구든지 언제든지 제 육체를 미워하지 않고 오직 양육하여 보호하기를 그리스도께서 교회를 보양함과 같이 하나니 우리는 그 몸의 지체임이니라. 이러므로 사람이 부모를 떠나 그 아내와 합하여 그 둘이 한 육체가 될지니 이 비밀이 크도다. 내가 그리스도와 교회에 대하여 말하노라. 그러나 너희도 각각 자기의 아내 사랑하기를 자기같이 하고 아내도 그 남편을 경외하라. (에베소서 5:28-33)

에베소서에서는 결혼에 관한 창세기의 말씀을 인용하여 남편과 아내의 올바른 관계를 이야기할 뿐 아니라, 그 말씀을 그리스도와 교회와의 관계에도 적용합니다. 창세기의 결혼 제정에 대한 기사를 사도 바울이 인위적으로 그리스도와 교회와의 관계에 억지로 관련시키는 걸까요? 아니면 정말 깊은 관련이 있는 걸까요? 창세기 2:24의 "이러므로 남자가 부모를 떠나 그 아내와 연합하여 둘이 한 몸을 이룰지로다"라고 한 말씀은 그리스도와 교회와의 관계를 그림자로 보여 주는 하나의 모형이 될 수 있을까요? 그렇습니다. 왜냐하면 창세기 2:20-25에 선언된 결혼에 관한 원리는 그리스도 안에서 성취되기 때문입니다. 결혼 관계 안에서 창조된 친밀한 연합과 유대는 다른 어떤 인간관계보다 앞섭니다. 남자는 그 아내와 연합하기 위하여 그 부모를 떠나야 합니다.

창세기에서 이 명령은 "이는 내 뼈 중의 뼈요 살 중의 살이라"라는 아담의 말 다음에 나옵니다. 즉 아담과 하와를 지으신 창조주 하나님으로부터 나온 것입니다. 남편과 아내의 관계는 배타적인 성격을 지닙니다. 그들을 결합시키는 사랑은 필연적으로 질투하는 사랑입니다. 그것은 한 사람에게 초점이 맞추어져 있는 사랑으로서 간음에 의해 깨어집니다. 이 원리는 후에 하나님께서 구속받은 자기 백성에게 주신 언약의 법에서 다시 나타납니다. "간음하지 말지니라"(출애굽기 20:14)라는 계명은 단지 이스라엘 사회에 안정된 가정생활을 보장하기 위하여 주신 것만은 아닙니다. 그것은 자기 이웃에 대한 사랑을 넘어서는 특별하고 강한 사랑을 나타내기 위하여 주셨습니다.

이는 하나님께서 이스라엘에게 자신을 계시하실 때 친히 말씀하신 원리입니다. "너는 다른 신에게 절하지 말라. 여호와는 질투라 이름하는 질투의 하나님임이니라"(출애굽기 34:14). 하나님의 이름이 '질투'이십니다. 하나님은 질투하시는 하나님이십니다. 하나님께서는 이스라엘에게 배타적인 헌신을 요구하십니다. 이 헌신은 결혼 관계에서 요구되는 질투하는 사랑입니다. 하나님의 백성은 마음과 목숨과 뜻과 힘을 다하여 하나님만을 사랑해야 합니다.

이스라엘의 역사를 보면 이스라엘 백성은 너무도 자주 영적 간음을 범하였습니다. 이스라엘이 국가적으로 가장 강대했고 번영을 누렸던 당시의 왕 솔로몬을 생각해 보십시오. 그는 돌과 백향목으로 성전을 짓고 모두 금으로 입혔습니다. 여호와를 예배하기 위하여 이 성전을 봉헌했습니다. 봉헌식에서 땅의 모든 백성이 그 성전을 향하여 기도하면 하나님께서 그 기도를 들으시고 응답해 주시기를 기도했습니다.

그러나 우리는 또 한편으로 성전 동편에 있는 감람산으로 올라가고 있는 솔로몬을 보게 됩니다. 그는 그 산 꼭대기에 세울, 이방 신들을 위한 신전 장소를 물색하고 있었습니다. 건너편 산에는 여호와의 성전이 햇빛을 받아 찬란하게 빛나고 있었습니다. 일찍이 여호와 하나님께 아름다운 성전을 봉헌했던 그가 이제는 모압의 신 그모스에게 바칠 신전을 세우기 위하여 준비하고 있었습니다. 세상적 지혜는 충만하나 믿음은 텅 빈 정치가가 되어 그곳에 왔습니다. 그는 주변 민족과 조약을 체결하고 결혼 동맹을 맺었습니다. 그렇게 함으로써 이스라엘의 안전과 평화를 도모하고자 했습니다. 모압 족속 출신 왕비를 위하여 그모스의 신전을 세웁니다. 이는 하나님의 율법과 이스라엘의 질투하시는 하나님을 정면으로 무시하는 철면피와 같은 행위였습니다. 하나님께서는 일찍이 이스라엘 백성에게 가나안의 모든 제단을 파괴하라고 명령하셨습니다(출애굽기 34:12-13). "너는 다른 신에게 절하지 말라. 여호와는 질투라 이름하는 질투의 하나님임이니라"(출애굽기 34:14)라고 여호와 하나님께서 친히 말씀하셨습니다.

그러나 하나님께서는 이스라엘의 이러한 범죄에 대하여 심판을 보류하시고, 회개하고 자기에게로 돌아오라고 그들을 부르십니다. 선지자 호세아를 통하여 하나님께서는 간음한 아내 이스라엘을 향한 놀라운 사랑을 보여 주십니다. 그럼에도 불구하고 회개하지 않는 완고한 이스라엘에게 마침내 하나님은 심판을 내리지 않을 수 없었습니다.

예수님께서 하나님의 백성을 자기에게로 모으기 위하여 오셨을 때, 자신을 신랑으로 나타내셨고, 교회를 자신의 신부라 부르셨습니다. 이런 표현은 신약에 와서 처음 나타난 것이 아닙니다. 이미 오래전부터 구약성경에 계시되어 온 내용이었습니다. 하나님께서 자기 백성을 향한 자기의 사랑을 잘 나타낼 만한 그러한 인간관계를 찾기 위하여 하늘에서 내려다보시다가 우연히 결혼이라는 관계를 찾아내신 게 아닙니다. 이는 이미 창조 때부터 계획된 바였습니다. 아담의 몸에서 하와를 만드셨을 때 이미 하나님께서는 우리에게 배타적인 사랑의 기쁨을 이해하도록 하기 위하여 결혼이라는 제도를 제정하셨습니다. 우리는 오직 이 결혼이라는 관계를 통해서만 우리를 향한 하나님의 타오르는 강렬한 사랑을 조금이나마 이해할 수 있습니다. 하나님께서는 인격적인 하나님이시며, 자기 백성을 향한 하나님의 사랑 역시 개인적이고 인격적이기에, 그 사랑은 경쟁자를 허용할 수 없는 배타적인 사랑이었습니다.

세상의 종교들은 대부분 별 어려움 없이 그모스에게 신전을 세워 줄 수 있습니다. 다신교는 항상 신 하나쯤은 더 첨가할 수 있습니다. 범신론에서 신은 곧 만유이기 때문에 그모스는 무한한 영의 또 다른 이름일 뿐입니다. 힌두교에서 브라마는 비인격적 절대자이며, 그모스는 브라마에게로 곧장 갈 준비가 아직 되어 있지 않은 사람을 위하여 길을 평탄케 해 주는 또 하나의 신입니다. 또한 신은 이 우주 만물을 창조한 후 손을 떼고 저 멀리 계신다는 신관을 가지고 있는 사람 역시 신에게는 여러 가지 형태로 접근할 수 있기 때문에 그모스 역시 그 한 방법이 될 수 있다고 말할 것입니다. 그러한 신은 우리가 그를 그모스라 부르든, 또는 그가 없을 때에 그모스를 예배할지라도 괴로워하거나 질투하지 않을 것입니다.

하나님과 하나님의 백성 간의 배타적인 유대 관계는 구약성경의 중요한 주제 가운데 하나이며, 이는 신약성경에 완전하게 표현되어 있습니다. "다른 이로서는 구원을 얻을 수 없나니 천하 인간에 구원을 얻을 만한 다른 이름을 우리에게 주신 일이 없음이니라"(사도행전 4:12). 히브리어와 헬라어에서 '질투'와 '열심'은 같은 단어입니다. 하나님의 거룩한 열심이 삼위일체의 신비 가운데서 타오릅니다. 아버지를 위한 아들의 열심 역시 아들을 향한 아버지의 열심 못지않습니다.

성전을 시장으로 만드는 상인들을 쫓아내어 성전을 정화하실 때에 예수님께서는 하나님의 집의 거룩함에 대한 열심을 나타내셨습니다. 또한 '만민의 기도하는 집'(마가복음 11:17)으로서의 하나님의 전을 사모하는 열심도 나타내셨습니다(요한복음 2:17). 예수님께서는 성전으로 상징된, 하나님의 구속적 은혜를 위해 열심이 있었습니다. 그 열심이 예수님으로 하여금 채찍을 들게 하였을 뿐만 아니라, 그분의 등을 채찍에 내놓게 하였습니다. 오직 예수님의 사랑의 열심에 의해서만 자기 백성을 향한 아버지 하나님의 질투하는 사랑은 만족될 수 있었습니다. 심지어 십자가 위에서까지도 하나님의 집을 위한 예수님의 열심이 그분을 불태웠습니다. 예수님께서는 자기 몸을 가리켜 이렇게 말씀하셨습니다. "너희가 이 성전을 헐라. 내가 사흘 동안에 일으키리라"(요한복음 2:19). 교회를 주님의 신부라 하는 이유가 바로 그리스도 안에 있는 하나님의 사랑의 열심 때문입니다.

하나님의 아들로 입증됨

성경의 첫 부분에 기록된 아담의 기사에서 이미 우리는 장차 오실 마지막 아담을 봅니다. 하와를 만드시는 일 속에서, 그리고 자신의 뼈 중의 뼈요 살 중의 살인 하와에 대한 아담의 사랑 속에서 교회를 향한 그리스도의 질투하는 사랑이 계시되어 있습니다. 사도 바울은 그리스도의 그러한 사랑을 이야기합니다. "내가 하나님의 열심으로 너희를 위하여 열심 내노니 내가 너희를 정결한 처녀로 한 남편인 그리스도께 드리려고 중매함이로다"(고린도후서 11:2).

에덴동산에서 아담이 받은 시험은 그리스도께서 받으실 시험을 가리킵니다. 물론 아담과 그리스도 간에는 큰 차이가 있으며, 아담은 불순종하였으나 그리스도께서는 순종하셨습니다. 마태복음, 마가복음, 누가복음 모두 광야에서 그리스도께서 받으신 시험을 기록합니다. 그리스도께서 받으신 시험은 아담이 받은 시험이 어떤 것인지를 이해하는 데 아주 도움이 됩니다.

예수님의 시험은 공생애를 시작하신 직후에 있었습니다. 예수님께서 세례를 받으실 때 예수님께 임하셨던 성령 - 성령은 아버지의 영이신 동시에 아들의 영이십니다 - 이 예수님을 광야로 내몰았습니다. 하나님께서는 예수님께 "너는 내 사랑하는 아들이라. 내가 너를 기뻐하노라"(누가복음 3:22)라고 말씀하셨습니다. 동산에서 아담은 자신의 아들 직분에 대하여 시험을 받았습니다. 예수님께서도 광야에서 아버지의 사랑하는 독생자이신 메시야적 아들로서 아들 직분에 대하여 시험을 받으셨습니다. 예수님께서는 인간의 육체를 입으신, 하나님의 아들이셨습니다. 사탄과 예수님의 만남은 40일간의 금식이 끝난 직후에 이루어진 하나의 시험이었습니다. 그리스도께서는 천하만국이 자기 것이라고 주장하는 사탄의 타락한 세상에 진격해 들어오셨습니다. 거기에서 예수님께서는 '이 세상 임금'(요한복음 12:31, 14:30, 16:11)과 싸우셨습니다.

우리는 창세기와 복음서가 어떻게 서로를 조명해 주고 있는지 알아야 합니다. 그리스도께서 시험을 참으신 게 우리가 시험을 어떻게 다루어야 하는지 모범을 보여 주기 위함이 주목적이 아닙니다. 사탄이 예수님을 공격할 때 사용한 시험은, 사탄이 타락한 인간들에게 사용하곤 했던 시험과는 전혀 다른 것이었습니다.

사탄은 평범한 인간에게 세상의 모든 왕국을 줄 필요가 없습니다. 돈을 조금만 주고도 대부분의 사람들을 살 수 있습니다. 사탄은 우리가 기적을 행할 수 있는 능력이 있는지 시험하기 위하여 우리를 유혹하지도 않습니다. 예수님에 대한 사탄의 시험은 예수님이 하나님의 아들이시라는 것과 또한 예수님이 아버지의 뜻을 행하기 위하여 이 세상에 왔다는, 예수님의 자의식에 집중되어 있었습니다. 사탄의 목적은 예수님으로 하여금 하나님의 선하심에 대하여 의심하도록 만드는 것이었습니다. 바로 그와 동일한 목적으로 사탄은 하와를 유혹했습니다. "하나님이 참으로 너희더러 동산 모든 나무의 실과를 먹지 말라 하시더냐?"(창세기 3:1). 사탄은 하나님께서 에덴동산에서 아담과 하와에게 주신 금지 사항을 교묘히 과장함으로써 하나님은 인간의 제반 필요에 대하여 믿을 수 없을 정도로 무관심하고 인간의 진보에 대하여 반대하신다는 생각을 하와의 마음속에 은근히 심어 주었습니다.

객관적으로 보면 광야에서는 사탄이 예수님을 공격하기가 훨씬 더 쉬웠습니다. 왜냐하면 에덴동산의 아담과 하와는 부족한 것이 아무것도 없었지만, 예수님께서는 극도로 주린 상태에 계셨기 때문입니다. 하나님께서는 아담과 하와는 동산에 두셨지만, 예수님은 광야로 내모셨습니다. 하지만 사탄은 예수님께 직접적인 방법으로 접근하지 않았습니다. "하나님께서 정말 당신을 이 황량한 벌판으로 내몰아 여기에서 죽게 하셨나요?" 하고 노골적으로 말하지 않았습니다.

그보다는 단지 한 가지 제안을 했을 뿐입니다. 사탄은 예수님께 "네가 만일 하나님의 아들이어든 명하여 이 돌들이 떡덩이가 되게 하라"(마태복음 4:3)라고 했습니다. "당신 아버지가 당신에게 먹을 것을 공급해 주지 않는 것 같으니 당신 자신이 마련해 보라"라는 말입니다. 동시에 이 제안은 예수님이 스스로 먹을 것을 마련함으로써 하나님의 아들로서의 자신의 신원에 대한 모든 의심을 떨쳐 버릴 수 있을 거라는 속삭임이기도 했습니다. 예수님께서는 이미 그가 하나님의 아들이라는 하늘의 음성을 들으셨습니다. "하늘로서 소리가 있어 말씀하시되, '이는 내 사랑하는 아들이요 내 기뻐하는 자라' 하시니라"(마태복음 3:17). 사탄은 바로 예수님으로 하여금 그 말씀에 의심을 품게 하려고 한 것입니다. "하나님이 정말 그렇게 말씀하셨어?" 하는 뱀의 목소리가 다시 광야에서 메아리쳤습니다.

예수님께서는 신명기 말씀을 사용하여 그 시험을 물리쳤습니다. 예수님께서는 하나님의 참아들인 마지막 아담의 역할을 다했을 뿐만 아니라, 그분은 또한 참이스라엘이셨습니다. 이스라엘 역시 하나님께서 바로에게 "내 아들을 놓아서 나를 섬기게 하라"(출애굽기 4:23)라고 말씀하신 후 애굽에서 해방되어 광야에서 아들 직분에 대하여 시험을 받았습니다. 하나님께서는 이스라엘 백성을 광야에서 40년 동안 인도하시고 시험하사, 사람이 빵으로만 사는 것이 아니라 하나님의 입으로 나오는 모든 말씀으로 사는 줄을 알게 하려 하셨습니다(신명기 8:2-3). 이스라엘에게 하시는 하나님의 말씀은 시내산에서 십계명으로 주셨습니다. 그 말씀은 또한 이스라엘의 여정을 인도하기 위하여 주셨습니다. 그들은 여호와의 말씀에 따라 앞으로 나아가기도 하고 멈추기도 했습니다(출애굽기 17:1).

이스라엘 백성이 하지 못한 것을 예수님께서는 하셨습니다. 이스라엘 백성은 배고플 때에 하나님의 말씀을 신뢰하지 못했습니다. 그들은 하나님의 선하심을 의심했을 뿐만 아니라 하나님을 무시하였고 반항하였으며, 하나님께서 주신 만나를 멸시하고 불평했습니다. 그러나 아담과 이스라엘과는 대조적으로 예수님께서는 하나님의 참아들로서 하나님께 순종하셨습니다. '하나님의 입으로 나오는 모든 말씀으로' 사셨습니다(마태복음 4:4 참조). 또한 하늘로부터 들려온 아버지의 음성과 자신을 광야로 몰아내신 아버지의 뜻에 순종하셨습니다.

사탄은 첫 번째 유혹이 실패하자, 예수님을 성전 꼭대기로 데려다가 예수님께 그 몸을 아래로 던져 보라고 재촉하였습니다. "네가 만일 하나님의 아들이어든 뛰어내리라"(마태복음 4:6). 그 시험은 예수님을 부추겨 '믿음'을 '보는 것'으로 바꾸게 하려는 속셈이었습니다(고린도후서 5:7 참조). 그 시험은 우리가 흔히 생각하는 것보다 훨씬 더 강한 힘을 가지고 있었습니다. 왜냐하면 하나님께서 자기의 메시야에게 하신 약속이 들어 있는 시편 말씀을 사탄이 인용하였기 때문입니다(시편 91:11-12). 예수님은 성경 말씀을 성취하기 위해 오신 분이었습니다. 따라서 사탄은 이제 예수님께 성경 말씀에 불순종하지 말고 그것을 성취하라고 요구하고 있는 셈입니다. 사탄은 신앙의 이름으로 주제넘은 행동을 제안하고 있었지만, 사탄의 말은 예수님이 만일 하나님을 시험하기를 거부한다면, 그것은 믿음이 없는 행동이라는 사실을 암시하고 있었습니다. 만일 예수님이 뛰어내리지 않는다면, 이는 예수님의 발이 성전 바닥에 부딪히기 전에 천사들이 예수님을 받을 것이라는 하나님의 말씀을 믿을 수 없기 때문임이 분명하다는 의미였습니다.

물론 사탄이 예수님께 한 이 시험과 하와에게 금지된 열매를 먹으라고 한 제안 사이에는 큰 차이점이 있습니다. 에덴동산에서 사탄은 "너희가 결코 죽지 아니하리라"(창세기 3:4) 하고 직접적으로 하나님의 말씀을 반박했습니다. 그러나 예수님께 말할 때는 하나님의 말씀을 반박하지 않고, 오히려 예수님으로 하여금 그것을 믿고 그대로 행동하라고 요구했습니다. 그러나 하나님의 약속이 참인지를 단 한 번만 보여 달라고 하나님께 요구하는 것은 믿음이 아니라 하나님을 시험하는 것입니다.

아담과 하와는 하나님으로 하여금 불순종에 대한 하나님의 무서운 징벌을 시행하시도록 함으로써 하나님을 시험했습니다. 사탄은 그리스도가 더욱 직접적인 방법으로 하나님의 신실하심에 도전하되, 의심 가운데 그것을 행하기를 원했습니다. 하나님께서 자신의 약속을 지키실 것인지를 단 한 번 보여 주는 것 외에는 예수님이 성전 지붕에서 뛰어내릴 다른 이유는 없었습니다. 하와에게 한 사탄의 말은 본질적으로 이런 말이었습니다. "먹어라. 너는 결코 죽지 않을 것이다. 왜냐하면 하나님께서 너에게 거짓말하셨기 때문이다." 그러나 사탄은 예수님께는 이렇게 말했습니다. "뛰어내리시오. 당신은 결코 죽지 않을 것이오. 하나님께서 당신에게 거짓말을 하지 않으셨다면 말이오." 이에 예수님께서는 또 한 번 신명기 6:16을 인용하여 말씀하심으로 사탄의 시험을 물리치셨습니다. "기록되었으되 '주 너의 하나님을 시험치 말라' 하였느니라"(마태복음 4:7).

사탄은 한 번 더 예수님을 시험하였습니다. 그는 예수님을 데리고 지극히 높은 산으로 가서 천하만국과 그 영광을 보여 주면서, 만일 예수님이 그에게 엎드려 경배하면 이 모든 것을 주겠다고 제안하였습니다. 사탄은 자기가 이 모든 것을 줄 수 있는 권세를 가지고 있다고 주장하였습니다. 이는 사탄이 에덴동산에서 아담과 하와에게 한 시험과 일치합니다. 아담은 하나님으로부터 세상에 대한 통치권을 받았습니다. 이는 그의 합법적인 부르심이었습니다. 그러나 사탄은 더 큰 통치권이 가능하다고 제안하였습니다. 그들이 상상치 못할 영광스러운 통치권이 가능하다고 사탄은 속삭였습니다. "너희도 하나님같이 될 수 있다!" 이렇게 사탄은 그들의 마음을 강하게 부추겼습니다. "너희는 이 동산에서 평생 남의 지시나 받으며 자유도 없이 먹고 사는 것으로 만족할래?" 사탄은 그들도 하나님처럼 선악을 아는 지식을 소유하는, 하나님의 강력한 경쟁자가 될 수 있다고 유혹하였습니다. "너희가 하나님의 말씀을 거부하고 내 말에 따른다면, 너희는 너희 자신의 신이 되어 자신의 통치권을 세울 수 있을 것이고, 하나님의 청지기로서가 아니라 절대 군주로서 세상을 소유할 수 있게 될 것이다!" 그 시험하는 자는 자신을 인간의 친구요 옹호자로 가장하면서 이렇게 유혹하고 있습니다. "나는 너희의 친구로서 진정으로 너희를 위하는 자다. 나는 너희를 하나님의 속박과 착취에서 해방시켜 너희로 하여금 너희가 원하는 인생을 살도록 하기 위하여 너희를 찾아왔노라."

이 유혹 속에 들어 있는 의미는 너무도 분명합니다. 만일 아담과 하와가 자신의 욕구에 눈이 멀지 않았다면 그 뱀의 권위에 대하여 의심을 품었을 터입니다. 하나님을 거짓말쟁이라고 말하는 이 피조물이 누구인가? 창조주보다 뱀을 주목함으로써 생기는 결과는 어떤 것인가? 그들을 하나님의 경쟁자로 만들어 주겠다는 뱀 자신의 욕구는 무엇인가? 아담과 하와가 사탄의 말에 사로잡히지 않았다면 하나님의 말씀을 거부하는 일은 있을 수 없었습니다. 사탄은 인간의 충성과 존경을 드러내 놓고 요구하지 않습니다. 사탄은 인간의 욕망을 부추겨서 인간 스스로 하나님을 불순종하고 자기를 따르도록 유혹합니다. 뱀에게 순종함으로써 아담과 하와는 스스로 사탄의 친구요 하나님의 원수가 되었습니다.

사탄은 예수님을 시험할 때도 같은 전략을 따랐지만, 하나님의 참아들이신 예수님의 신분과 부르심으로 인해 일이 복잡하고 커졌습니다. 예수님께서는 이미 천하만국의 후사요, 모든 정사와 권세의 주님이셨습니다. 그런데도 사탄은 예수님께 천하만국과 그 영광을 보여 주면서 "만일 내게 엎드려 경배하면 이 모든 것을 네게 주리라" 하고 시험한 것입니다. 천하만국과 그 영광을 주는 자가 사탄 자신임을 간단히 인정하기만 하면 그 대가로 예수님이 당장 이 모든 것을 온전히 얻을 수 있는 양 거짓으로 유혹한 것입니다. 하지만 사탄에게 절하는 것은 십자가의 고난과 죽음을 피하는 것을 의미하였습니다. 예수님 자신도 이미 알고 계시듯이, 그 고난과 죽음은 아들에 대한 하나님 아버지의 부르심이었습니다.

만일 오늘날이라면 사탄이 대중 매체를 통하여 예수님께 접근하여 유혹했을 것이라고 말하기도 합니다. 다시 말하면 예수님께 전 세계에 그의 메시지를 선포할 수 있는 최고의 TV 시간대를 편성해 주겠다고 제안했으리라는 것입니다. 단 작은 조건이 한 가지 있습니다. 그것은 그 프로그램 앞과 뒤에 프로그램 제공자의 이름을 간단히 이렇게 넣어 주기만 하면 된다는 것입니다. "이 프로그램은 사탄 주식회사 제공입니다."

예수님께서는 사탄의 제안을 거부했고, 사탄이 제시하지 않았던 권세를 보여 주셨습니다. 곧 사탄에게 물러가라고 명령할 수 있는 권세였습니다. 아담과 예수님을 비교해 보십시오. 아담은 하나님께서 주신 것보다 더 큰 권위를 원했고, 그 결과 수치와 죽음을 맛보았습니다. 그는 하나님의 경쟁자가 되려 했고, 그리하여 하나님께 불순종하여 자신을 하나님과 대적 관계에 놓았습니다. 그리고 적과 한편이 되었습니다. 예수님께서는 아버지를 섬기기를 원하셨고, 그리하여 하나님께 순종하여 아담의 욕망이나 사탄이 제안한 것을 넘어서는 통치권을 상속받았습니다.

아버지의 오른편에서 예수 그리스도께서는 모든 피조물에 대한 전적인 심판과 통치권을 행사하십니다. 아버지의 오른편으로 높임을 받기 전 땅 위에 계실 때에도 예수님께서는 신적인 권위를 나타내 보여 주셨습니다. 예수님께서는 능력의 말씀으로 모든 병을 고치셨습니다. 예수님께서는 귀신들에게 떠나라고 명령하셨는데, 이는 예수님이 강한 자인 사탄과의 싸움에서 그를 결박하여 그를 정복하셨기 때문입니다(마태복음 12:24-30).

2
여자의 후손

여자의 후손의 승리

인류 역사의 처음에 서 있는 아담에게서 우리는 예수 그리스도를 봅니다. 예수 그리스도는 그의 아버지의 형상을 지니고 계신 아들이십니다. 예수님께서는 시험 가운데서 승리하시고, 순종을 통해서 자신의 아들 직분이 입증되었습니다. 사탄의 거짓말은 예수님께 놀랍게 논박을 당했습니다. 뱀은 아담과 하와에게 "너희는 하나님같이 될 것이다"라고 유혹했고, 아담과 하와는 그 거짓말을 믿었으며, 그 결과 자신들이 나온 흙으로 돌아갔습니다. 이 인류 최초의 부부는 금지된 열매를 먹음으로써 영광을 맛본 것이 아니라, 두려움과 부끄러움을 맛보았습니다.

그러나 예수님 안에서, 하나님의 형상대로 인간을 창조하신다는 약속은 영광 가운데 성취되었습니다. 인간이 하나님같이 되어야 한다는 것은 태초부터 하나님의 뜻이었습니다. 다만 하나님을 거역함으로써가 아니라 하나님의 아들이신 그리스도와의 연합을 통해서 이루어져야 했습니다. 하나님의 형상대로 이루어진 인간 창조는 성육신을 가능하게 했을 뿐만 아니라, 그것은 장차 있을 성육신의 목적을 이루기 위하여 하나님께서 친히 계획하신 것이었습니다. 아담의 창조, 하와의 창조, 동산에서의 시험, 이 모든 일이 예수 그리스도를 그림자로 보여 주고 있습니다.

만일 아담과 하와가 불순종하지 않았다면, 인간이 어떤 식으로 그리스도를 통하여 하나님의 형상을 소유하게 되었을지는 모릅니다. 분명한 점은, 아담은 순종하는 아들로서 하나님의 사랑하시는 아들을 알게 되었을 것입니다. 그러나 분명히 아는 것은, 인간의 죄는 하나님의 계획을 좌절시키지 못했다는 사실입니다. 진실로, 그리스도를 통하여 이루어진 죄에 대한 하나님의 승리는 너무도 영광스러워서 죄 문제를 떠나서는 하나님 마음에 있는 엄청난 사랑과 자비를 결코 볼 수 없었으리라는 결론에 도달하게 됩니다. '행운의 죄!'라고까지 외친 어거스틴의 말에 공감할 따름입니다.

그리스도 안에서의, 죄에 대한 하나님의 승리의 기적은 인간의 타락 후 즉시 나타났습니다. 아담과 하와는 하나님 앞에서, 그리고 서로의 앞에서 부끄러웠습니다. 나뭇잎을 엮어 치마를 만들어 몸을 가리고 하나님의 낯을 피하여 동산 나무 사이에 숨었습니다. 그러나 자신들의 손으로 한 일은 그들이 이전에 경험했던 하나 됨을 회복시킬 수가 없었고, 자신들을 하나님의 심판으로부터 막아 줄 수도 없었습니다. 하나님께서는 동산에서 그들을 찾으셨고, 그들은 하나님의 부르시는 목소리에 응답해야 했습니다.

재판정이 구성되었습니다. 하나님께서는 그들의 죄에 대하여 심문하셨습니다. 그러나 그때 그들은 또 하나의 얄팍한 천 뒤에 숨을 곳을 찾았습니다. 즉 그 죄의 책임을 전가해 버릴 변명거리를 찾았던 것입니다. 아담은 하와에게 책임을 돌렸고, 하와의 옹호자가 되기보다는 하와의 고소자가 되었습니다. 그 과정에서 아담은 또한 하나님께도 책임을 돌렸습니다. "하나님이 주셔서 나와 함께하게 하신 여자, 그가 그 나무 실과를 내게 주므로 내가 먹었나이다"(창세기 3:12). 그래서 하나님께서는 하와를 심문했습니다. 하와는 뱀에게 책임을 돌렸습니다. "뱀이 나를 꾀므로 내가 먹었나이다"(창세기 3:13).

에덴의 범죄자들의 반응을 보면 자신의 죄를 회개하는 게 아니라 두려워하고 핑계를 대는 게 그 특징이었습니다. 재판장이신 하나님께서는 그 사건을 심문하신 뒤 판결문을 낭독하셨습니다. 하와가 책임을 돌렸던 뱀부터 형을 선고하셨습니다. 그다음 하와를 판결하셨고, 마지막으로 아담을 판결하셨습니다. 하나님의 심판에서 아주 놀라운 점은 그 제한성과 자비입니다. 불순종에 대한 형벌은 죽음이었으나, 아담과 하와는 그들이 숨은 나무 밑에서 곧바로 죽지는 않았습니다. 형벌은 반드시 있을 것입니다. "너는 흙이니 흙으로 돌아갈 것이니라"(3:19). 그러나 이 무서운 선고가 있기 전에 하나님께서는 소망의 말씀을 하셨습니다. 하나님께서 뱀에 대한 판결 가운데 다음과 같이 말씀하신 것입니다. "내가 너로 여자와 원수가 되게 하고 너의 후손도 여자의 후손과 원수가 되게 하리니, 여자의 후손은 네 머리를 상하게 할 것이요 너는 그의 발꿈치를 상하게 할 것이니라"(3:15).

뱀이 아담과 하와보다 먼저 심판을 받았는데, 뱀에 대한 심판은 모든 것을 바꾸어 버렸습니다. 하와가 사탄의 친구요 하나님의 원수가 되었지만, 하나님께서는 그 상황을 역전시켜 하나님과 사람 사이가 아니라 사탄과 사람 사이에 불화를 일으켜 서로 원수가 되게 하겠다고 약속하셨습니다. 하나님의 말씀의 절대 주권적 능력은 그 약속을 통하여 빛납니다. 약속은 미래 시제로 말하여졌음에도 불구하고 하나님의 능력의 말씀입니다. 하나님은 죽은 자를 살리시고 없는 것을 있는 것같이 부르실 수 있는 분이십니다(로마서 4:17).

특히 그 뒤에 있은 오랜 투쟁의 세월을 통하여 사탄의 적이 된 것이 '여자와 여자의 후손'이었습니다. 아담이 아니라, 장차 올 아담의 자손이 사탄의 원수가 될 것입니다 이 예언의 말씀은 약속된 '여자의 후손'이 하와의 첫 번째 아들을 의미하는지 아니면 하와의 후손들을 의미하는지는 분명하게 밝히지 않고 있습니다. 아담은 하나님의 약속 안에는 '생육하고 번성하여 땅에 충만하라'는 축복이자 책임이 포함되어 있다고 이해한 것 같습니다. 왜냐하면 아담은 아내의 이름을 모든 생명의 어머니라는 의미로 하와('생명'이라는 뜻)라 하였기 때문입니다(창세기 3:20). 이러한 이름은 하나님께서 내리신 죽음의 선고와는 반대됩니다. 그러나 이는 하나님의 판결에 대한 도전이 아니라, 하나님의 약속을 주장하는 아담의 믿음에서 나왔습니다. 하와 역시 첫 번째 아들이 태어났을 때 믿음으로 이렇게 말했습니다. "내가 여호와로 말미암아 득남하였다"(창세기 4:1).

하나님의 약속에는 여자의 후손과 뱀의 후손 간에 서로 원수가 되리라는 것 이상의 내용이 담겨 있습니다. 즉 여자의 후손은 뱀의 머리를 상하게 할 것이며, 뱀은 여자의 후손의 발꿈치를 상하게 할 것이라고 했습니다. 그러나 뱀이 단지 동산에 있는 하나의 짐승이 아니라 사탄의 대변자인 것처럼, 그 판결은 인간이 뱀에게 물리는 것을 넘어서 이 예언의 궁극적인 성취를 가리키고 있습니다. 즉 여자의 후손과 뱀과의 싸움에서 여자의 후손이 고난을 당할 것이나 결국 뱀은 그 머리를 상하게 될 것입니다.

로마의 그리스도인들에게 한 편지에서 이러한 해석을 뒷받침합니다. "평강의 하나님께서 속히 사단을 너희 발 아래서 상하게 하시리라.…"(로마서 16:20). 사탄에 대한 그리스도의 승리는 하나님의 백성에게 승리를 가져다줄 것입니다. 즉 사탄의 계획은 완전히 수포로 돌아갈 것입니다. 요한복음은 갈보리 전야에 하신 예수님의 말씀을 이렇게 기록하고 있습니다. "이제 이 세상의 심판이 이르렀으니 이 세상 임금이 쫓겨나리라"(요한복음 12:31). 골로새서에서는 사탄 왕국의 추종 세력인 모든 '정사와 권세'에 대하여 주님께서 십자가에서 승리하신 사실을 기뻐하고 있습니다(골로새서 2:15).

갈보리의 최고의 아이러니는 겉으로 보기에는 사탄의 승리였는데 사실은 사탄의 패배였다는 점입니다. 요한계시록은 사탄을 '옛 뱀'이라고 부를 뿐만 아니라 '큰 붉은 용'(요한계시록 12:3,9)이라고 부르는데, 그 용은 해산하려는 여자 앞에서 그가 해산하면 그 아이를 삼키고자 하였습니다(요한계시록 12:4). 유대인의 왕으로 나신 이를 죽이려는 헤롯의 베들레헴 유아 대학살에서는 예수님이 그것을 피하심으로써 사탄의 계획이 실패했을지라도, 골고다에서는 사탄이 목적을 성취한 듯 보였습니다. 사탄에게 고무되어 예수님을 비웃는 자들이 보기에는 예수님은 아무 힘없이 십자가에 달려 죽으셨습니다.

그러나 예수님께서는 죽은 자들 가운데서 부활하셨고 하나님의 오른편으로 높임을 받으셨습니다(요한계시록 12:5, 사도행전 2:32-33). 예수님께서는 십자가에서 죽으시는 바로 그때에도 승리자이셨습니다. 우리를 위하여 속죄하고 율법의 요구를 충족시키시고 죄인들에게 구원을 가져다 준 것이 바로 그리스도의 죽음이었습니다. 그리스도의 죽음을 통하여 하나님께서는 정사와 권세의 무장을 해제시키고 십자가로 그들을 이기셨습니다(골로새서 2:15). 그래서 예수님께서는 십자가를 바로 앞두고 이렇게 말씀하실 수 있었습니다. "이제 이 세상의 심판이 이르렀으니 이 세상 임금이 쫓겨나리라"(요한복음 12:31).

예수님께서는 죽음뿐 아니라 삶을 통해서도 승리하셨습니다. 주님께서는 아담이 받은 부르심을 성취하셨습니다. 아담과 하와에게 하신 하나님의 명령은 '생육하고 번성하여 땅에 충만하고, 땅을 정복하고, 모든 생물을 다스리라'는 것이었습니다. 아담의 통치권은 이제 그리스도에 의하여 행사됩니다. 하나님의 구속 사역에서 보듯이, 하나님의 약속은 우리의 기대를 훨씬 넘어서서 성취되는 경우가 너무도 많습니다. 그리스도께서는 아담에게 주어진 것보다 훨씬 더 큰 통치권을 행사하십니다. 그분은 주님이십니다. 이 지구의 주님이실 뿐 아니라 온 우주의 주님이십니다.

마지막 아담이시요 온 우주의 주님으로서 예수님의 권위와 능력은 그분이 행하신 기적 가운데 잘 나타나 있습니다. 그분이 직접 어떤 것을 명하시면 즉각 그대로 되었습니다. 그분은 바람과 바다에게 명령하셨고, 바람과 바다는 즉시 순종하였습니다. 물고기가 그분의 뜻대로 그물을 가득 채우고, 물이 포도주가 되고, 그분의 손에 들린 몇 덩이의 빵으로 수많은 무리가 먹었습니다. 오늘날 우리는 예수님께서 피조물에 대한 그분의 주재권을 나타내기 위하여 행하신 기적의 신비를 완전히 이해할 수는 없습니다. 우리는 하늘과 바다에 대한 인간의 과학적 정복을 보고 경탄합니다. 그러나 아무도 예수님처럼 물 위로 걸을 수는 없습니다. 아버지의 보좌로 올라간다는 것은 더더욱 불가능한 일입니다.

예수님께서는 또한 땅에 충만하고 다스리라는 아담에게 주신 명령을 성취하셨습니다. 에베소서에서는 지금 예수 그리스도께서 가지고 계신 주재권을 묘사하기 위하여 '충만케 하다'라는 단어를 사용했습니다(에베소서 1:20-23, 4:10). 예수님께서는 단지 인간을 죽음의 심연에서 구조하기 위하여 오신 것이 아니라, 우리 인간이 하나님으로부터 받은 부르심을 우리를 위해 대신 성취하기 위하여 오셨습니다. 예수님의 부르심은 우주에 대한 인간의 완전한 최종 통치권입니다. 그분은 마지막 아담으로서 이렇게 말씀하실 수 있습니다. "볼지어다. 나와 및 하나님께서 내게 주신 자녀라"(히브리서 2:13. 이사야 8:17-18 참조).

   각 나라와 족속과 백성과 방언 중에서 아무도 능히 셀 수 없는 큰 무리가 예수님의 이름으로 모입니다. 능력으로 만물을 충만케 하시는 예수님께서는 자기의 영광의 날에 이스라엘의 충만한 수와 열방의 충만한 수를 모으십니다(로마서 11:12,25, 요한계시록 7:9). 그분이 아담의 부르심을 성취하셨다 해서 우리의 섬김이 헛된 것이 되지는 않습니다. 오히려 그분이 인간의 부르심을 성취하셨기 때문에 비로소 우리의 일은 의미를 띠게 됩니다. 예수님의 승리는 예수님과 연합한 우리의 소망입니다. 교만한 마음이 아니라 겸손한 마음으로 우리는 승리의 주님으로부터 이 세상에 대한 주님의 뜻을 행하라는 새로운 부르심을 받습니다.

택함받은 씨(자손)

   하나님의 위대한 약속은 여전히 유효합니다. 여자의 '후손'은 뱀의 머리를 상하게 할 것이며, 인간의 반역은 진압될 것입니다. 이 약속은 그 이후에 계속되는 창세기의 내용에 의미를 부여합니다. "…의 계보가 이러하니라"라는 표현은 창세기의 한 특징이라고 할 수 있으며, 우리를 '천지의 창조된 대략' 즉 천지의 '계보'로부터 야곱의 후손 즉 야곱의 '계보'로 이끌어 갑니다.

   '계보'에 대한 창세기의 기록을 보면 다음과 같습니다. 천지(창세기 2:4), 아담(5:1), 노아의 아들들(10:1), 셈(11:10), 아브라함의 아버지 데라(11:27), 이스마엘(25:12), 이삭(25:19), 에서(36:1,9), 야곱(37:2). 계보를 강조하는 요지는 하나님께서 그분의 약속을 잊지 않으셨다는 사실입니다. 여자의 후손의 약속된 계보는 계속되어야만 합니다. 인간의 죄와 폭력으로 어둡고 피로 물든 역사를 통하여 하나님께서는 그 약속의 계보를 계속 유지하셨습니다.

그 약속에는 하나의 계속되는 '분리(나님)'가 수반됩니다. 그 분리는 인류 역사 초기부터 나타납니다. 하나님께서 아벨의 제물은 열납하셨지만 가인의 제물은 열납하지 않으셨습니다. 시기심에서 나온 분노로 가인은 동생 아벨을 죽였습니다. 다시금 하나님의 놀라우신 인애가 분명하게 나타납니다. 에덴동산의 아담과 하와가 동산에서 쫓겨나듯이 가인은 비록 추방을 당하여 쫓겨났지만 하나님으로부터 아낌을 받았습니다.

창세기 4장에는 가인의 후손이 기록되어 있습니다. 그들은 기술을 발전시키고 도시를 건설했습니다. 그러나 그들이 하나님께서 주신 창조의 잠재력을 발휘하였음에도 불구하고, 그들은 반역자로 남아 있습니다. 야금술, 시, 음악이 모두 발달되었으나, 이 문화의 열매는 라멕의 시에 잘 나타나 있습니다. 이 시는 하나님을 떠난 자들의 교만과 그 시대의 잔학상을 표현하고 있습니다. 이는 칼의 노래이며 폭력을 찬양합니다.

'계보의 책'인 창세기에는 가인의 계보는 더 이상 보이지 않습니다. 이야기는 대신 셋으로 향합니다. 하나님께서는 아담과 하와에게 또 다른 아들을 주셨습니다. 하나님은 가인의 자손의 도시화된 문명과 폭력과는 구분되는, 인류에 있어서 또 하나의 전통을 일으키셨습니다. 아담은 셋을 낳고 "하나님이 내게 가인의 죽인 아벨 대신에 다른 씨를 주셨다"(창세기 4:25)라고 말했는데, 이는 하나님께 대한 그의 신앙을 고백한 것이었습니다. 셋이라는 이름에는 '놓다, 대신하다, 부여하다, 지명하다, 택함을 입다' 등의 뜻이 담겨 있습니다. '셋'은 하나님께서 아담에게 아벨을 대신하여 주신 아들로서 아버지 아담에게 새 희망을 부여하였고, 약속의 후손과 전달자로 지명되고 택함을 받았습니다. 이 셋이라는 이름 속에서, 아담이 단순히 또 하나의 아들을 갖게 된 것을 기뻐하는 게 아니라, 하나님의 약속이 성취되기를 대망하고 있으며, 또한 하나님의 신실하심을 찬양하고 있음을 엿볼 수 있습니다. 가인의 자손과는 달리 셋의 자손은 여호와를 예배하기 시작했습니다(창세기 4:26).

분리와 심판과 축복이 창세기의 '계보' 부분을 통하여 계속됩니다. 셋의 계보도 타락했습니다. 그 원인은 가인의 계보와 통혼을 하였기 때문입니다(창세기 6:2). 인간의 사악함과 포악함은 매우 깊은 타락에까지 이르렀고, 급기야 하나님께서는 대홍수의 심판으로 여기에 개입하십니다. 대홍수로 인한 대격변은 이야기를 노아의 계보로, 노아의 아들들의 계보로 그 초점을 옮깁니다. 또다시 세 아들들은 나뉩니다. 셈에게는 아주 놀라운 하나님의 축복이 주어집니다. "셈의 하나님 여호와를 찬송하리로다. 가나안은 셈의 종이 되고"(창세기 9:26). 그의 동생 야벳은 셈의 장막에 거하게 되어 셈이 누리는 축복을 함께 누리게 될 것입니다. 셈의 계보가 그다음에 기록되어 있습니다.

노아의 자손들이 바벨이라는 성과 대를 쌓으려고 연합하였을 때 또다시 분리가 일어났습니다. 가인의 자손들의 시대에서처럼 성이 건설되었는데, 그것은 하나님의 영광을 위한 것이 아니라 인간의 이름을 높이기 위한 것이었습니다. 다시 하나님께서 심판하십니다. 하나로 연합한 인류의 악의 성장을 막기 위하여 하나님께서는 사람들의 언어를 혼잡하게 하셨습니다. 사람들은 나뉘었고, 이 나뉨이 데라의 계보 즉 아브라함과 그 자손의 이야기를 위한 배경이 됩니다.

분명히 창세기는 창조로부터 시작하여 애굽에 있는 야곱의 자손에 이르는 '계보' 이야기를 하고 있습니다. 그러나 그 이야기는 한 우수한 민족의 환상적인 신화가 아닙니다. 이스라엘 민족은 뛰어난 민족이 아니라 택함을 받은 민족입니다. 성경에는 그들의 죄와 실패가 고통스러울 정도로 솔직하게 기록되어 있습니다. 이야기의 초점은 조상들의 공적이 아니라, 하나님의 신실하심에 있습니다. 하나님께서는 자신의 약속이 헛되지 않도록 하기 위하여 그 조상들을 부르셨습니다. 광대한 파노라마의 물결은 출애굽 너머에 있는, 모든 열방에게 임할 위대한 구속을 향하여 나아갑니다.

'씨(자손)'라는 용어는 히브리어에서는 집단으로서의 자손 전체를 가리킬 수도 있고, 어떤 한 자손 개인을 의미할 수도 있습니다. 창세기는 여기에 대하여 분명한 답을 주지는 않지만, 거기에는 조상들과 자손들의 계보가 실려 있습니다. 뿐만 아니라 이 '씨'는 분명히 '마지막 아담' 즉 셋, 노아, 셈, 아브라함처럼 택하심을 입고 아브라함의 씨로서 땅의 모든 족속에게 복의 근원이 될 씨(자손)를 가리킵니다.

3
아브라함의 자손

맹세로 한 약속

　노인 아브람은 장막이 쳐 있는 큰 나무숲 아래 어둠 속을 걸어갔습니다. 비록 부자였지만 소와 양 떼 등을 치는 유목민이었고, 현재 살고 있는 그 나라에서 정착할 땅도 갖고 있지 않았습니다.
　장막이 있는 곳을 벗어나 사방이 탁 트인 곳으로 나와 하늘을 올려다보았습니다. 어두움이 쫙 깔려 있는 밤하늘에 셀 수 없이 많은 별이 반짝이고 있었습니다. 그의 인생은 길고도 험했습니다. 그는 본래 메소포타미아 평원에 있는 매우 부요한 도시인 우르의 시민이었습니다. 그러다 아버지와 함께 우르를 떠나 북쪽에 있는 하란으로 갔고, 아버지가 세상을 떠난 후 조카 롯을 데리고 하란을 떠나, 이른바 비옥한 초승달 지역이라고 하는 곳의 대상로를 따라 현재 머물고 있는 땅으로 왔습니다.
　그 땅에 온 지 얼마 후 기근이 심하여 애굽으로 내려갔습니다. 그때의 일은 다시 생각하고 싶지 않은 수치였습니다. 하나님의 은혜로 다시 그 땅으로 돌아온 후에는 자기 목자와 롯의 목자 간의 분쟁을 해결해야 했습니다. 조카 롯에게 산이든 물이든 먼저 마음대로 택하도록 선택권을 주었습니다. 롯은 요단 들을 택하였고, 장막을 이리저리 옮기더니 마침내 소돔성으로 들어갔습니다. 그 후 침략자들이 소돔성을 함락시키고 소돔 거민과 함께 롯을 사로잡아 갔을 때, 아브람은 자기 집에서 길리고 연습한 자 318명을 거느리고 추격하여 쳐서 파하고 롯과 나머지 포로를 구했습니다. 그는 되찾아 온 재물을 차지함으로써 재산을 더 늘릴 수 있었으나 하나도 손대지 않았습니다.

가만히 서서 밤하늘을 바라보고 있을 때 아브람의 생각을 가득 채운 것은 무엇이었을까요? 전쟁에서 승리한 추억도, 거절한 재물에 대한 미련도 아니었습니다. 아브람은 하나님과 단둘이서 깊은 교제를 나누고 있었습니다. 수십 년 동안 그는 마음에 큰 짐을 안고 있었습니다. 그와 아내 사래 사이에는 자녀가 없었습니다.

창세기에 있는 아브라함의 이야기는 그의 전 생애를 기록한 전기가 아닙니다. 그 이야기는 아브람의 마음이 집중되어 있는 곳, 즉 하나님의 약속에 초점이 맞추어져 있습니다. 하나님께서는 아브람에게 그의 본토, 친척, 아비 집을 떠나 하나님께서 그에게 지시할 땅으로 가라고 명령하셨습니다. 아브람은 정든 고향 우르를 떠나야 했고, 하란에 있는 친척들을 떠나야 했습니다. 한 무리의 이주민의 일부로서가 아니라, 한 가족의 장으로서 나아가야 했습니다. 그는 하나님의 명령을 따라 약속의 계보의 조상이 되기 위하여 떠났습니다. 하나님께서는 동산에서 아담을 부르실 때, 그리고 가족을 구원하도록 방주를 만들라고 노아를 부르실 때에 주도권을 쥐셨듯이, 아브람을 부를 때에도 주도권을 쥐셨습니다.

아브람에 대한 하나님의 부르심 가운데에는 이중의 약속이 들어 있습니다. 하나는 하나님께서 아브람에게 복을 주신다는 것이며, 또 하나는 하나님께서 아브람을 복의 근원으로 만들겠다는 것입니다. 이 약속의 두 측면은 아브람의 씨로 큰 민족을 만들겠다는 하나님의 맹세와 관련되어 있습니다. 하나님께서는 아브람의 자손으로 큰 민족을 이루게 하심으로써 아브람의 이름을 위대하게 만들어 주겠다고 하셨습니다. 그들은 하나님께서 아브람에게 주신 복을 함께 누리게 될 것이며, 그럼으로써 아브람은 복을 받게 될 것입니다.

오늘날 사람들이 점점 하나님을 모르는 세대가 되어 가면서 복에 대하여도 제대로 이해하지 못하고 있는 실정입니다. 복이란 하나님의 은총의 선언입니다. 복에는 하나님께서 사랑과 은총의 증거로서 주시는 선물이 들어 있습니다. 그러나 복이란 하나님께서 주시는 것 그 이상입니다. 복은 하나님의 백성을 하나님과 연결시켜 주는 은총의 끈입니다.

아브람이 복을 받은 것은 자신에게 나타나신 여호와의 이름을 불렀기 때문입니다(창세기 12:7-8). 또한 하나님께 복을 받았기 때문에 다른 사람들, 이를 테면 소돔성 사람들(창세기 18:2-33)과 아비멜렉(창세기 20:17)을 위하여 기도할 수 있었습니다. 그러므로 아브람이 복을 받은 것이 그가 복의 근원이 되는 데 핵심이 됩니다. 하나님의 친구로서 아브람의 이름은 위대하게 되었고, 그는 하나님의 위대하신 이름을 증거하였습니다.

하나님께서는 아브람을 통해 따로 한 민족을 만들기 위하여 그를 부르셔서 구별해 놓았습니다. 그렇다고 하나님께서 다른 민족들, 즉 노아의 아들들의 다른 계보들을 잊으신 것은 아닙니다. 하나님께서는 아브람에게 복을 주실 때 다른 민족들에게도 복을 주시겠다고 약속하셨습니다. 그들은 아브람의 하나님에 대하여 들을 것이며, 하나님의 백성들과의 교제 가운데서 그분을 자신들의 하나님으로 예배하게 될 것입니다. 야벳은 셈의 장막에 거하게 될 것입니다(창세기 9:27).

그러나 아브람이 하늘의 별을 바라보며 지난 일을 곰곰이 생각할 때 하나님께서 하신 약속이 성취되기에는 아직도 요원하게 보였습니다. 하나님께서 그에게 그 땅을 주시겠다고 약속하셨지만, 그는 아직도 자기 땅이 될 그 땅에서 나그네로 살고 있었습니다. 하나님께서는 그로 큰 민족을 이루겠다고 약속하셨으나, 아내 사래는 여태껏 아이를 갖지 못했고 더군다나 아이를 가질 수 있는 나이는 이미 지나가 버렸습니다. 바로 그러한 상황에서 하나님께서는 아브람을 이끌고 밖으로 나가 밤하늘에 총총히 박혀 있는 뭇별을 바라보라고 말씀하셨습니다. 하나님께서는 이상 중에 그에게 임하셔서 "아브람아, 두려워 말라. 나는 너의 방패요 너의 지극히 큰 상급이니라"(창세기 15:1)라고 말씀하셨습니다.

그러나 하나님의 이러한 격려의 말씀에도 불구하고 아브람의 마음의 고통은 오히려 더 깊어졌습니다. 그래서 여호와께 이렇게 아뢰었습니다. "주 여호와여, 무엇을 내게 주시려나이까? 나는 무자하오니 나의 상속자는 이 다메섹 엘리에셀이니이다"(창세기 15:2). 하나님께서 다시 아브람에게 말씀하셨다 할지라도 현실이 너무도 다른 상황이라 하나님의 말씀은 단지 말에 불과하다는 말인가? 하나님께서는 아브람에게 단지 한 상급을 주시겠다고 약속하신 게 아니라, 하나님 자신이 아브람의 상급이라고 약속하셨습니다. 이보다 더 큰 축복은 없습니다. 하나님께서 친히 아브람과 그 씨의 기업과 분깃이 되시겠다는 뜻입니다.

이렇게 큰 약속도 아브람에게 별 효과가 없는 것처럼 보였지만, 하나님께서는 그를 정죄하지 않으셨습니다. 오히려 그를 이끌고 밖으로 나가 그의 믿음을 불타오르게 하기 위하여 밤하늘을 바라보게 하셨습니다. "그를 이끌고 밖으로 나가 가라사대 '하늘을 우러러 뭇 별을 셀 수 있나 보라.' 또 그에게 이르시되 '네 자손이 이와 같으리라'"(창세기 15:5). 하늘에 수많은 별을 흩어 놓으신 하나님께서 아브람의 씨를 번성시키실 것입니다. 하나님의 약속은 확실하였습니다. 아브람은 눈을 들어 하늘의 별들을 보았고, 믿음의 눈으로 여호와의 영광을 보았습니다. "아브람이 여호와를 믿으니 여호와께서 이를 그의 의로 여기시고"(창세기 15:6).

사도 바울은 믿음으로 말미암아 의롭다 하심을 얻는다는 사실을 뒷받침하려고 이 구절을 인용합니다. 아브람은 그의 의로운 행위로 말미암아 하나님의 은총을 얻은 게 아니었습니다. 그보다는 하나님의 의가 그에게 주어진 것입니다. 그는 자신이 한 것이나 할 수 있는 것을 의지하지 않았고, 하나님께서 말씀하신 것과 행하실 것을 믿었습니다. 의심과 두려움의 어두움을 이기고 아브람은 다시 믿음을 견고히 했습니다. 그는 뭇별을 바라보면서 하나님을 믿었습니다.

그는 하나님을 믿었지만 더 큰 확신을 얻기를 구했습니다. "주 여호와여, 내가 이 땅으로 업을 삼을 줄을 무엇으로 알리이까?"(창세기 15:8). 하나님께서는 표적을 구하는 아브람을 정죄하시지 않고, 다시 특별한 은혜를 베푸셔서 그에게 확신을 주셨습니다. 하나님께서는 아브람에게 암소와 암염소와 숫양과 산비둘기와 집비둘기 새끼를 취하라고 명하셨습니다. 아브람은 하나님의 명대로 그 모든 것을 취하여 그 중간을 쪼개고 그 쪼갠 것을 마주 대하여 놓고 새는 쪼개지 아니하였으며, 하루 종일 그 옆에 앉아 솔개가 그 제물 위에 내리면 쫓았습니다.

해질 무렵 아브람은 깊은 잠이 들었습니다. 깊이 잠든 중에 캄캄한 어두움이 임했고 심히 두려워했습니다. 그때 하나님께서 그에게 말씀하셨습니다. 아브람의 자손이 후에 이방에서 객이 되어 400년

아브라함의 자손   59

동안 노예 생활을 하며 큰 고통을 겪는 어두운 시절이 있을 것에 대하여 말씀하셨습니다. 그러나 하나님께서는 이어, 아브람의 자손은 사대 만에 약속의 땅으로 돌아와 마침내 그 땅을 차지하게 될 것이라는 소망의 약속을 하셨습니다.

해가 져서 어두울 때에 연기가 나는 풀무가 보이며 작열하는 불꽃이 쪼갠 고기 사이로 지나갔습니다. 이 사건에서 어둠과 불을 묘사하려고 사용된 것과 동일한 용어가 나중에 하나님께서 불과 구름 가운데 나타나셨던 시내산 사건을 묘사할 때도 사용됩니다(창세기 15:12,17, 출애굽기 19:18, 20:18,21). 그날에 여호와께서는 아브람으로 더불어 언약을 세워 지금 아브람이 서 있는 그 땅을 애굽 강에서부터 큰 강 유브라데까지 그의 자손에게 주겠다고 하셨습니다. 쪼갠 고기 사이로 지나가는 것이 상징하는 의미는 예레미야의 예언 가운데 잘 나타나 있습니다(예레미야 34:18-20). 희생 제물의 쪼갠 사이로 지나간다는 것은 언약을 세우는 의식입니다. 한편으로 이 언약에는 자기 자신을 저주하는 의미가 들어 있습니다. 즉 "내가 맹세로 세운 이 언약을 지키지 않으면 나는 이 동물처럼 쪼개지기를 원하노라"라는 뜻입니다.

이 사건에서 놀라운 사실은 하나님께서 친히 언약을 세우셨다는 점입니다. 하나님께서는 친히 자신의 생명을 걸고 자신이 하신 말씀을 이루시겠다고 아브람에게 맹세하셨습니다. 이 맹세는 하나님께서 아브람과 하신 언약을 보증해 줍니다. 그 언약에서 하나님께서는 그 땅의 악한 거민을 멸하고 그 땅을 아브람의 자손에게 주겠다고 약속하셨습니다. 그 언약은 하나님께서 일으키실 민족 즉 약속의 자손들(그리고 자손)인 아브람의 씨에 초점이 맞추어져 있었습니다.

거룩하신 하나님의 임재를 상징하는 불꽃이 어둠 속에서 타오르고 있었습니다. 하나님께서는 자신의 말씀을 어기지 않으실 것입니다. 그러나 아브람과 그에게서 날 민족의 죄에 대하여는 어떻게 할 것인가? 아모리 족속의 죄악의 잔이 가득 찰 때 하나님께서 그들에게 내리실 바로 그 심판의 불꽃에 아브람의 자손도 삼킴을 당하지 않을까? 하나님께서 아브람에게 복을 주리라 하신 그 언약을 이루시려면, 그분의 자비가 그분의 진노를 이겨야 하는데 어떻게 이것이 가능한가?

그 답이 완전하게 계시된 것은 어둠이 갈보리를 덮을 때였습니다. 거기에서 성자 하나님께서 자신이 친히 저주한 저주를 짊어지시는데, 이는 그분이 범죄하셨기 때문이 아니라, 우리의 죄를 대신 짊어지신 것입니다. 그것은 하나님께서 은혜로 하신 맹세의 최후 대가입니다. 그 신비스러운 맹세는 두려움이 깃든 엄숙함을 지니고 있습니다. 그것은 수백 년에 걸친 애굽에서의 노예 생활을 넘어, 또한 약속의 땅이라는 선물을 넘어, 하나님께서 자신의 생명을 두고 맹세한 언약이 피로 값을 지불하고 성취될 그날을 가리킵니다(베드로전서 1:18-19).

자기의 약속을 굳게 하시는 하나님

아브람은 하나님의 약속을 믿었습니다. 그런데 하나님의 언약과 자기 자손에게 임할 고난에 대한 구체적인 말씀을 듣고 두려웠습니다. 그런데 그에게는 아직 자녀가 없었습니다. 가나안 땅에 들어온 지도 10년이라는 세월이 흘렀습니다. 이제 나이가 팔십 중반이었습니다. 하지만 하나님의 약속은 아직도 성취되지 않았을 뿐만 아니라 불가능하게 보였습니다.

그래서 아내 사래는 자기가 아이를 낳을 수 없는, 소망 없는 상태라는 사실을 알기에 남편 아브람에게 한 가지 계획을 제안했습니다. 당시 관습에 따르면, 어떤 여자의 여종이 낳은 아이는 자신의 아이로 간주될 수 있었습니다. 그래서 사래는 자기 여종 하갈을 아브람에게 주어, 하갈이 약속의 자녀를 낳기를 바랐습니다. 그 결과 하갈은 아브람으로 말미암아 잉태하였습니다.

아브람은 그 소식을 듣고 기뻐하였을 것입니다. 그러나 그 기쁨은 하갈이 자기 여주인 사래를 멸시함으로써 감소되었고, 아브람은 둘 사이의 갈등을 해결해야 했습니다. 아브람은 하갈을 반대하는 아내 사래를 지지하지 않을 수 없었습니다. 사래는 하갈을 학대하였고, 하갈은 학대에 못 이겨 도망갔습니다. 하나님께서는 하갈의 고통에 개입하셔서 하갈에게 여주인에게로 돌아가서 그에게 복종하라고 명하셨습니다. 하갈은 여호와의 사자의 말씀에 순종하여 다시 돌아왔습니다. 장막으로 돌아온 후 하갈은 아들 이스마엘을 낳았습니다. 이스마엘이란 이름은 여호와의 사자가 준 이름으로 '하나님이 들으심'이란 뜻이며, 하나님께서 하갈의 고통을 들으셨다는 의미입니다. 그렇다면 이것이 하나님께서 자신의 약속을 성취하시는 방법이었습니까? 그렇게 보일 수도 있었습니다.

또다시 십여 년이 흘렀습니다. 아브람의 나이 99세 때에 여호와께서 다시 그에게 나타나셨습니다. 하나님께서는 더 큰 약속으로 자신의 언약을 견고히 하셨습니다. 아브람이 이스마엘을 아들로 가졌으니 이스마엘도 역시 한 민족의 조상이 될 것이라고 하나님께서는 말씀하셨습니다. 아브람은 많은 민족의 조상이 될 것이라고 하셨습니다. 아브람은 그 언약의 증표로서 할례를 받았습니다. 할례는 출산의 열매 즉 자손에게 하는 것이기 때문에 아브람에게는 아주 부적절한 것으로 보일 수도 있습니다. 하나님께서는 아브람의 이름을 '열국의 아비'라는 뜻의 '아브라함'으로 바꾸시고, 사래의 이름을 '사라'로 바꾸어 주셨는데 '열국의 어미'가 되게 해 주시겠다는 약속이었습니다. 하나님께서는 자신의 언약을 재확증하셨습니다. 즉 여호와께서는 아브라함에게, 그리고 그 자손에게 하나님이 되실 것입니다. 그분의 언약은 영원할 것입니다.

그래서 하나님께서는 다시 약속하시기를, 아브라함이 아내 사라로 말미암아 아들을 갖게 될 것이라고 하셨습니다. 사라 역시 열국의 어미가 될 것이며 열왕이 사라의 자손 중에서 나올 것이라고 하셨습니다.

이러한 약속이 아브라함에게는 너무 엄청난 것으로 생각되었습니다. 새로이 '열국의 아비'라는 이름을 받은 그는 하나님의 말씀을 듣고 엎드려 웃으며 마음속으로 이렇게 생각하였습니다. '우리 둘 다 나이가 너무 많은데, 농담으로 하시는 것이겠지. 그렇지 않다면 어찌 그런 일이 있을 수 있을까? 사라가 어떻게 나에게 아들을 낳아 줄 수 있단 말인가? 사라의 나이에? 90세 된 아내가 100세 된 남편에게 아들을 낳아 준다고?'

오랜 세월 동안 이제나 저제나 하며 아들을 얻기를 바라 온 아브라함은 하나님의 약속이 너무도 상식적으로는 이해가 되지 않는 일이어서 쓴웃음을 지은 것입니다. 그런 일은 그의 상황에서는 일어날 수 없다고 확신했기에 웃음으로 위안을 삼았습니다. 그래서 하나님께 이렇게 말씀드렸습니다. "이스마엘이나 하나님 앞에 살기를 원하나이다." 다른 말로 하면 이런 뜻입니다. "주님, 합리적으로 생각했으면 합니다. 지금 저에게는 13살 된 준수한 아들이 있습니다. 이스마엘을 주신 것만도 기적입니다. 주님, 그를 약속된 민족의 조상으로 삼으소서. 그를 약속의 계보로 택하소서. 주님께서 맹세로 주신 언약은 저에게는 실로 영광스러운 것이기는 하지만, 사라의 아들에 대하여 말씀하시는 것은 너무 지나치신 것 같습니다.…"

하나님의 약속은 인간적인 눈으로 보면 항상 너무 지나칩니다. 그래서 아브라함처럼 하나님께서 이스마엘로 만족하시도록 제안할 사람이 많습니다. 아브라함과 사라 이야기를 비롯하여 성경에 있는 기적적인 이야기는 오늘날 깨었다고 하는 현대 지식인들에게는 큰 걸림돌이 됩니다. 그 이야기는 하나의 옛날이야기로서는 아름답지만, 역사적 사실이라고 보기에는 너무 허황되다고 생각하곤 합니다. 하나님께서는 너무 지나친 것을 약속하심으로써 스스로 신뢰성을 무너뜨리고 계신다고 말합니다. 오늘날 과학은 급속도로 발전하여 옛날에는 충분히 기적이라고 할 만한 일을 해 내기도 합니다. 현대 의학은 체외 수정이나 신체 이식 수술 등을 해 내고 있습니다. 그러나 현대 과학의 발전에도 불구하고 아브라함의 이야기와 같은 일은 전적으로 불가능하게 생각될 수밖에 없을 것입니다.

그러나 아브라함의 웃음은 불신앙 가운데 살고 있는 오늘날 사람들의 웃음과는 전혀 다릅니다. 아브라함은 하나님의 약속을 듣고 마음이 흔들렸지만, 이스마엘에 대하여 진정으로 하나님께 감사했고, 하나님의 언약이 자기 자손들에게 성취되기를 깊이 원하며 관심을 기울였습니다. 하나님께서는 아브라함에게, 이스마엘도 잊지 않고 그에게도 복을 주어 크게 번성케 하겠다고 확답을 주셨습니다. 그러나 약속의 계보는 사라의 아들을 통하여 나올 것이라고 분명하게 못 박으셨습니다. 그리고 아브라함의 아내 사라가 아브라함에게 낳아 줄 아들의 이름을 '이삭(웃음)'이라 하라고까지 말씀해 주셨습니다.

아브라함뿐만 아니라 사라도 웃었습니다. 여호와의 사자가 두 천사와 함께 아브라함을 방문하였습니다. 아브라함이 하늘의 별을 바라보았던 바로 그 마므레 상수리 수풀 큰 나무 아래서 아브라함은 세 방문객을 후히 대접하였고, 그들은 즐거이 먹었습니다. 그러고 나서 그들이 아브라함에게 아내 사라가 어디에 있느냐고 물었습니다. 여호와께서는 아브라함에게 이렇게 말씀하셨습니다. "기한이 이를 때에 내가 정녕 네게로 돌아오리니 네 아내 사라에게 아들이 있으리라"(창세기 18:10). 그때 사라는 자기의 장막 문에서 그 대화를 듣고 있다가 속으로 웃었습니다. 여호와께서 아브라함에게 말씀하셨습니다. "사라가 왜 웃으며 이르기를 '내가 늙었거늘 어떻게 아들을 낳으리요?' 하느냐? 여호와께 능치 못한 일이 있겠느냐? 기한이 이를 때에 내가 네게로 돌아오리니 사라에게 아들이 있으리라"(13-14절). 사라는 두려워서 웃은 것을 인정치 않고 거짓말을 했습니다. 사라는 당황하여 "내가 웃지 아니하였나이다"(15절) 하고 말했습니다. 그러나 여호와께서는 진실을 원하셨습니다. "아니라. 네가 웃었느니라"(15절).

잘 알다시피 하나님의 약속은 지켜졌습니다. 사라는 잉태했고, 하나님께서 약속하신 때에 아들을 낳았습니다. 그 어린 아들은 하나님께서 지어 주신 이름 '이삭(웃음)'을 받았습니다. 이삭의 할례 때에 사라는 다시 웃었습니다. 사라는 이렇게 말했습니다. "하나님이 나로 웃게 하시니 듣는 자가 다 나와 함께 웃으리로다. 사라가 자식들을 젖 먹이겠다고 누가 아브라함에게 말하였으리요마는 아브라함 노경에 내가 아들을 낳았도다"(창세기 21:6-7). 불가능한 것을 약속하시고 그 약속을 이행하시는 하나님 외에 누가 진실로 이런 일을 할 수 있겠습니까?

이삭 안에서 우리는 하나님의 승리에 찬 은혜의 웃음소리를 듣습니다. 하나님께서는 사람들의 눈에는 허황되게 보이기도 하는 자신의 축복의 약속을 이루시기를 기뻐하십니다. 하나님을 믿지 아니하는 오만한 자는 '하늘에 계신 분이 웃으실 것이다'(시편 2:4 참조)라는 사실을 기억해야 할 것입니다. 이 웃음은 심판의 웃음입니다. 그러나 심판의 웃음뿐 아니라 은혜의 웃음도 있습니다. 사라는 하나님의 말씀을 받아들였고, 웃었습니다!

다시 우리는 그 약속의 초점을 놓쳐서는 안 됩니다. 아브라함은 그 자손 대에 가서 축복을 받을 것이며 그들은 큰 민족이 될 것입니다. 그러나 초점은 약속의 아들인 이삭에게 있었습니다. 이삭은 여호와께는 능치 못한 일이 없으시며 그분의 말씀은 반드시 성취된다는 사실을 보여 주기 위하여 주신 자녀였습니다. 사라가 아브라함에게 여종 하갈과 그 아들 이스마엘을 내어 쫓으라고 하였을 때 아브라함은 이 일로 인하여 깊이 근심이 되었는데, 하나님께서 그 문제에 대하여 분명히 말씀해 주셨습니다. "네 아이나 네 여종을 위하여 근심치 말고 사라가 네게 이른 말을 다 들으라. 이삭에게서 나는 자라야 네 씨라 칭할 것임이니라"(창세기 21:12). 약속의 아들인 이삭은 사랑하는 아들이었습니다. 진정 아브라함의 독자라 불릴 수 있습니다. 왜냐하면 약속의 후사였기 때문입니다.

때가 차서 하나님의 약속의 아들이 태어났습니다. 천사가 마리아에게 그 놀라운 탄생에 대하여 알려 주었을 때 마리아는 웃지 않고 놀라서 천사에게 이렇게 말했습니다. "나는 사내를 알지 못하니 어찌 이 일이 있으리이까?"(누가복음 1:34). 마리아가 들은 대답은 하나님께서 사라에게 하신 말씀과 같은 내용이었습니다. "대저 하나님의 모든 말씀은 능치 못하심이 없느니라"(누가복음 1:37. 창세기 18:14 참조). 우리는 예수님께서 "너희 조상 아브라함은 나의 때 볼 것을 즐거워하다가 보고 기뻐하였느니라"(요한복음 8:56)라고 말씀하신 것에 하등 놀랄 필요가 없습니다. 아브라함은 더욱 견고한 믿음으로 하나님의 약속을 굳게 붙잡았고, 기쁨으로 이삭(웃음)의 출생을 환영하였습니다. 또한 하나님의 모든 약속이 그의 씨 안에서 성취될 그날을 바라볼 수 있었습니다(로마서 4:18-21 참조).

약속과는 모순?

아브라함의 생애는 믿음의 순례였습니다. 그는 일반 상식으로는 도저히 불가능하게 보이는 것을 말씀하시는 하나님을 의심치 않고 굳게 믿었으며, 그리하여 하나님의 모든 말씀은 능치 못하심이 없다는 사실을 배웠습니다. 약속의 아들 이삭은 하나님의 신실하심에 대한 살아 있는 증거였습니다. 이삭은 웃음이었습니다. 이삭에게서 약속은 성취되었고, 믿음은 보이는 것이 되었습니다.

그러나 이제 상상을 초월하는 혹독한 시험이 아브라함을 기다리고 있었습니다. 하나님께서는 도저히 상식적으로는 납득할 수 없는 명령을 하심으로써 아브라함의 믿음을 시험하셨습니다. 하나님께서는 아브라함에게, 하나님이 정하신 곳에서 이삭을 번제로 드리라고 명하셨습니다. 하나님께서 어떻게 그런 요구를 하실 수 있단 말인가? 약속의 성취를 위하여 얼마나 기다렸는데, 이제 그 약속의 성취로 얻은 아들 이삭을 자기 손으로 제물로 바쳐야 하다니, 아무리 생각해도 이해할 수 없었습니다. 하나님께서는 이삭에 대한 아브라함의 사랑을 모르신다는 말인가? 아닙니다. 하나님은 다 알고 계셨습니다. "네 아들, 네 사랑하는 독자 이삭을 데리고 모리아 땅으로 가서 내가 네게 지시하는 한 산 거기서 그를 번제로 드리라"(창세기 22:2).

믿음의 연단을 위하여 이보다 더 뜨거운 도가니는 없을 터입니다. 아브라함이 치러야 할 대가는 모든 것이었습니다. 온전한 번제는 양이나 소의 일부를 떼어 두거나 남겨 두는 것 없이 다 하나님께 바치는 제사로서, 하나님께 대한 전적인 헌신과 봉헌을 상징하였습니다. 아브라함은 여호와의 말씀에 따라 이스마엘을 포기하고 그를 내쫓았습니다. 그런데 이제 아브라함은 이삭까지도 완전히 남김없이 포기하라는 명령을 받았습니다. 아브라함이 '하나님을 위하여 모든 것을 잃어버리는구나' 하고 생각해도 무리가 아니었을 것입니다. 그렇습니다. 그는 모든 것을 잃어버려야 했으며, 더욱이 자신의 손으로 그 무서운 제사를 드려야 했습니다.

단지 사랑하는 아들을 잃어버리는 것 훨씬 그 이상의 일이 아브라함에게 요구되는 것 같습니다. 약속 자체는 어떠한가? 아브라함은 약속까지도 포기하도록 요구를 받은 것은 아닌가? 그는 '열국의 아비'가 될 것이라고 하나님께서 약속하셨는데, 이제 그의 외아들을 제물로 바치라고 명령하셨습니다. 하나님의 명령은 하나님의 약속을 깨뜨리는 게 아닌가? 바로 이와 같이 말씀이 모순되는 것처럼 보일 때 아브라함은 어떻게 하나님의 말씀을 신뢰하는 일에 자신을 헌신할 수 있을까?

광야에서 사탄도 바로 그러한 딜레마를 가지고 예수님께 압력을 가하려고 했습니다. "당신이 만일 진정으로 하나님의 아들이요, 세상의 구속자가 되도록 보냄을 받았다면, 하나님께서 왜 당신을 광야로 인도하여 배고파 죽게 하시는가? 이는 하나님께서 약속하신 말씀을 깨뜨리시는 행동이 아닌가?" 사탄의 말 속에는 예수님께 대한 하나님의 명령은 믿을 수 없다는 의미가 내포되어 있습니다. "하나님께서는 배고파 죽어 가는 당신을 구하지 않고 있지 않은가? 당신을 죽게 내버려두실지도 모른다. 지금이야말로 당신이 하나님을 시험해 보아야 할 때다. 하나님이 만일 당신의 아버지시라면 왜 당신에게 빵 대신 돌만 주시는가? 하나님께서 당신을 위해서 빵을 주시지 않을 모양이시니, 당신이 직접 이 돌들로 빵을 만들어 보라."

이러한 상황 속에서 아브라함은 하나님의 명령을 무시하고, 하나님의 분명한 말씀보다는 자신의 현실 상황에 매달리도록 유혹을 받을 수도 있었을 것입니다. 그러나 아브라함은 하나님을 믿었기 때문에 하나님의 선하심과 지혜와 신실하심을 의심치 않았습니다. 여기서 기억해야 할 점은 하나님은 아브라함에게 그의 외아들을 번제로 드리라고 하셨지 죽이라고 명하시지는 않았다는 사실입니다. 그 차이는 중요합니다. 구약성경에 보면, 모든 죄악 된 사람들의 생명을 하나님께서는 그 죄의 대가로 취하여 가셨습니다. 하나님께서는 모든 죄인에게 죽음을 요구하실 수 있습니다. 더욱이 하나님의 심판은 모든 것의 대표자로서 그 처음 난 것을 요구했습니다. 창조주로서 하나님께서는 이스라엘에게, 그들의 모든 가축 중에서 처음 난 것을 하나님께 구별하여 바치라고 명령하셨습니다. 구속자로서 하나님께서는 이스라엘에게 그들의 장자를 바치도록 요구하셨습니다(출애굽기 13:15, 22:29). 출애굽 때에 하나님께서는 애굽인의 죄에 대한 심판으로 그들의 모든 장자를 요구하셨습니다.

　이스라엘 백성 역시 죄악 된 백성이었습니다. 이스라엘의 장자들 역시 죽음의 천사의 위협 아래 있었습니다. 그들이 죽지 않도록 하기 위하여 하나님께서는 유월절 어린양을 바치도록 하셨습니다. 천사가 문설주와 인방에 있는 어린양의 피를 보면 그곳을 그냥 넘어갔습니다. 그러나 하나님께서는 여전히 특별한 방법으로 이스라엘의 장자들을 요구하셨습니다. "…너의 처음 난 아들들을 내게 줄지며"(출애굽기 22:29). 다만 레위 지파는 하나님을 섬기기 때문에 이 요구에서 면제받았고, 그 대신 하나님께서는 레위인으로 하여금 이스라엘 모든 자손 중 처음 난 자를 대신하게 하시고 레위인을 하나님의 것으로 삼으셨습니다. 그리고 이스라엘 자손의 처음 난 자가 레위인보다 수백 명이 더 많았기 때문에 그들에 대하여는 속전을 지불하도록 했습니다. 그들을 속하기 위하여 일인당 5세겔씩 취하도록 했습니다. 그러고 나서 속함을 받은 자들은 하나님께 속한 자로서 자기 가족과 함께 있을 수 있었습니다(민수기 3:11-13,44-51, 8:14-19 참조).

이삭에 대한 하나님의 요구는 아브라함의 자손의 모든 처음 난 자에 대한 하나님의 요구와 일치하였습니다. 하나님께서는 아브라함에게 범죄를 하도록 명령하신 것이 아니라, 응당 받아야 할 심판을 집행하도록 명하신 것입니다.

더 나아가 피 흘림을 포함하는 모든 제사는 속죄의 의미를 지니고 있었습니다. 피를 흘림으로써 죄에 대한 대속이 이루어진 것입니다. 아브라함 역시 죄인이었습니다. 그가 어떻게 하나님께 받아들여질 수 있는가? 자기 영혼의 죄를 위하여 자기 몸의 열매를 드려야 하는가? "여호와께서 천천의 숫양이나 만만의 강수 같은 기름을 기뻐하실까? 내 허물을 위하여 내 맏아들을, 내 영혼의 죄를 인하여 내 몸의 열매를 드릴까?"(미가 6:7). 아브라함에게 하신 하나님의 축복의 약속은 죄로부터의 구속을 포함해야만 하기 때문에, 그의 죗값을 치르기 위하여는 양이나 소나 염소를 드리는 것보다 더 큰 제물을 드리는 것이 필요하지 않겠는가? 하나님의 구원하시는 축복의 약속이 아브라함의 씨를 통하여 오기로 되어 있다면 이삭은 죄를 담당할 자가 아니었는가? 하나님께서 그를 아브라함에게 주신 것은 아브라함으로 하여금 그를 다시 하나님께 드리도록 하기 위한 것은 아니었는가?

물론 다 알듯이, 이삭을 대신할 제물을 준비하시는 것이 하나님의 목적이었습니다. 하나님께서는 제사를 드릴 산에서 덤불에 걸린 숫양 한 마리를 예비하셨습니다. 그 결과 이 사건은 인간을 제물로 드리는 것을 정당화하지 않고 금하고 있습니다. 하나님께서는 인간을 제물로 드리는 것을 금하시고 대신 동물을 제물로 받으셨습니다.

그러나 우리는 하나님께서 아브라함에게 그의 사랑하는 외아들 이삭을 번제로 드리라고 한 명령의 의미를 놓쳐서는 안 됩니다. 아브라함은 하나님께 그의 모든 것을 바칠 뿐만 아니라 하나님의 거룩한 공의를 온전히 만족시켜 드려야 했습니다. 하나님께서는 이것을 그에게 요구하실 수 있고, 또한 요구하셔야만 합니다. 아브라함이 자기 영혼의 죄를 위하여 그의 몸의 열매를 드리는 것은 그리 큰 대가가 아닐 것입니다. 진실로 그는 죄인으로서 자기 자신의 생명을 그 벌로 잃어버려야 했습니다. 죄에 대한 하나님의 심판은 마땅히 죽음이었습니다. 구속을 위하여 치러야 할 값은 모든 것입니다.

진실로, 이삭이 비록 약속의 자녀이지만 그도 충분하지 않습니다. 이삭도 역시 죄인이기 때문입니다. 한 죄인을 다른 죄인을 위해 대신 바치는 것은 하나님께 받아들여질 수 없습니다. 아버지가 자기 아들의 죄를 위하여 대신 자신을 드릴 수 없고, 아들이 자기 아버지의 죄를 위하여 대신 자기를 바칠 수도 없습니다. 아들인 자기를 제물로 드리려고 결박하여 칼을 잡은 아브라함의 무서운 행동에 대하여 이삭이 조용히 복종하는 태도를 보인 것은 죽음 앞에서까지도 아버지를 섬기려는 아들 이삭의 자원하는 태도를 가리켜 주는 것일 수도 있습니다. 그러나 이삭의 죽음이 아브라함의 죄를 위한 속죄가 될 수는 없었습니다. 하나님께서 번제로 드릴 어린양을 준비하셨다는 사실은 장차 올 완전한 제사의 상징입니다.

아브라함의 믿음은 하나님께서 모든 것을 바치라고 명령하셨을 때 시험을 받았습니다. 믿음은 모든 것을 요구합니다. 하나님을 믿고 의뢰한다는 것은 그분만을 바라보는 것을 뜻합니다. 또한 그분 안에서만 우리의 모든 소망을 발견하며, 아무것도 유보하거나 남기지 않는 것을 의미합니다. 믿음은 나의 모든 것을 하나님께 내맡기는 헌신입니다. 믿음은 하나님을 바라보고 우리 자신을 바라보지 않기 때문에, 바로 그러한 이유로 해서 믿음으로 '드리는' 것은 곧 '받는' 것입니다. 믿음으로 헌신하는 데 있어 치러야 하는 대가는 모든 것입니다. 그러나 전적인 신뢰를 한다면 그 대가는 아무것도 아닙니다. 믿음은 하나님을 바라보는 것이지, 자신을 바라보는 것이 아닙니다.

히브리서의 저자는 아브라함의 믿음의 바로 이 면에 주의를 불러일으킵니다. 아브라함은 시험을 받을 때에 믿음으로 이삭을 드렸습니다. 하나님께서 아브라함에게 이미 "네 자손이라 칭할 자는 이삭으로 말미암으리라"라고 말씀하셨음에도 불구하고 그는 약속으로 받은 외아들을 번제로 드리려 했습니다. 아브라함은 하나님께서 능히 죽은 자를 다시 살리실 수 있다고 믿었습니다. 비유로 말하자면 아브라함은 이삭을 죽은 자 가운데서 도로 받은 것입니다(히브리서 11:17-19).

아브라함은 이미 하나님의 약속을 받았습니다. 하나님의 말씀은 실패할 수 없었습니다. 아브라함이 드리기로 되어 있다면 그는 또한 이삭을 다시 받아야 했습니다. 창세기의 기사 가운데 이것에 대한 암시가 있습니다. 히브리서 기자는 아브라함이 부활을 믿었다는 사실을 말할 때 이 부분을 가지고 우리의 관심을 불러일으킵니다. 아브라함은 모리아산이 보이는 곳에 왔을 때 종들에게 거기서 기다리라고 명했습니다. 자기 아들을 제사로 드리는 데 종들이 시중을 들 필요는 없었을 터입니다. 그러나 아브라함은 종들에게 이렇게 말했습니다. "너희는 나귀와 함께 여기서 기다리라. 내가 아이와 함께 저기 가서 경배하고 너희에게로 돌아오리라"(창세기 22:5).

히브리서 기자는 아브라함의 말 속에서 거짓이 아니라 믿음을 보고 있는 것 같습니다. 아브라함은 이삭과 함께 산을 올라갈 때 이

상하게 아들과 함께 돌아오리라는 확신이 있었습니다. 하나님의 약속은 결코 헛될 수가 없습니다. 아브라함의 이러한 확신이 그의 마음을 괴롭게 하는 이삭의 질문에 대한 아브라함의 대답 속에도 나타나 있습니다. 함께 산을 올라가면서 이삭이 번제에 쓸 나무를 지고 갔습니다. 이삭은 어린 소년이 아니라 건장한 젊은이였음이 분명합니다. 아브라함은 불과 칼을 들고 갔습니다.

걸어가면서 이삭이 아버지 아브라함에게 말했습니다. "아버지?"

"응, 내 아들아."

"불과 나무는 여기에 있는데 번제로 드릴 어린양은 어디에 있습니까?"

아브라함이 대답했습니다. "아들아, 번제할 어린양은 하나님께서 자기를 위하여 친히 준비하실 거란다."

아브라함은 이삭의 질문에 대하여 거짓말을 하고 있는 것이 아니었습니다. 이삭의 질문은 아브라함의 마음을 칼로 찌르는 듯했습니다. 아브라함의 대답에는 모호함이 있었지만, 하나님께 대한 믿음을 나타내는 것이었습니다. 아브라함은 제사를 드린 곳의 이름을 '여호와이레'('여호와께서 준비하심'이라는 뜻)라 하였고, 그리하여 사람들은 '여호와의 산에서 준비되리라'(창세기 22:14)라고 하였습니다.

아브라함이 그곳 이름을 여호와이레라 부른 것은 믿음으로 말미암은 승리의 외침이었습니다. 번제로 드릴 어린양이 어디 있느냐고 자기 아들이 물은 그 고통스러운 순간에 아브라함은 하나님의 신실하심에 끝까지 매달렸습니다. 하나님께서 어린양을 택하시리라! 하나님께서 제물을 준비하시리라! 진실로 하나님께서는 제물로 드릴 어린양을 이미 택하셔서 준비하셨고, 아브라함은 하나님께서 친히 준비하신 제물을 보았습니다. 그는 하나님의 자비를 알았고, 자

아브라함의 자손 73

신과 아들 이삭의 구속을 위하여 하나님께서 하신 준비를 알았습니다. 아브라함이 구속을 위하여 치러야 할 값은 그의 전부였지만, 하나님께서는 그 요구하신 것을 친히 준비하셨습니다. 아브라함의 믿음은 우리 눈을 아브라함에게서 떼어 하나님, 곧 준비하시는 하나님께로 향하게 합니다.

하나님께서는 아브라함을 모리아산으로 부르실 때 또 하나의 목적을 가지고 계셨습니다. 하나님께서는 아브라함의 믿음을 시험하고 강화시키려고 하셨을 뿐만 아니라, 하나의 상징적 행위를 통하여 하나님께서 구속의 값을 지불하실 것이라는 사실을 아브라함에게 보여 주기를 원하셨습니다. 아브라함은 그리스도의 날을 보기를 즐거워하다가 보고 기뻐하였습니다(요한복음 8:56 참조). 아브라함은 훗날 성전이 세워질 바로 그 산, 더 나아가 갈보리의 십자가가 세워질 바로 그 산에 온 것입니다. 장차 하나님께서 친히 준비하고 공급하실 어린양이 자신을 제물로 드림으로써 세상의 죄를 담당하실 것입니다.

사도 바울은 아브라함이 독자 이삭을 제물로 드린 것을 비유로 사용하여 우리로 하여금 하늘에 계신 아버지 하나님의 공급을 생각하게 합니다. "자기 아들을 아끼지 아니하시고 우리 모든 사람을 위하여 내어 주신 이가 어찌 그 아들과 함께 모든 것을 우리에게 은사로 주지 아니하시겠느뇨?"(로마서 8:32). 송아지와 염소의 피가 죄를 담당할 수 없습니다. 약속의 아들인 이삭이 번제가 될 수도 없습니다. 결국 오직 한 제물만이 죄의 값을 지불할 수 있습니다. 곧 하나님께서 사랑하시는 독생자입니다.

창세기 22장의 기사는 바로 저 궁극적인 제사, 즉 갈보리의 십자가를 가리키고 있습니다. 아브라함에게 아들을 주신 하나님께서 또한 아브라함을 위하여 희생 제물을 공급하셨습니다. 아브라함이 아니라 하나님께서 친히 구속의 값을 지불하셨습니다. 진실로, 오직 하나님만이 그 값을 지불할 수 있었습니다. 하나님은 그 값을 지불하시되, 어린양이 아니라 하나님 자신의 아들을 주셔서 세상 죄를 짊어지게 하심으로써 하셨습니다(요한복음 1:29).

신비는 하나님의 영원하신 아들이 십자가에서 우리 대신 달리기 위하여 우리와 같은 사람의 모습을 취하신 성육신에만 있는 것이 아닙니다. 신비는 또한 아들을 주신 아버지의 행위 속에도 있습니다. 하나님은 변화하는 감정에 좌우되고 시간과 변화에 종속되어 있는 인간이 아닙니다. 하나님은 영원하시고 불변하시는 창조주이십니다. 그러나 로마서에서 말씀하듯이, 하나님께서는 우리 죄인들을 위하여 그분의 가장 귀한 것을 주셨습니다. 로마서는 우리를 향한 하나님의 사랑을 묘사할 때 즉시 그리스도의 죽음을 언급합니다.

> 우리가 아직 연약할 때에 기약대로 그리스도께서 경건치 않은 자를 위하여 죽으셨도다. 의인을 위하여 죽는 자가 쉽지 않고 선인을 위하여 용감히 죽는 자가 혹 있거니와, 우리가 아직 죄인 되었을 때에 그리스도께서 우리를 위하여 죽으심으로 하나님께서 우리에게 대한 자기의 사랑을 확증하셨느니라. (로마서 5:6-8)

이 말씀을 다시 주목해 보십시오. 혹시 "그리스도께서 우리에게 대한 자기의 사랑을 확증하셨느니라"라는 말씀을 기대하였을지도 모르겠습니다. 우리가 아직 죄인 되었을 때에 우리를 위하여 죽으신 것은 그리스도였습니다. 물론 그리스도께서는 우리에게 대한 자기의 사랑을 나타내셨습니다. 그러나 여기를 주목하여 보면 죄인인 우리를 위한 아들의 죽음으로 확증된 아버지의 사랑에 대하여 말하고 있습니다.

갈보리는 우리를 향한 아버지의 사랑을 나타내고 있습니다. 어떻게 나타내고 있습니까? 하나님은 '자기 아들을 아끼지 아니하시고 우리 모든 사람을 위하여 내어 주신' 분이십니다(로마서 8:32). 이는 다시 우리를 모리아산으로 향하게 합니다. 하나님께서 '네 아들, 네 사랑하는 독자'라 하셨던 아브라함의 아들 이삭을 상기시킵니다. 아브라함은 그의 사랑하는 아들 이삭을 아끼지 말라는 명령을 받았습니다. 우리는 이삭이 "아버지, 어린양은 어디 있습니까?" 하고 물을 때 아브라함의 마음에 있던 고통을 느낄 수가 있습니다. 그러나 아브라함은 이삭과 함께 계속 산을 걸어 올라갔습니다. 이 두 사람은 또한 우리에게, 하늘의 아버지께서 그분의 사랑하시는 아들을 이끌고 골고다 언덕을 올라가신 것을 생각나게 해 줍니다. 그 언덕에서 아들은, 항상 아버지를 기쁘시게 하는 삶을 사셨음에도 불구하고, "나의 하나님, 나의 하나님, 어찌하여 나를 버리셨나이까?" 하고 외치셨으며, 아버지께서는 침묵 속에 아들의 죽음을 보고만 계셨습니다. 이로써 우리의 구속을 위한 값을 다 지불하셨습니다.

이 일이 어떻게 가능한 것인지 우리가 완전히 이해할 수는 없습니다. 다만 아는 것은 인간의 언어로는 결코 영원하신 하나님 아버지의 그 깊으신 뜻을 다 설명할 수 없다는 사실입니다. 그러나 요한복음에서도 우리에게 "하나님이 세상을 이처럼 사랑하사 독생자를 주셨으니 이는 저를 믿는 자마다 멸망치 않고 영생을 얻게 하려 하심이니라"(요한복음 3:16)라고 상기시켜 줍니다. 하나님께서 하신 일은 아브라함이 할 필요가 없었던 것이었습니다. 즉 하나님께서는 자기 아들을 죄를 위한 제물로 삼으신 것입니다. 우리는 경외하는 마음으로, 우리의 구원을 위하여 하나님께서 치르신 값은 그분의 모든 것이었다고 고백하지 않을 수 없습니다. "하나님의 사랑이 우리에게 이렇게 나타난 바 되었으니 하나님이 자기의 독생자를 세상에 보내심은 저로 말미암아 우리를 살리려 하심이니라. 사랑은 여기 있으니 우리가 하나님을 사랑한 것이 아니요 오직 하나님이 우리를 사랑하사 우리 죄를 위하여 화목제로 그 아들을 보내셨음이니라"(요한일서 4:9-10).

아브라함이 사랑하는 외아들 이삭을 번제로 드린 이 사건이 없었다면, 우리는 사랑하는 아들을 내어 주신 하나님 아버지의 사랑을 이야기하는 신약성경의 깊은 가르침을 이해할 수 없을 것입니다. 갈보리의 어둠 속에서 하나님 아버지 역시 사랑의 값을 치르셨습니다.

아브라함의 믿음에 대한 이 최고의 시험에서 구약성경에 예수 그리스도가 어떻게 그림자로 나타나 있는지를 명백하게 알 수 있습니다. 여기에서 그 중심을 차지하고 있는 내용이 하나님의 약속과 그 약속에 대한 믿음입니다. 아브라함은 하나님의 말씀이 모순된 것처럼 보일 때에도 하나님의 말씀을 믿고 굳게 붙들었습니다. 거기에서 하나님의 은혜가 나타났습니다. 하나님께서는 그 모순을 해결하시되, 그 가운데 장차 올 더 위대하고 신비한 그분의 은혜의 사역을 예고하십니다. 하나님께서 아브라함을 다루신 내용 속에 담긴 상징적 의미는 오직 그리스도께서 오심으로써만 완전히 성취되고 이해될 수 있었습니다.

4
약속의 후사

하늘에서 내려온 사닥다리: 약속의 갱신

야곱은 잠잘 준비를 하였습니다. 밤하늘에는 수많은 별이 반짝이고 있었습니다. 여호와 하나님께서 야곱의 할아버지인 아브라함에게 바라보게 하셨던 그 별들이었습니다. 야곱은 햇볕이 쨍쨍 내리쬐는 긴 여행길에 지쳐 있었습니다. 밤을 보내려고 생각했던 곳은 아직도 멀기만 한데 해가 져 버렸습니다. 그러나 참으로 야곱을 피곤하고 지치게 만든 것은 긴 여행길도, 땅 위에 내려놓은 작은 짐꾸러미도 아니었습니다. 그것은 땅에 내려놓을 수 없는 마음의 짐이었습니다.

야곱은 다른 나라로 도망가는 중이었습니다. 돌을 베개 삼아 누운 야곱의 머릿속에는 수많은 생각이 스쳐 갔습니다. 그는 가나안 지방의 남쪽 끝에 있는 브엘세바를 떠나 이곳까지 왔습니다. 아버지 이삭의 얼굴이 떠올랐습니다. 늙고 눈이 어두운 아버지를 다시 뵐 수 있을까? 아버지는 그를 축복하면서 하란으로 가서 외삼촌 라반의 딸 중에서 아내를 맞으라고 말씀하셨습니다(창세기 28:2). 그러나 사실 그는 화평 중에 브엘세바를 떠난 게 아니라, 분노한 형 에서를 피해 도망 나왔습니다. 에서는 자기 손으로 야곱의 피를 흘려 복수하려고 아버지 이삭이 돌아가시기만을 기다리고 있었습니다.

야곱은 어려서부터 늘 형 에서와 경쟁하였고, 그것이 마침내 형 에서를 적으로 만들었습니다. 야곱과 에서는 쌍둥이 형제였습니다. 에서가 약간 먼저 태어났기 때문에 장자가 되었습니다. 그러나 야곱은 그것에 동의할 수가 없었습니다. 어머니는 그가 태어날 때 형 에서의 발꿈치를 잡고 나왔다고 말씀해 주셨습니다. 어머니의 사랑을 받은 야곱은 그의 요리 기술을 이용하여 형 에서와 교활한 거래를 하였습니다. 어느 날 강인하고 야성적인 사람인 형이 사냥에서 돌아왔는데 아주 배가 고파 있었고, 야곱은 막 쑨 팥죽을 맛있게 먹고 있었습니다.

"자 어서, 그 붉은 죽을 내게도 좀 다오! 배고파 죽겠다!" 쌍둥이 형 에서가 큰 소리로 말했습니다.

"먼저 형의 장자권을 나에게 파시오." 야곱이 대답했습니다.

그런데 믿을 수 없게도 에서는 야곱의 교활한 제의에 선뜻 동의했습니다. "내가 죽게 되었으니 이 장자의 명분이 내게 무엇이 유익하리요?" 그러고 나서 에서는 맹세하고 팥죽 한 그릇에 그 장자의 명분을 동생 야곱에게 팔아 버렸습니다. 야곱이 다른 모든 것보다 귀하게 여겼던 것을 에서는 죽 한 그릇보다 못하게 여겼습니다.

그 사건은 벌써 오래전에 있었던 일이었지만, 야곱과 그 어머니 리브가의 기억 속에 늘 자리 잡고 있었습니다. 야곱은 또 아버지 이삭의 축복을 받던 그날을 생각했습니다. 아버지가 에서를 불러 그에게 축복하고 유업을 계승하게 하겠다고 말씀하셨을 때, 어머니 리브가는 그 말을 듣고 즉각 행동을 개시했습니다. 드디어 기다리고 기다리던 때가 왔습니다. 어머니는 에서가 장자의 명분을 판 것은 계속 유효하며, 야곱이 장자권을 가져야 한다고 믿었습니다. 이삭은 그가 즐겨 먹는 동물을 사냥해 오라고 에서를 들로 보냈습니다. 그리고 에서가 사냥한 고기를 먹고 그를 마음껏 축복하겠다고 하였습니다.

리브가의 지시에 따라 야곱은 염소 떼에 가서 좋은 새끼를 가져왔습니다. 리브가는 그 염소로 남편 이삭이 즐기는 별미를 만들었습니다. 여러 가지 양념으로, 사냥한 고기와 같은 맛을 낼 수가 있었습니다. 그다음 야곱은 에서의 옷을 입고 어머니가 만든 별미를 눈이 어두운 아버지에게 갖다 드렸습니다. 목소리는 위장할 수 없었지만, 팔은 염소 새끼의 가죽으로 꾸며 진짜 에서처럼 위장하였습니다.

속임수는 성공했습니다. 이삭은 의심하였지만 야곱의 교활한 거짓말에 속아 의심을 풀었습니다. 야곱은 어떻게 이렇게 속히 잡았느냐는 이삭의 물음에, 아버지의 하나님 여호와께서 사냥감을 쉽게 만나게 해 주셨기 때문이라고 대답했습니다. 야곱의 팔을 만져 보고 나서 에서라고 믿은 이삭은 장자가 받을 복을 야곱에게 주었습니다. 그 복은 하나님께서 아브라함과 하나님의 약속의 계보에게 주신 것이었습니다.

마침내 에서가 사냥에서 돌아와 사냥한 고기로 별미를 만들어 아버지에게로 갔습니다. 야곱이 아버지의 축복을 가로챈 사실을 안 에서는 너무도 놀라 목 놓아 울었고, 야곱에 대하여 분노가 치밀었습니다. 에서는 울면서 이삭에게 자기에게도 축복해 달라고 애원하였지만 이삭은 이미 야곱에게 준 복을 거두지 않았고, 또 거둘 수도 없었습니다. 그 복 가운데는 야곱이 에서를 다스릴 권세도 포함되어 있었습니다(창세기 27:37). 이삭이 에서에게 줄 수 있는 축복으로는 언젠가 에서가 야곱의 멍에를 떨쳐 버릴 것이라는 약속이 고작이었습니다. 그 약속은 야곱이 받은 풍성한 약속에 비하면 너무나 보잘것없는 약속이었습니다.

야곱은 이제 자기가 그토록 원하던 것을 가졌습니다. 그것을 가지려고 아버지를 속였습니다. 야곱이 브엘세바를 떠나기 직전 아버지 이삭은 새로이 그를 축복하였습니다. 이삭은 하나님께서 아브라함에게 주시고, 다시 자기에게 계승된 그 복을 야곱에게도 주시기를 기원하였습니다(창세기 28:3-4). 야곱은 아브라함에게 허락하신 복을 소유하고 있었지만, 실질적으로 그가 가지고 있는 것은 무엇이었습니까? 아버지 이삭 자신도 가나안 땅에서 나그네였고, 그가 판 우물을 다른 사람들이 와서 자기들 거라고 생떼를 쓰며 다투면, 이곳저곳 다른 곳으로 옮겨 다니는 떠돌이 신세였습니다. 야곱은 그 땅에 대한 모든 권리를 이제 상실하게 되었습니다. 그 땅을 떠나고 있었기 때문입니다. 아브라함이 부르심을 받았던 그 땅에 다시 들어갈 용기를 내지 못하고 있는 사람에게 아브라함의 복이 무슨 의미가 있겠습니까?

반짝이는 별들 아래서 야곱은 돌을 베개 삼아 겉옷을 덮고 잠이 들었습니다. 그 밤에 꿈을 꾸었는데, 평범한 꿈이 아니었습니다. 옛적에 여러 가지 방법으로 조상들에게 말씀하신 하나님(히브리서 1:1)께서 야곱에게 나타나신 것이었습니다. 꿈에 보니 사닥다리 하나가 땅 위에 서 있는데 그 꼭대기가 하늘에 닿아 있었습니다. 그 위에서 하나님의 천사들이 오르락내리락하고 있었습니다. 그 천사들 가운데 여호와 하나님 자신이 계셨습니다. 여호와께서 그 사닥다리를 내려오시더니 야곱 위에 서셨습니다.

야곱이 꿈에 본 사닥다리는 바벨탑에 대한 하나님의 대답이었습니다. 교만한 인간들은 "자, 성과 대를 쌓아 대 꼭대기를 하늘에 닿게 하여 우리 이름을 내고 온 지면에 흩어짐을 면하자"(창세기 11:4) 하고 바벨탑을 쌓았습니다. 바벨탑의 건설자들은 그 꼭대기를 하늘에 닿게 할 계획이었습니다. 인간의 탑은 하늘에까지 다다를 수가 없었습니다. 소련의 우주 비행사들은 마치 하늘 끝에까지라도 갔다 온 것처럼 우주는 텅 비었다고 했지만, 사실 거기에 다다르지 못했습니다. 하나님께서 바벨탑을 쌓고 있는 자들에게 내려오셨습니다. 그들을 칭찬하기 위해서가 아니라 심판하시기 위해서였습니다. 하나님을 대적하는 인간의 교만한 연합을 부수려고 오셨습니다.

야곱의 사닥다리 역시 그 꼭대기가 하늘에 닿아 있었지만, 그 사닥다리를 놓으신 분은 하나님이셨습니다. 그 사닥다리는 자신의 노력으로 하늘에 닿으려고 한 인간의 교만한 태도의 산물인 바벨탑과는 정반대되는 것이었습니다. 하나님만이 하늘과 땅 사이의 의사소통을 확립하실 수 있습니다. 참종교는 인간의 요청에서 나오는 것이 아니라 하나님의 개입으로부터 나옵니다. 반역적인 인간은 하나님을 찾지 않았습니다. 그 대신 하나님을 버리고, 자신의 노력으로 탑을 세우고 성전을 세우며, 그 성전에다 자기 상상대로 우상을 만들어 자기 멋대로 숭배합니다. 우상 숭배의 본질은, 하나님을 경외하고 예배하며 하나님의 뜻에 순종하기보다는 자신의 이기적 목적을 위하여 하나님을 수단으로 이용하는 것입니다.

에덴동산에서 아담과 하와가 숨을 때 그들을 부르신 하나님, 노아에게 방주를 만들라고 명하신 하나님, 아브라함에게 본토, 친척, 아비의 집을 떠나라고 하신 하나님, 같은 하나님께서 야곱과 에서가 태어나기 전에 이미 야곱은 택하시고 에서는 택하지 않으셨습니다(창세기 25:23 참조). 로마서 9:10-13은 이 사실을 우리에게 상기시켜 줍니다. 야곱은 자랑할 게 아무것도 없었습니다. 다만 다음과 같이 고백하지 않을 수 없었을 것입니다. "이는 만물이 주에게서 나오고 주로 말미암고 주에게로 돌아감이라. 영광이 그에게 세세에 있으리로다. 아멘"(로마서 11:36).

자신의 교활한 속임수에 대한 대가로 도망하고 있는 야곱에게 하나님께서는 아브라함의 복을 반복해서 말씀해 주셨습니다. 그분은 자신을 여호와 즉 할아버지 아브라함과 아버지 이삭의 하나님이라 밝히셨습니다. 하나님께서는 훗날 모세에게도 그 이름으로 자신을 알리셨습니다(출애굽기 3:13-16). 여호와 하나님은 약속의 하나님이셨습니다. 여호와 하나님께서 야곱에게 하신 약속에는 아브라함에게 약속하실 때 사용하신 말들이 사용되고 있습니다 - 땅, 자손, 땅의 모든 족속이 너와 네 자손을 인하여 복을 얻는다(창세기 28:13-14). 무엇보다도 여호와 하나님께서는 친히 야곱과 함께 있겠다고 맹세하셨습니다. 과거의 하나님이시요 미래의 하나님이 현재 야곱의 하나님이셨습니다. "내가 너와 함께 있어 네가 어디로 가든지 너를 지키며 너를 이끌어 이 땅으로 돌아오게 할지라. 내가 네게 허락한 것을 다 이루기까지 너를 떠나지 아니하리라"(창세기 28:15).

하나님께서는 공연히 그 사닥다리를 내려오신 게 아니었습니다. 하나님께서는 야곱에게 그가 혼자가 아님을 보여 주셨습니다. 그에게 자신의 약속의 참의미를 가르쳐 주셨습니다. "나는 너희의 하나님이 되고, 너희는 내 백성이 되리라." 이것이 바로 하나님께서 자기 백성에게 하신 언약의 핵심이었습니다. 그렇습니다. 하나님의 약속은 아주 구체적이었습니다. 하나님께서는 야곱에게 그가 누워 있는 그 땅을 그와 그의 자손에게 주겠다고 하셨습니다. 야곱은 겉옷 밑으로 그 땅이 느껴졌을 것입니다. 그리고 그의 자손들은 땅의 티끌같이 될 것입니다. 이 표현은 하늘의 별들보다 더 실제적인 표현이었습니다. 그의 자손들은 동서남북에 편만할 것입니다.

그러나 야곱이 잠이 깨었을 때 그가 누워 있는 곳은 그 약속의 땅을 사방으로 바라볼 수 있는 높은 곳이 아니었습니다. 또한 하나님의 모든 약속의 실현을 위해 하나님께서 하란에 예비해 두셨을 신부를 먼저 생각한 것도 아니었습니다. 제일 먼저 이렇게 말했습니다. "여호와께서 과연 여기 계시거늘 내가 알지 못하였도다.… 두렵도다, 이곳이여. 다른 것이 아니라 이는 하나님의 전이요 이는 하늘의 문이로다"(창세기 28:16-17). 약속의 땅의 위대함은 하나님께서 거기에 거하신다는 사실이었습니다. 야곱은 마침내 아브라함이 배웠던 진리를 배웠습니다. 바로 더 나은 본향 즉 하늘나라가 있다는 사실입니다. "저희가 이제는 더 나은 본향을 사모하니 곧 하늘에 있는 것이라.…"(히브리서 11:16). 야곱은 자신이 하나님이 계시는 곳의 입구에 서 있다고 생각하였습니다. 야곱은 하나님의 임재에 압도당하였습니다. 그가 누워 있는 곳으로 사닥다리를 내려오신 여호와 하나님, 그는 그곳 이름을 '벧엘'('하나님의 집')이라 하였습니다.

믿음으로 야곱은 하나님의 약속과 임재에 응답하였습니다. 아침 일찍이 일어나 베개로 썼던 돌을 가져다 기둥으로 세워 하나님의 나타나심을 기념하였습니다. 또한 자신의 헌신에 대한 상징으로 그 돌기둥 위에 기름을 부었습니다. 그리고 하나님의 약속을 주장하면서 조상의 하나님께 서원하는 기도를 했습니다. 그를 번성케 하시고 다시 그 땅으로 돌아오게 하실 주님을 바라보면서 야곱은 하나님께서 그에게 주실 모든 것에서 십분의 일을 반드시 하나님께 드리겠다고 서원했습니다.

우리는 너무 성급하게 야곱이 하나님과 흥정을 하였다고 야곱을 비난해서는 안 됩니다. 그가 주장한 것은 하나님께서 약속하신 것이었으며, 그가 서원한 것은 구원하시는 하나님께 합당한 감사의 경배였습니다. 야곱은 하나님께 대한 경외심을 결코 잃지 않았으며, 그의 서원은 하나님께 대한 참믿음에서 나온 진지한 헌신을 표현한 것이었습니다.

하나님은 훗날 야곱을 다시 벧엘로 돌아오게 하셨습니다(창세기 35:9-15). 여호와께서는 다시 야곱에게 내려오셔서 자신을 벧엘의 하나님, 즉 친히 약속하신 대로 야곱과 함께 계셨던 하나님, 그리고 앞으로도 계속 야곱의 자손들과 함께 거하실 하나님으로 밝히셨습니다.

예수님의 공생애 초기에 나다나엘이 예수님께로 왔을 때 예수님은 야곱의 꿈을 언급하셨습니다. 빌립이 나다나엘을 데리고 예수님께로 왔습니다. 예수님은 그가 오는 것을 보시고 그를 가리켜 "보라. 이는 참이스라엘 사람이라. 그 속에 간사한 것이 없도다" 하고 말씀하셨습니다(요한복음 1:47). 이스라엘로 이름이 바뀐 야곱은 교활하게 아버지를 속인 자로서 유명했기 때문에 예수님은 나다나엘과 그의 옛 조상 야곱을 비교하면서 나다나엘을 칭찬하신 것입니다. 나다나엘은 깜짝 놀라 예수님께 물었습니다. "어떻게 나를 아시나이까?"(48절)

"빌립이 너를 부르기 전에 네가 무화과나무 아래 있을 때에 보았노라"(48절).

예수님의 말씀에 나다나엘은 예상 밖의 놀라운 대답을 하였습니다. "랍비여, 당신은 하나님의 아들이시요 당신은 이스라엘의 임금이로소이다"(49절). 나다나엘은 예수님이 자기의 마음속 가장 깊은 곳에 있는 생각까지도 알고 계심을 직감하였습니다. 예수님은 나다나엘의 믿음을 기꺼이 받아들이시면서 함께 있는 사람들에게 말씀하셨습니다. "진실로 진실로 너희에게 이르노니 하늘이 열리고 하나님의 사자들이 인자 위에 오르락내리락하는 것을 보리라"(51절). 예수님은 야곱의 꿈을 훨씬 능가하는 계시를 약속하셨습니다. 야곱이 꿈에서 본 사닥다리는 하나님께서 주신, 하늘과 땅을 연결하는 의사소통의 수단을 상징하였습니다. 그 사닥다리를 통하여 하늘과 땅이 연결되었고, 하나님께서 죄인인 사람과 영적인 교제를 나누십니다. 그 사닥다리를 통하여 하나님께서 하늘에 있는 처소로부터 땅으로 내려오십니다.

야곱의 꿈에서 사닥다리는 장차 올 것의 그림자요 모형이었습니다. 그 꿈이 약속한 바가 그리스도의 성육신 속에서 실현되었습니다. 하나님께서는 땅에 거하기 위하여 그분의 아들 안에서 내려오셨습니다. 그리스도께서는 하늘과 땅을 연결시켜 주는 중보자이십니다. 그분은 참벧엘 즉 하나님의 집이요, 임마누엘 즉 우리와 함께 하시는 하나님이십니다. 야곱은 하나님의 임재를 기념하기 위하여 돌을 세우고 그 돌에 기름을 붓고, 그 돌을 하나님의 집이라 불렀습니다. 그러나 하나님께서는 성령으로 그분의 독생자에게 기름을 부었습니다.

벧엘에서 하나님께서는 결코 야곱을 떠나지 않을 것이며 그에게 복을 주시겠다고 약속하시면서 야곱과 하신 언약을 확증하셨습니다. 이제 그 축복은 예수 그리스도에 의하여 우리에게로 전달되었습니다. 예수 그리스도께서는 그의 성령으로 말미암아 우리와 함께 계십니다. 여호와 하나님께서 야곱에게 "내가 너를 떠나지 아니하리라"라고 말씀하신 것처럼, 주 예수 그리스도께서도 그의 제자들에게 "내가 세상 끝 날까지 너희와 항상 함께 있으리라"(마태복음 28:20)라고 말씀하십니다. 야곱은 자신의 전 생애를 나그넷길로 묘사합니다(창세기 47:9). 야곱처럼 그리스도의 제자들도 하나님의 도성으로 여행하고 있는 순례자들입니다(히브리서 11:13, 13:14, 베드로전서 2:11). 그러나 그들은 결코 혼자가 아닙니다. 매일 아침마다 그리스도인들은 새로운 헌신의 기름으로 하나님의 기름 부음을 받은 분에게 기름을 부으며 이렇게 말할 수 있습니다. "이곳은 하늘의 문이다. 하나님께서 이곳에 계신다!"

그리스도는 하나님의 전이시며 또한 사닥다리이십니다. 즉 그분 안에서 하늘은 우리에게로 내려오며, 그분을 통하여 우리는 하늘로 올라갑니다. 예수님께서는 자신의 내려오심과 올라가심에 대하여 니고데모에게 말씀하셨습니다. 니고데모는 산헤드린의 공회원으로서 밤에 예수님을 방문했습니다. 그는 예수님께서 '하나님께로서 오신 선생'인 줄은 알고 있었습니다. 그러나 그는 예수님이 하나님께로서 왔다는 것의 의미와 예수님이 정말로 누구신가를 이해할 준비가 아직 되어 있지 않았습니다. 거듭남에서의 성령의 사역에 대하여 예수님께서 말씀하시자 그는 어리둥절하였습니다. 예수님은 그를 책망하셨습니다. "너는 이스라엘의 선생으로서 이러한 일을 알지 못하느냐?… 내가 땅의 일을 말하여도 너희가 믿지 아니하거든 하물며 하늘 일을 말하면 어떻게 믿겠느냐?"(요한복음 3:10,12). 이어 이렇게 말씀하셨습니다. "하늘에서 내려온 자 곧 인자 외에는 하늘에 올라간 자가 없느니라"(13절).

니고데모에게 하신 예수님의 말씀은 잠언의 한 구절을 생각나게 합니다. 아굴은 자기는 무지해서 거룩하신 자를 아는 지식과 총명이 없다고 고백합니다. 그러나 그는 자기 혼자만이 무지한 것이 아님을 말합니다. "하늘에 올라갔다가 내려온 자가 누구인지… 땅의 모든 끝을 정한 자가 누구인지, 그 이름이 무엇인지, 그 아들의 이름이 무엇인지 너는 아느냐?"(잠언 30:4).

아굴은 우리가 하나님을 알려면 하나님께로 나아가야만 한다는 뜻을 암시하고 있습니다. 즉 누군가가 하늘로 올라가서 하나님의 말씀을 가지고 돌아오게 해야 한다는 것입니다. 예수님은 하늘로 올라갈 자는 반드시 먼저 하늘로부터 내려와야만 한다고 분명히 말씀하십니다. 진실로 또한 그분은 자신의 본향인 하늘에 계셔야만 합니다. 그분은 인자이십니다. 그분은 진실로 하늘로 올라가실 것입니다. 그러나 먼저 그분은 하늘로부터 내려오셨으며, 그러므로 하늘의 일을 말씀하실 수 있습니다. 인자이신 예수님은 '들림을 받기' 위하여 내려오셨습니다. 먼저 십자가 위에 들림을 받아야 하고, 그다음 아버지의 보좌로 들림을 받을 것입니다. 어느 날 그분은 아버지의 영광으로 거룩한 천사들과 함께 오실 것입니다. 그러나 그분은 지금 여기에 계셔서 니고데모와 말씀하고 계십니다.

그 사닥다리를 타고 하늘로 올라가신 분이 바로 예수님이십니다. 그분은 먼저 내려오셨기 때문에 올라가실 수 있습니다. 그분이 십자가 위로 들림을 받으셨기 때문에 우리를 이끌고 그 사닥다리를 올라가실 수 있습니다. 그분이 진리시며 하나님의 임재의 완전한 최종적 계시이시지만, 십자가로 말미암아 그분은 하늘로 가는 길이 되십니다. 우리는 그분을 통하여 아버지께로 갑니다. 하늘은 천사들이 섬기는 그분을 통하여 열려 있습니다.

이스라엘의 시련: 약속을 굳게 붙잡음

여호와께서는 야곱이 약속의 땅을 떠나기 전 야곱에게 자신을 나타내셨습니다. 야곱은 자신이 하나님의 축복의 후사임을 알았습니다. 약 20여 년 후 야곱은 그 땅으로 돌아왔고, 하나님께서는 다시 그에게 나타나셨습니다. 지난 20여 년간의 타향살이는 싸움과 축복의 세월이었습니다. 야곱은 고독한 도망자로서 떠났지만 큰 부자가 되어 많은 사람을 이끌고 돌아왔습니다. 아버지와 형을 속인 교활한 야곱도 간교한 외삼촌 라반에게 속임을 당했습니다. 그러나 하나님의 축복은 라반의 악한 행동을 압도하고도 남았습니다. 야곱이 손대는 일마다 모두 형통하였습니다. 그는 지팡이 하나만 가지고 요단강을 건넜으나, 돌아올 때에는 많은 재산과 가축 떼를 거느리고 왔습니다.

야곱은 아내가 네 명이었습니다. 라헬 – 야곱은 라헬을 사랑했고, 라헬을 위해 라반에게 모두 14년을 봉사했습니다. 레아 – 라헬의 언니로서, 라반은 야곱을 속이고 라헬 대신 레아를 주었습니다. 빌하 – 라헬의 시녀로서, 라헬이 자녀를 갖지 못하자 야곱에게 빌하를 주었습니다. 실바 – 레아의 시녀로서, 레아가 자녀를 낳지 못하고 있을 때 실바를 야곱에게 주었습니다. 이 네 아내에게서 열두 아들이 태어났고, 이 열두 아들은 이스라엘이라 불리운 야곱의 지파들의 조상이 되었습니다.

약속의 땅으로 돌아오는 야곱의 귀환을 둘러싸고 극적인 사건이 일어났습니다. 야곱은 하나님의 명령에 순종하여 돌아왔습니다. 그러나 그가 하란을 떠난 것은 정식 절차를 거치지 않은, 도주와 같은 것이었습니다. 야곱은 라반에게 아무 이야기도 하지 않고 몰래 떠났고, 라반의 추격을 면치 못했습니다. 결국 이 사건은 하나님의 도우심으로 선하게 해결되었고, 라반과 야곱 두 사람은 여호와 하나님 앞에서 맹세하였습니다. "우리 피차 떠나 있을 때에 여호와께서 너와 나 사이에 감찰하옵소서.… 사람은 우리와 함께할 자가 없어도, 보라 하나님이 너와 나 사이에 증거하시느니라"(창세기 31:49-50).

야곱이 라반과의 충돌을 피하고 무사히 떠나게 된 것은 야곱에게는 다만 작은 관심사에 불과했습니다. 야곱의 가장 큰 관심사는 에서였습니다. 그 땅으로 돌아간다는 것은 자기를 증오하며 복수하기로 결심하였던 에서에게 자신을 노출시키는 일이었습니다. 점점 커지는 불안한 마음을 안고 야곱은 그 땅의 경계로 다가갔습니다. 길을 가다가 야곱은 하나님의 사자들을 만났습니다. 두 무리의 천사가 그와 함께 있다는 사실을 깨달았습니다. 진을 친 천사들은 약속의 땅의 수호자로서 나타나 야곱에게 도전하였습니다. 야곱은 그의 돌아옴이 하나의 만남이라는 것을 상기했습니다. 그 만남은 단순히 에서와의 만남이 아니라 만군의 하나님 여호와와의 만남이었습니다(창세기 32:1-2). 야곱은 두려웠습니다. 그러나 그 천사들 앞에서 느껴야 했던 그 두려움이 그에게 다시 확신을 가져다주었습니다. 그는 약속의 하나님이 약속의 땅을 지키신다는 사실을 알게 되었습니다. 만군의 여호와를 알고 두려워하는 자는 다른 아무도 두려워할 필요가 없습니다.

에서와 화평하기 위하여 야곱은 에서에게 사자들을 보내, 자기의 형통함을 알리고 은혜를 구했습니다. 야곱의 사절단은 에서로부터 아무 대답도 받지 못하고 돌아왔고, 한 가지 두려운 소식을 알려주었습니다. 에서가 사백 인을 거느리고 직접 야곱을 만나러 온다는 것이었습니다. 심히 두렵고 답답한 야곱은 자기와 함께한 종자와 양과 소와 약대를 두 떼로 나누고 여호와 하나님께 간절히 기도로 매달렸습니다. 그는 하나님의 약속을 믿고 하나님의 명령에 따라 돌아왔노라고 하나님께 상기시켜 드렸습니다. 그러고 나서 이렇게 고백했습니다. "나는 주께서 주의 종에게 베푸신 모든 은총과 모든 진리를 조금이라도 감당할 수 없사오나…"(창세기 32:10). 이어 이렇게 간구했습니다. "내가 주께 간구하오니 내 형의 손에서, 에서의 손에서 나를 건져 내시옵소서…"(11절). 이어 하나님께서 그에게 하신 약속을 주장하였습니다. "주께서 말씀하시기를 '내가 정녕 네게 은혜를 베풀어 네 씨로 바다의 셀 수 없는 모래와 같이 많게 하

약속의 후사 91

리라' 하셨나이다"(12절). 에서의 부대가 전 가족을 몰살시켜 버린 다면 야곱의 자손들이 어떻게 바닷가의 모래같이 셀 수 없이 많게 될 수 있겠습니까? 야곱의 말은 이런 뜻이었습니다.

형 에서를 누그러뜨리려고 야곱은 엄청난 양의 예물을 준비하였습니다. 염소, 양, 약대, 소, 나귀 등 야곱은 수백 마리나 택하였습니다. 특별히 암컷들을 많이 주려고 신경을 썼으며, 교배를 위하여 수컷들도 충분히 택하였습니다. 야곱의 예물은 예물치고는 아주 많았습니다. 야곱은 그 예물이 에서의 마음을 누그러뜨려 주기를 간절히 원했습니다. 그는 가축들을 각각 떼로 나누어 종들의 손에 맡기고 자기보다 먼저 강을 건너가서 각 떼로 서로 거리를 멀리 띄우라고 하였습니다. 또 맨 앞에 있는 자에게 부탁하기를, 형 에서를 만나거든 그 예물을 드리고 야곱도 뒤에 따라온다고 말하라고 했습니다. 그리고 그다음에 따라가는 자들에게도 똑같이 말하라고 부탁했습니다.

그러나 이 예물들까지도 에서를 누그러뜨리지 못했다고 가정해 보십시오. 이게 바로 야곱의 두려움이었습니다. 야곱은 가족을 인도하여 얍복 나루를 건네며 그 소유도 건네고 자기만 홀로 남았습니다. 한밤중이었습니다. 그는 문득 거기에 자기 혼자만 있는 것이 아님을 깨달았습니다. 그 어둠 속에서 그는 어떤 사람을 만났습니다. 그 사람과 밤새도록 씨름을 하였습니다. 그 사람은 자기가 야곱을 이기지 못함을 보고 야곱의 환도뼈를 쳐서 위골시켜 다리를 절게 만들었습니다. 그 씨름은 꿈이나 공상이 아니라 실제로 싸운 것이었습니다.

고대 근동 지방에서 씨름은 단순히 하나의 구경거리가 아니라, 일종의 결투 재판이었습니다. 즉 법적으로 해결해야 할 어떤 사건이 있으면 양자가 씨름을 하여 씨름에서 이기는 자를 재판에서의 승자로 선언하였습니다. 야곱은 이 씨름을 통해 재판을 받고 있는 중이었습니다. 그의 지나간 생애는 싸움의 연속이었습니다. 그는 어머니 뱃속에서 이미 형 에서와 싸웠고, 그 이후로 둘은 계속 경쟁을 해 왔습니다. 날이 새면 두 사람은 만나게 될 것이고, 그 대면은 야곱의 패배로 끝을 맺을, 에서와의 마지막 싸움이 될지도 모른다는 두려움이 야곱을 사로잡았습니다. 그러나 야곱은 에서와의 싸움이 아닌 또 다른 싸움을 하고 있었습니다. 그 싸움은 에서와의 싸움보다 더 힘든 싸움이었고, 그의 인생에 중대한 전환점이 될 중요한 싸움이었습니다. 그는 하나님과 싸우고 있었던 것입니다. 열심히 간절하게 하나님의 축복을 구했습니다. 어떤 값을 치르고서라도 어떤 수단을 써서라도 그 싸움에서 이기고야 말리라 결심하였습니다.

살아야겠다는 절박한 욕구가 야곱으로 하여금 그 사람과 필사적으로 싸우게 하였습니다. 숨을 헐떡이며 한참 열심히 싸우던 중 야곱은 생사가 걸린 싸움 그 이상이라는 사실을 깨달았습니다. 그 싸움에는 그의 인생의 전 의미가 걸려 있었습니다. 그는 그 싸움에서 이긴 대가로 하나님의 축복을 구했습니다. 야곱과 싸운 사람은 다름 아닌 여호와의 사자 즉 사람으로 나타나신 하나님 그분이셨습니다. 야곱이 상대가 너무 강하다고 느낀 것이 하등 이상할 게 없었습니다.

싸움은 너무도 힘들었습니다. 두 사람은 서로 붙잡고 밤새도록 버티고 서 있었습니다. 쓰러지지 않으려고 너무도 힘을 준 나머지 야곱의 다리는 후들후들 떨렸습니다. 지면 모든 게 끝장이라는 두려움이 그로 하여금 필사적으로 싸우게 하였습니다. 그는 무릎을 꿇을 수가 없었습니다. 이겨야만 했습니다. 그 순간 그 사람이 야곱의 환도뼈를 쳤습니다. 야곱은 심한 충격을 느꼈습니다. 다리의 힘이 쭉 빠졌습니다. 그런 다리로는 상대방을 공격할 수가 없었습니다. 그는 자기 몸무게도 지탱할 수가 없었습니다. 싸움은 끝났습니다. 야곱은 다리를 절게 되었습니다. 그러나 야곱은 거기서 싸움을 끝낼 수가 없었습니다. 눈물이 앞을 가렸습니다. 그는 더욱 필사적으로 그 사람을 붙들었습니다. 힘으로 이길 수 없으면 붙잡고 늘어져서라도 이기고 말리라.

"날이 새려 하니 나로 가게 하라." 그 사람이 말했습니다.

야곱이 대답했습니다. "당신이 내게 축복하지 아니하면 가게 하지 아니하겠나이다."

"네 이름이 무엇이냐?"

"야곱이니이다."

"네 이름을 다시는 야곱이라 부를 것이 아니요 이스라엘이라 부를 것이니, 이는 네가 하나님과 사람으로 더불어 겨루어 이기었음이니라."

야곱이 말했습니다. "당신의 이름을 고하소서."

그 사람이 대답했습니다. "어찌 내 이름을 묻느냐?" 그러고 나서 거기서 야곱에게 축복하였습니다(창세기 32:29).

수백 년 후 선지자 호세아는 야곱의 자손들에게 그들의 조상 야곱의 이상한 승리를 상기시켰습니다. "여호와께서 유다와 쟁변하시고 야곱의 소행대로 벌주시며 그 소위대로 보응하시리라. 야곱은 태에서 그 형의 발뒤꿈치를 잡았고, 또 장년에 하나님과 힘을 겨루되 천사와 힘을 겨루어 이기고 울며 그에게 간구하였으며, 하나님은 벧엘에서 저를 만나셨고 거기서 우리에게 말씀하셨나니, 저는 만군의 하나님 여호와시라. 여호와는 그의 기념 칭호니라. 그런즉 너의 하나님께로 돌아와서 인애와 공의를 지키며 항상 너의 하나님을 바라볼지니라"(호세아 12:2-6). 야곱의 지파들은 북쪽의 이스라엘이든 남쪽의 유다든 할 것 없이 하나님 앞에서 똑같이 범죄하였습니다. 호세아는 야곱의 지파들로 하여금 야곱을 기억하게 하였습니다. 하나님께서는 야곱의 소행대로 그에게 보응하셨지만, 그는 하나님과 겨루어 이기고 울면서 하나님의 은혜를 구했습니다.

야곱의 승리는 물론 정복이 아니었습니다. 하나님의 천사를 누르지 못했습니다. 불구가 되어 무력한 몸으로 자기를 붙잡고 있는 분에게 죽자 사자 매달릴 수밖에 없었습니다. 그의 승리는 믿음의 승리였습니다. 그는 상대방을 놓아 주지 않았습니다. 아니, 가게 할 수가 없었습니다. 하나님의 축복이 그의 모든 소망이요 소원이었습니다. 믿음은 모든 게 상실되었다는 사실을 알고 하나님만 붙잡는 것이며, 이로써 믿음은 승리합니다. 하나님께서 야곱에게 주신 이름인 '이스라엘'이란 이름은 이러한 이중성을 띠고 있습니다. 그 말은 본래는 '하나님이 이기신다'라는 의미입니다. 그러나 하나님께서는 그 이름을 주실 때 '야곱이 하나님과 겨루어 이겼다'로 의미를 바꾸셨습니다. 그 이름 속에서 하나님께서는 야곱의 필사적인 믿음을 인정하고 계십니다.

야곱은 그곳 이름을 '브니엘'(하나님의 얼굴)이라 하였습니다. "내가 하나님과 대면하여 보았으나 내 생명이 보전되었다" 해서 붙인 이름입니다. 하나님께서 그에게 "날이 새려 하니 나로 가게 하라"라고 하신 말씀의 요점은 떠오르는 햇빛 가운데서 그가 하나님을 보게 된다면 그에게 큰 위험이 따른다는 것이었습니다. 하나님께서는 훗날 모세에게도 "네가 내 얼굴을 보지 못하리니 나를 보고 살 자가 없음이니라"(출애굽기 33:20)라고 말씀하셨습니다. 그러나 야곱은 계속 하나님을 굳게 붙잡았습니다.

이른 새벽의 희미한 빛 속에서 야곱은 그를 만드신 분의 얼굴을 보았고 생명이 보전되었습니다. 그가 브니엘을 지날 때 해가 돋았고 다리를 절었습니다. 눈을 들어 보니 에서가 400명의 부하를 거느리고 오고 있었습니다. 야곱이 나아가 에서에게 절하자 에서는 달려와서 껴안았습니다. 에서는 야곱을 공격하지 않았습니다. 야곱은 에서에게 그가 드리는 예물을 받으라고 강권하였습니다. "에서가 가로되 '내 동생아, 내게 있는 것이 족하니 네 소유는 네게 두라.' 야곱이 가로되 '그렇지 아니하니이다. 형님께 은혜를 얻었사오면 청컨대 내 손에서 이 예물을 받으소서. 내가 형님의 얼굴을 뵈온즉 하나님의 얼굴을 본 것 같사오며 형님도 나를 기뻐하심이니이다"(창세기 33:9-10). 이와 같은 아첨의 말이 에서에게 어떻게 들렸든지 간에 야곱에게는 깊은 의미를 지니고 있었습니다. 그는 이미 하나님의 얼굴을 보았기 때문에 에서의 얼굴이든 다른 어느 누구의 얼굴이든 두려워할 필요가 없었습니다. 야곱이 에서의 얼굴에서 본 은혜는 하나님이 주신 은혜였습니다. 그는 에서의 손에서 건짐을 받았을 뿐 아니라, 하나님의 손에서도 건짐을 받은 것입니다.

이 사건은 여러 가지 상징적 의미를 지니고 있는데, 하나님의 계시는 이중적인 방법으로 우리를 그리스도에게로 향하게 합니다. 첫째로 그리스도께서는 이 사건에서 여호와의 사자로서 나타나십니다. 이것은 상징 그 이상입니다. 여호와께서 사람이나 언약의 사자로 나타나신 것은 성육신을 예표합니다. 광야에 있는 이스라엘 민족에게, 하나님께서는 그의 사자를 그들 앞서 보내어 길에서 그들을 보호하며 그들을 약속의 땅으로 인도하겠다고 말씀하셨습니다. 하나님께서는 이렇게 말씀하셨습니다. "너희는 삼가 그 목소리를 청종하고 그를 노엽게 하지 말라. 그가 너희 허물을 사하지 아니할 것은 내 이름이 그에게 있음이니라"(출애굽기 23:21). 하나님의 이름을 가진 그 사자는 하나님의 임재의 대표자요 하나님께서 친히 그러한 모습으로 나타나신 것입니다. 그분은 여호와 하나님과 구별되면서도 하나님과 동일시되었습니다.

이와 비슷한 신비가 다른 곳에서도 나타납니다. 하나님의 나타나심을 기록한 다른 기사들에서도 이러한 동일성과 구별이 보입니다. 여호와께서는 마므레 상수리 수풀 근처에서 아브라함에게 나타나셨는데, 아브라함의 세 방문객은 처음에는 단순히 사람이라 되어 있습니다(창세기 18:2). 그중 두 사람이 일어나 소돔으로 갔는데 그들을 천사라고 말하고 있습니다(창세기 19:1). 한 사람이 아브라함과 함께 남아 있었는데, 그가 여호와로 기록되어 있습니다(창세기 18:17,22). 또한 여호수아에게 도전하기 위하여 나타나신 분도 여호와 자신이었습니다. 그분은 자신의 신원을 여호와의 군대 장관으로 밝히고 있습니다(여호수아 5:13-14, 6:2).

어떤 사람이 야곱과 씨름하려고 어둠 속에서 나타났을 때, 하나님의 계시는 하나님께서 이전에 야곱과 말씀하시던 방법인 꿈을 초월하였습니다. 하나님께서는 야곱의 적수로서 나타나셨지만, 이 계시는 야곱을 향한 그분의 자비의 마지막 목적을 보여 주었습니다. 방금 언급한 비슷한 상황에서 여호수아는 한 사람이 적군처럼 칼을 빼어 손에 들고 마주 서 있는 것을 보았습니다. 모세 또한 하나님의 부르심을 받고 애굽으로 가던 도중 여호와의 위협에 직면하였습니다(출애굽기 4:24). 그러나 각각의 경우에 여호와께서는 그분의 공의(죄인들에 대한 그분의 의로운 심판에 대한 요구)를 나타내실 뿐 아니라, 그분의 자비를 나타내고 계십니다. 하나님의 성육신하신 아들로서 오시리라는 구원의 계획을 계시하고 있는 것입니다.

브니엘에서의 하나님의 이상한 패배는 하나님의 약속의 확실성을 보여 줍니다. 하나님은 신실하십니다. 야곱은 비록 약하고 허물이 많지만 하나님께서 약속하신 축복을 주장할 수 있습니다. 그리스도 우리 주님께서는 우리로 온전히 그분께로 나아가게 하십니다. 그리스도를 영접한다는 표현은 너무 약합니다. 우리는 야곱처럼

"당신이 내게 축복하지 아니하면 가게 하지 아니하겠나이다"라고 외쳐야 합니다.

여호와께서는 브니엘에서 매우 이상한 승리를 하십니다. 그 씨름 시합에서 야곱이 승자로 보입니다. 그는 하나님과 싸워 이깁니다. 여호와께서는 야곱에게 상을 주시지 않고는 절름발이가 된 야곱의 꽉 붙든 손을 피할 수가 없었습니다. 야곱은 바로 그 상을 위해 싸웠습니다. 여호와께서는 지심으로써 이기십니다. 그분은 진정한 승리를 얻기 위하여 외적인 패배를 당하십니다. 하나님의 약한 것이 사람보다 강합니다(고린도전서 1:25). 영광의 주님께서는 연약한 죄인들이 그분의 복을 얻도록 하기 위하여 자신을 낮추십니다.

여호와의 이름은 야곱의 귀에 너무도 놀라운 것이며, 여호와의 얼굴은 야곱의 눈에 너무도 영광스러운 것입니다. 그런데 여호와께서 친히 오셔서 야곱에게 자신을 알리셨습니다. 그분이 야곱에게 오신 것은 그분이 우리에게 오실 것을 예표했습니다. 야곱은 단지 주님의 얼굴을 희미하게 보았을 뿐이지만, 우리는 예수 그리스도의 얼굴에 있는 하나님의 영광의 광채를 분명하게 보았습니다. 야곱은 하나님의 이름을 물었지만, 우리는 삼위일체 하나님의 이름으로 세례를 받습니다. 모든 이름 위에 뛰어나신 예수님의 이름을 통하여 우리는 전능하신 하나님을 하늘에 계신 우리 아버지라고 부릅니다.

또한 이 사건 속에는 장차 오실 그리스도가 나타나 있습니다. 하나님의 언약은, 하나님은 주님이시요 우리는 그분의 종이라는 관계를 확립했습니다. 하나님의 나타나심은 주님으로서의 그리스도의 오심을 예표합니다. 야곱의 역할은 하나님의 종으로서의 그리스도의 오심을 예표하고 있습니다. 예수님이 다윗에게서 나타난 왕권의 역할을 성취하신 참된 왕이신 것처럼, 그리고 모세와 같은 참선지자인 것처럼, 예수님은 또한 하나님의 모든 약속을 받기 위하여 하나님과 겨루어 이긴 참이스라엘이십니다. "너는 나의 종이요, 내 영광을 나타낼 이스라엘이라"(이사야 49:3. 로마서 15:8 참조).

예수님은 하나님의 고난받는 종이셨습니다. 우리의 죄와 허물을 인하여 하나님께 맞으며 고난을 당하셨습니다. 브니엘의 어둠 속에서 한 야곱의 씨름과 겟세마네 동산의 어둠 속에서 겪으신 그리스도의 고뇌 간에는 실제 연관이 있습니다. 양자의 큰 차이점은, 예수님은 죄인인 야곱이 단지 예표로 보여 줄 수 있었을 뿐인 그 부르심을 죄 없이 성취하셨다는 사실입니다.

야곱이 하나님의 천사(호세아 12:3-5 참조)에게 환도뼈를 맞은 것은 장차 그리스도께서 당하실 고난을 그림자로 보여 줍니다. 구약성경에서 '환도뼈'라는 말은 때로 성기에 대한 완곡한 표현으로 사용되기도 합니다. 아브라함은 그의 종에게 그의 환도뼈 밑에 손을 넣고 맹세하게 하였는데, 그 행동은 장차 태어날 아브라함의 자손들까지도 그 맹세에 참여한다는 것을 상징하고 있습니다(창세기 24:2-9). 야곱과 함께 애굽으로 내려간 그 자손들을 야곱의 '허리'에서 나온 자들로 표현합니다(창세기 46:26, 출애굽기 1:5 참조, KJV). 야곱의 씨름을 설명할 때도 같은 용어가 사용됩니다. 그러므로 야곱이 환도뼈를 맞은 것은 야곱의 자손들과 관계가 있으며, 그것은 예언적으로 약속의 축복을 받기 위하여 심판의 매를 맞은 위대한 자손을 미리 가리키고 있습니다.

야곱이 환도뼈를 맞은 것은, 구원은 하와의 자손, 셈의 자손, 아브라함의 자손, 야곱의 자손을 통하여서만 와야 한다는 것을 예언해 주고 있습니다. 야곱에게 많은 자손을 주시겠다고 축복하실 때에 하나님께서는 그 자손의 오심을 예비하고 있었습니다. 하나님의 종이요 하나님의 약속의 후사로서 야곱은 우리를 하나님께로 인도하여 그분의 얼굴을 보게 하기 위하여 사망의 고통을 이기신 분 곧

약속의 후사 99

참이스라엘을 가리키고 있습니다.

약속된 왕: 이스라엘의 축복

창세기는 하나님께서 빛과 생명을 창조하신 것으로부터 시작하여, 애굽에서 한 사람의 시체를 방부 처리하여 미라로 만드는 것으로 끝납니다. 그러나 창세기는 죄악 된 인간의 최후의 운명을 알리는 증표로서 기록되지 않았습니다. 창세기는 하나님께서 죄악 된 인간을 건지시리라는 소망, 즉 하나님의 구원의 약속을 찾아가기 위하여 기록되었습니다. 그 미라는 이스라엘의 아들로서 애굽의 총리가 되었던 요셉의 몸이었습니다. 그의 몸을 미라로 만든 것은 바로와 함께 무덤에 안장하기 위한 것이 아니었습니다. 요셉은 임종 때에 이스라엘 자손에게, 하나님께서 이스라엘 자손을 애굽에서 이끌어 내어 약속의 땅으로 데리고 가실 때 그의 몸을 함께 데려가 달라고 부탁하였습니다. 요셉은, 하나님께서는 아브라함에게 약속하신 바를 반드시 다 행하실 것이라는 그의 아버지 이스라엘의 소망을 간직하고 있었던 것입니다.

창세기에 아름답게 나와 있는 요셉의 이야기는 야곱 즉 이스라엘의 이야기의 일부입니다. 하나님의 축복을 얻기 위하여 하나님과 싸웠던 야곱은 아들들에게 하나님의 축복을 줌으로써 그의 험난했던 생을 끝마쳤습니다(창세기 49장). 이스라엘이 아들들에게 한 축복은 하나님께 대한 그의 믿음을 표현한 것이며, 또한 하나님께서 주실 구원의 축복을 증거한 것이었습니다. "믿음으로 야곱은 죽을 때에 요셉의 각 아들에게 축복하고 그 지팡이 머리에 의지하여 경배하였으며"(히브리서 11:21).

야곱의 축복에는 그가 이 땅에서의 나그넷길에서 경험한 슬픔 중 몇 가지가 반영되어 있습니다. 애굽으로 갔을 때 그는 이미 노인이었습니다. 아들 요셉이 야곱을 바로에게 뵈었을 때 야곱은 자신의 지나간 세월을 이렇게 표현했습니다. "내 나그넷길의 세월이 일백삼십 년이니이다. 나의 연세가 얼마 못되니 우리 조상의 나그넷길의 세월에 미치지 못하나 험악한 세월을 보내었나이다"(창세기 47:9).

야곱의 나이가 얼마 못 된다는 점에 대하여는 쉽게 이해가 안 가겠지만, 그의 인생길이 험난하였다는 점에 대하여는 쉽게 이해가 갈 것입니다. 그의 고생은 하란에서 라반을 20여 년 동안 섬기다가 돌아옴으로써 끝난 게 아니었습니다. 가나안 땅에 정착하려는 첫 번째 시도는 큰 변을 당하는 것으로 끝났습니다. 그는 세겜성 부근에 땅을 사서 거기에 장막을 쳤습니다. 이곳저곳으로 이동하며 사는 게 아니라 한 곳에 정착하여 살기를 원한 것 같습니다.

그러나 그러한 노력은 또 한 번의 비극적인 도망으로 끝났습니다. 그 성의 지배자 세겜이 야곱의 딸 디나를 욕보인 다음, 디나를 자기 아내로 삼게 해 달라고 야곱에게 청하면서 세겜성 사람들과 야곱의 자손들이 서로 통혼하자고 제의했습니다. 디나의 오라비 시므온과 레위는 그들의 제의를 환영하는 것처럼 가장한 다음, 대신 그 조건으로 세겜의 모든 남자가 할례를 받아야만 한다고 하였습니다. 할례로 인하여 세겜성의 모든 남자가 고통이 제일 심할 때를 이용하여 시므온과 레위는 그 성을 엄습하여 모든 남자를 죽이고, 형제들과 함께 그 성을 노략하였습니다. 야곱은 그들의 살인적인 복수를 슬퍼했습니다. 훗날 그들에 대한 야곱의 축복은 부분적으로는 하나의 저주이기도 하였습니다. "시므온과 레위는 형제요 그들의 칼은 잔해하는 기계로다. 그 노염이 혹독하니 저주를 받을 것이요

약속의 후사 101

분기가 맹렬하니 저주를 받을 것이라. 내가 그들을 야곱 중에서 나누며 이스라엘 중에서 흩으리로다"(창세기 49:5,7).

그 예언은 야곱이 미리 알지 못한 방법으로 성취되었습니다. 시므온 지파는 유다 지파의 기업 내에서 그 기업을 받았으며, 흩어져 있어서 하나의 실체로 간주하기가 어려웠습니다(여호수아 19:1,9). 그러나 레위 지파는 이스라엘 민족이 광야 생활을 할 때에 여호와를 위하여 모였기 때문에(출애굽기 32:25-29), 여호와를 섬기는 일을 위하여 구별되었습니다. 레위 지파도 이스라엘 중에 흩어지기는 하였지만, 백성들 사이에 하나님의 사역자들로서 흩어졌습니다(여호수아 13:33, 21:1-3).

하지만 창세기 기사가 분명히 밝히는 것은, 시므온과 레위가 세겜을 심판하려고 취한 그 경솔한 행위까지도 하나님의 절대주권하에서 합력하여 선을 이루었다는 사실입니다. 세겜의 히위족이 제안한 결혼 동맹은 야곱의 가족을 가나안 족속의 하나로 흡수해 버리려는 데 그 목적이 있었기 때문입니다. 만일 이 계획이 성공했더라면 이스라엘 자손과 가나안 사람들 간의 차이는 사라져 버렸을 것이며, 이스라엘 자손이 열방의 빛이 되며, 하나님께서 약속하신 축복의 통로가 되어야 하는 계획도 무위로 끝나고 말았을 터입니다.

야곱의 가정의 고통은 시므온과 레위의 폭력적인 행동에만 국한되지 않았습니다. 그의 가정의 어려움은 그의 일부다처 가정의 질투와 긴장에도 그 원인이 있을 것입니다. 레아의 아들인 장자 르우벤이 라헬의 여종인 그의 서모 빌하와 잠자리를 같이하는 죄악 되고 수치스러운 일이 일어났습니다. 야곱의 축복 속에는 르우벤의 그 죄가 반영되어 있습니다. 르우벤에게 한 야곱의 말은 축복이라기보다는 저주에 가까웠습니다(창세 49:3-4, 35:22 참조).

야곱이 르우벤, 시므온, 레위에게 한 엄한 심판의 말은 요셉에게 한 축복의 말과는 아주 대조가 됩니다(창세기 49:22-26). 아들 요셉을 축복할 때의 야곱의 기쁨은 하나님께 대한 그의 감사를 반영하고 있습니다. 요셉을 잃어버린 것은 야곱의 노년에 큰 슬픔이었습니다. 하나님께서 요셉을 다시 그에게 돌려주셨을 때 야곱은 부활의 기쁨을 알았습니다. 자기 아들이 마치 죽은 자 가운데서 다시 살아난 것처럼 그는 뛸 듯이 기뻤습니다.

하란에서 생활할 당시 처음부터 야곱은 라헬을 사랑하였습니다. 요셉은 라헬의 아들이었습니다. 라헬은 오랫동안 자녀가 없다가 요셉을 낳았습니다. 라헬에 대한 야곱의 사랑이 라헬의 아들 요셉을 사랑하게 하였습니다. 요셉에 대한 야곱의 편애는 그가 요셉에게 입힌 '채색옷'에 잘 나타나 있습니다. "요셉은 노년에 얻은 아들이므로 이스라엘이 여러 아들보다 그를 깊이 사랑하여 위하여 채색옷을 지었더니"(창세기 37:3).

야곱이 요셉을 다른 아들들보다 유난히 사랑함으로써 형제들은 요셉을 시기하고 미워하게 되었습니다. 요셉이 열일곱 살 때의 일입니다. 그는 형들과 함께 양을 치고 있었습니다. 그는 형들의 잘못을 보면 아버지에게 이야기하였고, 이로써 형들은 화가 났습니다. 그러나 그들이 요셉을 더욱 미워하게 된 것은 요셉의 꿈 때문이었습니다. "청컨대 나의 꾼 꿈을 들으시오. 우리가 밭에서 곡식을 묶더니 내 단은 일어서고 당신들의 단은 내 단을 둘러서서 절하더이다"(창세기 37:6-7). 이 말을 들었을 때 요셉의 형들이 어떤 반응을 보였을지 상상해 보십시오.

요셉에 대한 형들의 미움은 요셉이 며칠 후 다시 꿈을 꾸고 형들에게 이야기했을 때 더욱 깊어졌습니다. "내가 또 꿈을 꾼즉 해와 달과 열한 별이 내게 절하더이다"(9절). 이번에는 야곱조차도 꾸중하는 게 좋겠다고 느꼈는지 요셉을 꾸짖었습니다. 요셉의 부모와 형제들이 정말로 그에게 절할 것인가? 요셉의 형들은 요셉을 시기하였지만, 아버지 야곱은 그 일을 마음에 두었습니다. 하나님께서는 도저히 있을 법하지 않은 일도 꿈꾸게 하실 수 있는 분이시라는 사실을 야곱은 자신의 경험을 통해 잘 알고 있었습니다! 야곱은 전능자께서 요셉을 위하여 위대한 목적을 가지고 계실 수 있다고 생각하였을지도 모르겠습니다.

그러나 야곱의 소망은 어느 날 요셉의 형들이 가져온 요셉의 옷을 보는 순간 산산조각이 나 버렸습니다. 그들은 요셉이 사라졌으며, 대신 찢어지고 피 묻은 그의 옷만 발견했을 뿐이라고 야곱에게 보고하였습니다. 무서운 광경이었습니다. 야곱은 도저히 그 사실이 믿기지가 않았습니다. 그의 마음은 슬픔으로 찢어지는 듯했습니다. 야곱은 그를 형들의 안부를 살펴보고 오라고 보냈었는데, 허허벌판에서 혼자 있다가 사나운 짐승의 공격을 받아 삼킴을 당하였단 말인가? 야곱 자기를 지켜 주신 하나님께서 왜 요셉을 지켜 주지 않으셨는가?

그 뒤의 일들을 통해 야곱은 하나님의 지켜 주심을 확인할 수 있었습니다. 요셉은 안전했습니다. "활 쏘는 자가 그를 학대하며 그를 쏘며 그를 군박하였으나, 요셉의 활이 도리어 견강하며 그의 팔이 힘이 있으니 야곱의 전능자의 손을 힘입음이라. 그로부터 이스라엘의 반석인 목자가 나도다. 네 아비의 하나님께로 말미암나니 그가 너를 도우실 것이요, 전능자로 말미암나니 그가 네게 복을 주실 것이라.…"(창세기 49:23-25).

진실로 하나님께서는 요셉의 삶 속에서 이스라엘과 하신 자신의 언약을 지키셨습니다. 시편 기자는, 하나님께서는 요셉을 통하여 기근 때에 이스라엘의 가족들을 먹이셨다고 말합니다. "그가 또 기근을 불러 그 땅에 임하게 하여 그 의뢰하는 양식을 다 끊으셨도다.

한 사람을 앞서 보내셨음이여, 요셉이 종으로 팔렸도다. 그 발이 차꼬에 상하며 그 몸이 쇠사슬에 매였으니 곧 여호와의 말씀이 응할 때까지라. 그 말씀이 저를 단련하였도다"(시편 105:16-19).

야곱에게 기근은 사랑하는 아들을 잃어버린 재난 위에 덮친 또 하나의 재난이었습니다. 그러나 하나님께서는 요셉을 통하여 야곱의 가족들을 먹이셨습니다. 요셉은 훗날 형들에게 이렇게 말했습니다. "당신들은 나를 해하려 하였으나 하나님은 그것을 선으로 바꾸사 오늘과 같이 만민의 생명을 구원하게 하시려 하셨나니"(창세기 50:20).

야곱은 또한 요셉을 통하여 하나님의 축복의 손길을 느꼈습니다. 하나님께서는 아브라함에게, 이삭에게, 야곱에게 그들의 '씨'를 통하여 열방에게 복을 주시겠다고 약속하셨습니다. 분명히 하나님께서는 요셉을 통하여 이방 땅 애굽을 축복하셨습니다. 하나님께서는 바로가 꾼 이상한 꿈의 의미를 요셉에게 계시해 주셨습니다. 이 꿈을 통하여 하나님께서는 바로에게 7년간의 풍년에 이어 7년간의 기근이 있을 것을 알려 주셨습니다. 아무리 요셉이 그 꿈을 해석했다고는 하지만 바로가 그를 애굽의 총리로 삼은 것은 쉽게 이해가 가지 않는 놀라운 일임에 틀림이 없습니다. 분명히 요셉을 애굽의 총리로 세우신 분은 하나님이셨습니다.

야곱은 요셉에게 축복하면서, 아들 요셉을 구해 주신 것에 대하여 하나님을 찬양할 뿐 아니라, 자신의 생애의 중심에 있었던 그 위대한 약속에 대하여 하나님께서 신실하심을 보여 주신 것에 대해서도 하나님을 찬양하고 있습니다. 하나님께서는 야곱의 자손들로 하나의 민족을 이루시고 계셨습니다. 뿐만 아니라 하나님께서는 이스라엘의 한 아들을 택하여 세우셔서 열방에게 복이 되게 하시고, 만민의 생명을 구원하기 위하여 지혜로 통치하게 하셨습니다.

하나님께서 하신 일은 깜짝 놀랄 만한 일입니다. 그러나 하나님께서 그 일을 행하신 방법은 훨씬 더 깜짝 놀랄 만한 것입니다. 이스라엘의 아들들은 군사적 힘이나 정치적 힘으로 애굽의 통치권을 얻지 않았습니다. 그들이 요셉을 애굽의 총리직에 오르게 한 것도 아닙니다. 그들은 오히려 자기들의 아우를 죽이려 했습니다. 요셉은 왕자로서가 아니라 노예로서 애굽으로 갔습니다. 애굽에서 그는 비록 노예였지만 의를 위하여 핍박을 받았습니다. 그는 주인인 보디발의 아내의 유혹을 받아들이지 않은 이유로 해서 주인 아내의 거짓 고소의 희생물이 되어 감옥에 갇혔습니다.

요셉은 하나님의 의로운 종이었습니다. 그는 하나님께 대한 충성으로 말미암아 고난을 당하였습니다. 그러나 그러한 고난의 길이 그를 애굽의 높은 자리와 하나님의 말씀의 성취에로 인도하였습니다. 하나님께서는 요셉의 생애를 통하여 하나님의 축복이 어떤 방법으로 오는가를 예로 보여 주셨습니다. 즉 하나님의 말씀과 하나님의 종에 의하여 하나님의 은혜와 자비가 열방에게 알려질 것입니다.

아들들에게 한 야곱의 축복은 하나님께서 하신 일에 대한 그의 기쁨을 보여 줍니다. 특히 요셉에게 한 축복은 아주 많습니다. 그러기에 야곱이 통치자의 홀과 모든 백성의 복종이라는 복을 요셉에게 주지 않고 유다에게 준 것은 깜짝 놀랄 만한 일처럼 보입니다. 야곱이 그의 아들들이 절할 것이라고 축복한 것은 요셉이 아니라 유다였습니다(창세기 49:8). 야곱은 유다를 웅크린 사자로 비유하고 계속 이렇게 말합니다. "홀이 유다를 떠나지 아니하며, 치리자의 지팡이가 그 발 사이에서 떠나지 아니하시기를 실로가 오시기까지 미치리니, 그에게 모든 백성이 복종하리로다"(창세기 49:10).

틀림없이 야곱은 그 형제들 사이에서 유다의 리더십을 알고 있었습니다. 요셉이 베냐민을 제외하고는 모두 풀어 주겠다고 말함으로써 마지막으로 형제들을 시험하였을 때 유다가 보여 준 아름다운 사랑과 충성심을 야곱은 알고 있었을 터입니다. 요셉의 형들이 곡식을 사기 위해 애굽에 갔을 때 그들은 요셉을 알아보지 못하였습니다. 요셉은 형들을 정탐꾼이라 하여 옥에 가두었습니다. 그는 형들로부터 아우 베냐민의 소식을 들었습니다. 그는 베냐민을 데려오면 그들이 정탐이 아니라는 것을 믿겠노라 하고, 베냐민을 데리고 올 때까지 시므온을 인질로 붙잡아 두고, 나머지는 가나안으로 돌려보냈습니다.

계속되는 기근으로 인하여 그들이 다시 애굽으로 가지 않을 수 없게 되었을 때, 유다는 베냐민을 데리고 갔다가 안전하게 돌아오겠노라고 아버지 야곱에게 굳게 약속하였습니다. 그 약속은 진지한 시험을 받게 되었습니다. 요셉은 다시 곡식을 사 가지고 돌아가는 형제들의 짐 중에서 베냐민의 곡식 자루에 자신의 은잔을 집어넣게 한 다음, 청지기에게 그들을 추격하게 했습니다. 그들은 요셉의 은잔을 결코 도적질하지 않았다고 하였지만, 설상가상 그 은잔은 베냐민의 자루에서 발견되었고, 그들은 도둑으로 체포된 베냐민과 함께 애굽으로 돌아갔습니다. 베냐민을 아버지에게 돌아가도록 하기 위하여 베냐민 대신 인질이 되겠다고 자청하여 나선 사람이 바로 이 유다였습니다.

지난날 자신들의 죄와 현재의 상황을 고백하면서 자신의 목숨을 희생해서라도 베냐민의 목숨을 구하려고 간청하는 유다의 간절한 호소는 요셉의 마음을 감동케 했습니다. 요셉은 정을 억제하지 못하고 큰 소리로 울며 형들에게 자신을 알렸습니다. "내가 요셉입니다!" 베냐민 대신 자신이 종이 되겠다는 유다의 희생적인 행동은 동생 요셉을 판 것에 대한 그의 뉘우침이 참되다는 사실을 보여 주었습니다.

훗날 유다가 야곱에게서 받은 놀라운 축복의 배경에는 틀림없이 이러한 희생적인 행동이 있었을 것입니다. 그러나 야곱의 축복은 그의 이해를 훨씬 초월하였습니다. 그는 하나님이 주신 영감으로 축복한 것입니다. 메시야가 유다 지파에서 나오는 것이 하나님의 목적이었습니다.

야곱의 축복은 이스라엘의 지파들에 대한 통치권을 유다에게 맡겼습니다. 훨씬 더 나아가 야곱은 모든 백성이 그에게 복종할 것이라고 축복하였습니다. 여호와 하나님께서 요셉을 통하여 행하신 일은 이 약속이 실현될 것임을 확신하도록 해 주었습니다. 이스라엘의 하나님은 풍년과 기근을 보내셨습니다. 그분은 술 맡은 관원장과 떡 굽는 관원장의 생명을 주관하고 계셨습니다. 그분은 한 노예를 감옥에서 일으키셔서 애굽의 총리로 앉히셨습니다. 야곱은 하나님께서 장차 그의 씨를 통하여 세우실 나라를 믿음으로 바라보고 축복한 것이며, 그의 믿음은 하나님께서 요셉의 삶을 통하여 보여 주신 증거에 의하여 더욱 강화된 것이 분명합니다.

지팡이에 의지하고 있는 늙은 야곱, 그가 하나님의 약속을 다시 주장한다는 것은 어려웠는가? 마침내 그는 다시 가나안 땅을 떠나 나그네로서 애굽 땅으로 갔습니다. 애굽의 고센 땅은 약속의 땅이 아니었습니다. 야곱은 분명 하나님께서 아브라함에게 하신 말씀을 알고 있었을 터입니다. "너는 정녕히 알라. 네 자손이 이방에서 객이 되어 그들을 섬기겠고, 그들은 사백 년 동안 네 자손을 괴롭게 하리니"(창세기 15:13). 야곱은 아들들에게 한 축복에서 장차 하나님께서 하실 일을 내다보았습니다(창세기 49장 참조). 하나님 그분의 때에 열방에 대한 축복이 아브라함의 씨를 통하여 임할 것입니다. 마침내 하나님께서 택하신 통치자가 오실 것이며, 왕의 지팡이가 그의 것이 될 것입니다. 그는 만민에게 복과 평화를 가져다줄 것입니다.

　창세기에 있는 이 축복의 예언은 성경의 마지막 책에서 다시 등장합니다. 사도 요한은 하나님의 오른손에 있는 책을 펴 볼 수 있는 사람이 없어 크게 울었습니다. 그때 하나님께 보좌 주위에 있던 장로들 중 하나가 이렇게 말하였습니다. "울지 말라. 유대 지파의 사자 다윗의 뿌리가 이기었으니 이 책과 그 일곱 인을 떼시리라"(요한계시록 5:5).

　유다의 사자이신 예수님은 또한 죽임을 당한 어린양이라 불리웁니다(요한계시록 5:6). 요셉의 삶은 예수 그리스도의 삶을 예표로 보여 줍니다. 양자의 유사성은 우연한 게 아닙니다. 하나님의 구속 계획 속에는 하나님의 능력은 약한 데서 온전하여진다는 원리가 깊이 들어 있습니다. 하나님께서 말씀을 통하여 하신 약속은 인간의 능력에 의하여서가 아니라 하나님의 성령의 능력에 의하여 성취됩니다. 하나님께서 택하신 통치자는 하나님의 고난받는 종이며, 그의 형제들에게 배반을 당하나, 하나님의 약속을 성취하기 위하여 일으킴을 받습니다.

5
여호와와 여호와의 종

하나님께서는 자신의 약속을 지키신다: 출애굽

모세는 미디안 땅에서 한가로운 삶을 살고 있었습니다. 애굽의 왕궁에서 생활한 것도 이미 오래전의 일이었습니다. 그는 지금 따뜻한 미디안 땅에서 파란 하늘을 바라보며 조용히 여생을 보내고 있었습니다. 지난 80여 년의 세월을 되돌아볼 때 수많은 생각이 머릿속을 스쳐 지나갔습니다. 40여 년 전 이 땅으로 오기 전까지 그는 40년 동안 애굽에서 살았습니다.

애굽에서 지낸 40년 동안 그는 두 개의 인생을 살았습니다. 애굽의 왕자로서 바로의 궁에서 자랐습니다. 애굽의 모든 학문을 익혔습니다. 그러나 종들의 시중을 받으며 나일강 강변에 있을 때 그 옛날 어머니가 들려준 갈대 상자 이야기를 기억하게 되었을 터입니다. 모세는 히브리인의 아기였습니다. 애굽왕 바로가 애굽의 히브리인들에 대한 민족 말살 정책을 선포했을 때 태어났습니다. 새로이 태어나는 모든 히브리 남자 아이들은 죽임을 당해야만 했습니다. 그러면 자연히 히브리 여자들은 종이든 여주인이든 간에 애굽으로 흡수되어 버릴 것입니다.

그러나 바로가 마지막 해결책으로 실시한 그 정책은 별로 효과가 없었습니다. 이스라엘의 하나님께서는 노예인 히브리인들에게 은혜를 베푸셔서 더욱 번성케 하셨습니다. 어머니들은 새로 태어난 자녀들을 감출 방도를 찾았습니다. 그러나 모세의 어머니 요게벳보다 더 좋은 방도를 생각해 낸 사람은 없었습니다. 요게벳은 애굽의 공주가 목욕하러 오는 시각과 장소에 어린 아들을 상자에 담아 나일강 갈대 사이에 띄워 놓았습니다. 모세의 누나 미리암이 멀리 서서 지켜보았습니다. 공주는 과연 갓난아이가 버려져 있는 것을 발견하였습니다. 공주는 모세를 불쌍히 여겨 양자로 삼고, 유모를 불러다가 이 아이에게 젖을 먹이게 하자는 미리암의 제안을 받아들였습니다.

요게벳의 전략은 지혜로웠습니다. 모세는 그 전략이 왜 효과적이었는지를 잘 알고 있었습니다. 그의 조상들의 하나님이 그 공주의 마음을 움직이셨습니다. 죽음의 선고를 받은 그는 이전의 요셉처럼 다시 살림을 받아 애굽의 왕자가 되었습니다.

애굽에서의 이스라엘 자손의 상황은 너무도 엄청나게 변해 버렸습니다. 애굽인들이 요셉의 죽음을 애도한 지 얼마 지나지 않아 이스라엘 자손은 급속한 성장을 거듭하게 되었습니다. 열두 형제가 낳은 자손들이 애굽에서 무시할 수 없는 집단이 되었습니다. 바로와 애굽인들은 이 외국인 집단을 의심의 눈초리로 바라보았고, 왕국 내의 위협 세력으로 간주하기에 이르렀습니다.

모세는 애굽의 왕자로서 어떤 부르심을 가지고 있었는가? 하나님께서는 요셉의 경우에는 애굽인과 이스라엘 자손 모두에게 복으로 삼으셨습니다. 그러나 이제 애굽인들은 이스라엘 민족을 노예로서 착취하고 있었습니다. 애굽인들은 이스라엘 자손을 착취하고 고문하고 학대하려고 채찍을 휘둘렀습니다. 모세 그가 아니면 누가 이스라엘 민족의 해방자가 될 것인가? 그렇습니다. 그는 애굽과 이스라엘 사이에서, 지배자와 노예 사이에서, 사치와 고난 사이에서 선택해야만 했습니다.

모세는 자기 민족을 보호하기 위하여 애굽인을 쳐 죽였던 그날을 너무도 생생하게 기억했습니다. 그 사람을 죽이려고 미리 계획을 세운 것도 아니었습니다. 이스라엘 자손들의 장로들에게 조언을 구한 것도 아니었습니다. 잔인한 애굽 감독이 힘없는 히브리 노예의 등을 마구 채찍질하였습니다. 등에서는 피가 흘렀습니다. 그는 그 광경을 끓어오르는 분노 가운데 지켜보고만 있었습니다. 그 사람을 막을 방법이 없었습니다. 그 사람을 제지하기 위하여 그를 죽이지 않을 수 없었습니다. 주위를 살펴보았습니다. 아무도 보이지 않았습니다. 그는 신속히 행동을 했고 시체를 모래 속에 파묻었습니다.

그러나 그다음에 온 것은 큰 환멸이었습니다. 바로의 왕궁에 그 노예 민족의 옹호자가 있다는 소문이 그 노예 민족 사이에 퍼졌습니까? 이 사건을 통하여 이스라엘 자손은 하나님께서 한 구속자, 곧 이스라엘의 해방을 위하여 자신을 헌신한 한 지도자를 일으키셨다는 것을 알게 되었을까요? 답은 그다음에 일어난 사건이 말해 주었습니다. 이튿날 그는 다시 나가 고통받는 자기 민족을 지켜보고 있었습니다. 두 히브리인이 서로 싸우는 것을 보았습니다. 애굽인의 채찍에 맞는 것만도 억울한데 왜 그들은 서로를 때려야만 하는가? 그래서 모세는 그들에게 가서 잘못한 자에게 "네가 어찌하여 동포를 치느냐?" 하고 말했습니다.

그 사람의 대답이 모세의 생애를 완전히 바꾸어 버렸습니다. "누가 너로 우리의 주재와 법관을 삼았느냐? 네가 애굽 사람을 죽임같이 나도 죽이려느냐?"

모세는 자기의 행동이 탄로 났다는 사실을 알았습니다. 그 동족 히브리인의 악의에 찬 대답 속에서 모세는 자기의 리더십이 거부당하고 있다는 사실과 자기가 배반당할 것이 확실하다는 사실을 직감하였습니다. 애굽인은 아무도 그가 동족 히브리인을 구하기 위하여 애굽인을 죽이는 것을 보지 못했습니다. 그런데 자기 동족이 그를 대적하려고 그의 살인 행위를 이용해 먹을 준비를 하고 있었습니다. 모세는 충격을 받았습니다. 모세의 행동은 곧 바로에게 알려졌고, 바로는 모세를 죽이려고 찾았습니다. 모세는 시내 광야로 도망하였습니다. 거기에 머물면서 모세는 목자가 되어 장인 이드로의 양 떼를 쳤습니다.

모세가 처음 불이 붙은 떨기나무를 주목하게 된 것은 아마도 호기심에서였을 것입니다. 그런데 놀랍게도 한참 후에 다시 보았을 때도 불이 계속 타고 있었습니다. 모세는 그 놀라운 광경을 알아보려고 가까이 다가갔습니다.

그때 하나님께서는 불타는 떨기나무 가운데서 모세에게 말씀하셨습니다. 하나님께서는 거기에서 자신의 구원 계획을 말씀해 주셨습니다. 하나님의 구원 계획에서 새로운 시대가 열렸습니다. 하나님께서는 야곱과 요셉에게는 꿈과 이상으로 자신을 계시하셨지만, 모세에게는 사람이 그 친구와 함께 이야기하듯이 직접 자신을 계시하셨습니다. 그러나 하나님께서 직접 모세에게 말씀하셨다고 해서 모세와 하나님 사이에 아무 간격이 없는 것은 아니었습니다. 모세는 거룩하신 하나님 앞에서 그 발의 신을 벗어야 했습니다. 그는 거룩한 곳에 서 있었습니다. 시내산의 경사진 산록이 이 땅 위에서 가장 거룩한 곳이 되었습니다. 왜냐하면 여호와 하나님께서 친히 거기에서 영광 중에 나타나셨기 때문입니다.

　주도권을 쥐고 행동하신 분이 하나님이셨습니다. 하나님께서 먼저 모세를 부르셨습니다. 자신을 모세의 조상의 하나님, 즉 아브라함의 하나님, 이삭의 하나님, 야곱의 하나님이라 알리셨습니다. 애굽에서 노예 생활을 하고 있는 이스라엘 자손의 신음 소리를 들으셨다고 했습니다. 조상들에게 하신 약속을 기억하고 계심을 알려 주셨습니다. 이스라엘 자손들을 애굽의 압제에서 구해 내어 가나안 땅으로 인도하기 위하여 내려오셨다고 말씀하셨습니다.

　이스라엘 민족 스스로는 자신들을 구원할 수가 없었습니다. 애굽의 압제에서 벗어나려는 그들의 소망은 한낱 꿈에 불과했습니다. 바로의 권력 앞에서 무력했습니다. 하나님의 약속은 하나님만이 성취하실 수 있었습니다. 하나님께서는 그 노예 민족의 반란이 성공할 것이라고 약속하신 게 아니었습니다. 하나님의 약속은 그 이상이었습니다. 하나님께서는 이스라엘 자손들이 애굽인들로부터 많은 선물을 받아 가지고, 제발 애굽을 떠나 달라는 애굽인들의 간청을 들으며 애굽을 떠나게 되리라고 약속하셨습니다. 칼 한 번 휘두르지도 않고(그들은 무기가 없어서 무장도 하지 못했습니다) 정복군이 노략물을 가지고 가듯이 애굽의 보화를 가지고 갈 것입니다. 더욱이 그들은 약속의 땅을 받을 것입니다. 지금은 다른 민족들이 거기에 살고 있지만, 하나님께서는 그 땅을 그들의 기업으로 삼으셨습니다.

　축복은 이것으로 끝난 것이 아니었습니다. 훨씬 더 위대한 축복이 약속되어 있었습니다. 이스라엘 자손은 애굽에서 해방된 후 하나님을 만나게 될 것이며, 모세가 선 바로 그 산에서 하나님을 예배하게 될 것입니다. 하나님께서는 이스라엘 백성을 '내 백성'이라 부르셨습니다. 이스라엘은 하나님의 장자였습니다. 바로가 하나님의 장자를 자유하게 하지 않으면 하나님의 심판이 바로와 및 모든 애굽 가정의 장자들에게 임할 것입니다(출애굽기 4:22-23). 하나님께서 이스라엘을 위하여 하실 모든 것 너머에는 하나님께서 그들에게 무엇이 되실 것인가가 있습니다. 곧 하나님께서는 그들의 하나님이 되실 것입니다. 그분은 친히 조상들에게 약속하신 것처럼 시내산에서 그들과 세우실 언약의 하나님이셨습니다.

현재 이스라엘 백성의 상황이 아무 소망이 없는 그런 상황이었습니다. 모세는 이 사실을 너무도 잘 알고 있었습니다. 그리고 하나님의 약속이 너무도 위대하였습니다. 그렇기에 하나님께서 친히 자신의 말씀을 지키기 위하여 오셔야 했습니다. 모세는 하나님께 그분의 이름을 물었는데, 이는 잘한 일입니다(출애굽기 3:13). 수백 년 전 야곱도 새벽이 되어 씨름을 끝내야 했을 때 하나님의 사자에게 그 이름을 물었습니다. 모세가 하나님의 이름이 무엇인지 물은 것은 많은 이스라엘 자손들이 그들의 조상의 하나님을 잊어버렸기 때문일 것이라고 생각할 수도 있습니다. 그들은 아브라함의 하나님을 라, 아몬, 오시리스 등 애굽의 신들과 혼동할 위험에 처해 있었다고 생각됩니다. 모세 역시 그 위험을 인식했던 것입니다.

그러나 모세가 떨기나무 가운데서 영광 중에 나타나신 하나님의 이름을 물은 데에는 보다 깊은 또 하나의 이유가 있습니다. 그는 자신을 위하여, 그리고 이스라엘 백성을 위하여 하나님을 이름으로 부르는 특권을 구했을 것입니다. 하나님께서 모세에게 주신 이름은 '여호와', 즉 '스스로 있는 자(I AM)'였습니다(출애굽기 3:14-15). 우리는 모세에게 주신 그 이름을 철학적인 의미로 이해해서는 안 됩니다. 하나님께서는 모세에게 자신의 주재권을 선포하고 계신 것입니다. 그분은 인격적인 하나님이십니다. 그분은 이름으로 불리울 수도 있는 그런 하나님이십니다. 그분은 자신이 택하신 시간과 장소에서 자신을 계시하십니다. 후에 하나님께서 모세에게 다시 자신의 이름을 선포하시면서 이렇게 말씀하셨습니다. "내가 나의 모든 선한 형상을 네 앞으로 지나게 하고 여호와의 이름을 네 앞에 반포하리라. 나는 은혜 줄 자에게 은혜를 주고 긍휼히 여길 자에게 긍휼을 베푸느니라"(출애굽기 33:19). '스스로 있는 자(I AM)'이신 여호와 하나님은 긍휼과 은혜를 베풀 자를 친히 결정하십니다.

우리가 하나님의 놀라운 이름 속에 들어 있는 의미를 생각해 보는 것은 당연합니다. 하나님의 이름 '여호와'는 그분의 존재가 인격적일 뿐만 아니라 유일하시다는 사실을 확증하고 있습니다. 하나님은 여러 신들 중의 하나가 아닙니다. 그분은 땅의 여신과 대비되는 하늘의 신이 아닙니다. 사람들이 예배하는 신들을 모셔 놓은 신전에는 그분이 계시지 않습니다.

그러나 우리는 하나님의 이름의 의미를 깊이 생각함으로써 거기서 많은 것을 배울 뿐만 아니라, 그 이름으로 부름을 받아 살아 계신 하나님의 음성을 들으며, '이제도 계시고 전에도 계시고 장차 오실 이' 앞에 서게 됩니다(요한계시록 1:4,8, 4:8 참조). 예수님께서 겟세마네 동산에서 그를 체포하러 온 자들에게 "내로라(I AM)"라고 말씀하셨을 때 그들은 뒤로 물러가서 땅에 엎드러졌습니다(요한복음 18:4-8). 주님의 모든 말씀은 능력으로 충만해 있습니다. 하나님께서 말씀하시면 그것은 이루어집니다. 하나님께서 명령하시면 그것은 견고히 섭니다. 그러나 하나님께서 자신의 이름을 말씀하실 때에는 특별한 의미를 지닙니다.

한 이스라엘 고고학자가 고대 이스라엘의 유물을 발견했는데, 거기에는 고대 히브리어가 새겨져 있었습니다. 군데군데 알아볼 수 없는 곳도 있었습니다. 거기에는 '여호와'라는 말이 세 번이나 나와 있었습니다. 판독 결과 그 내용은 하나님께서 아론과 제사장들에게 이스라엘 자손을 위하여 축복할 때 선포하라고 주신 축복의 기도 내용이었습니다.

> 여호와는 네게 복을 주시고 너를 지키시기를 원하며,
> 여호와는 그 얼굴로 네게 비취사 은혜 베푸시기를 원하며,
> 여호와는 그 얼굴을 네게로 향하여 드사 평강 주시기를 원하노라.
> (민수기 6:24-26)

여호와라는 이름이 그토록 오래된 고대의 유물에서 발견된 것은 처음이었습니다. 그 유물은 고대 이스라엘 사람이 찼던 메달의 일종으로 생각되었습니다. 하나님께서 제사장들에게 위와 같은 축복의 기도문을 주시면서 이렇게 말씀하셨습니다. "그들은 이같이 내 이름으로 이스라엘 자손에게 축복할지니 내가 그들에게 복을 주리라"(민수기 6:27).

물론 하나님의 이름이 때로는 미신적으로 사용되기도 했습니다. 이스라엘 백성들은 법궤를 전쟁터로 가지고 가기만 하면 하나님께서 복을 내려 전쟁에서 이기게 하실 줄로 생각하기도 했는데, 이와 같이 하나님의 이름을 부적에 적혀 있는 주문처럼 사용하기도 했습니다. 물론 하나님의 이름은 주술 못지않은 능력이 있습니다. 사실 주술적 능력 그 이상으로 무한한 능력을 지니고 있습니다. 주술의 오류는 하나님의 능력을 주문이나 의식으로 조종할 수 있다고 생각하는 것입니다. 은혜로운 사실은 하나님과 하나님의 이름은 서로 분리될 수 없다는 사실입니다.

살아 계신 하나님은 알라딘의 램프로 부르면 나오는 거인 지니가 아닙니다. 하나님께서 먼저 모세를 부르셨지, 모세가 먼저 하나님을 부른 것이 아닙니다. 하나님께서는 자신을 아브라함과 이삭과

야곱의 하나님으로 부르셨습니다(출애굽기 3:6,15,16). 그분은 약속의 하나님이십니다. 뿐만 아니라 여호와 하나님은 그분의 택하신 백성의 하나님이십니다. 그분은 택하신 백성을 이름으로 부르십니다. 더욱이 그들을 '내 이름으로 일컫는 자'라고 하십니다(이사야 43:7 참조). 구약성경에 나오는 많은 이름이 여호와와 결합되어 있는데 그것은 우연이 아닙니다. 예를 들면, 엘리야('여호와는 하나님이시다'), 예레미야('여호와께서 높이셨다'), 여호수아('여호와는 구원이시다') 등.

하나님께서 떨기나무 가운데서 모세를 부르신 것은 자신의 임재와 계획을 알리는 것뿐 아니라, 모세에게 자신의 이름으로 행동하도록 사명을 주기 위함이었습니다. "이제 내가 너를 바로에게 보내어 너로 내 백성 이스라엘 자손을 애굽에서 인도하여 내게 하리라"(출애굽기 3:10).

이스라엘의 구속은 하나님의 일입니다. 그분은 그들의 신음 소리를 듣고 그들을 구원하기 위하여 오셨습니다. 그럼에도 불구하고 하나님께서는 그분의 종 모세를 통하여 그들을 구원하기로 계획하셨습니다. 이스라엘 백성은 하나님의 종입니다. 하나님은 바로에게 자기 아들 이스라엘을 내보내라고 명하셨습니다. "내 아들을 놓아서 나를 섬기게 하라"(출애굽기 4:23). 다른 한편 모세는 좀 더 특별한 의미에서 '하나님의 종'입니다. 하나님께서는 모세를 '내 종 모세'(민수기 12:7-8)라 부르셨습니다. 모세는 이스라엘을 구원하는 일에 하나님의 도구로 부르심을 받았습니다. 모세를 비방한 미리암과 아론에게 하나님께서는 모세에 대하여 "그와는 내가 대면하여 명백히 말하고 은밀한 말로 아니하며 그는 또 여호와의 형상을 보겠거늘…"(민수기 12:8)이라고 말씀하셨습니다. 이스라엘 백성은 하나님의 종 모세를 비방하기를 두려워해야 했습니다. 하나님께서 세우신 모세를 거슬러 반역하는 것은 모세가 섬기고 있는 여호와 하나님을 거역하는 것입니다.

족장들은 하나님의 종들이었습니다. 그들은 가정에서 가장으로서 특별한 역할을 수행하였습니다. 그 역할은 백성의 장로로서 알려져 있는 각 지파의 우두머리에 의하여 계속 수행되었습니다. 그러나 하나님께서는 특별한 의미에서 모세를 자신의 종이라 부르셨습니다. 모세는 하나님의 말씀을 백성에게 전하는 선지자로서의 권위를 가지고 있었습니다. 모세는 이스라엘의 통치자요 사사(재판관)였습니다. 그는 이스라엘을 인도하여 광야를 통과하였고, 그들이 범죄하였을 때 그들을 위하여 하나님과 그들 사이에서 중재하며 중보 기도를 하였고, 가나안 땅으로 가는 길에서 그들을 가르쳤습니다. 모세는 장차 올 선지자들의 모델이었으며, 나아가 장차 오실 그 선지자의 그림자였습니다.

이와 같이 하나님께서는 모세에 대한 부르심 가운데서 장차 오실 메시야의 사역을 위한 하나의 유형을 확립하셨습니다. "내가 그들의 형제 중에 너와 같은 선지자 하나를 그들을 위하여 일으키고 내 말을 그 입에 두리니 내가 그에게 명하는 것을 그가 무리에게 다 고하리라"(신명기 18:18).

하나님의 집에서 섬긴 위대한 종 모세는 이사야가 선포한 '하나님의 고난받는 종'인 메시야 곧 아버지께서 보내실 마지막 종인 하나님의 아들의 오심을 예비하고 있습니다.

모세는 하나님께서 맡기신 사명을 받아들이는 데에 그다지 적극적이지 않았습니다. 그는 전투 대형으로서 서 있는 바로의 용감한 전사들을 생각했는지도 모릅니다. 또한 40여 년 전 큰 소리로 그에게 따지고 들었던 그 히브리 동족의 도전적인 질문을 떠올렸는지도 모릅니다. "누가 너로 우리의 주재와 법관을 삼았느냐?" 모세는 이제 자신의 한계를 깊이 인식하고 있었습니다. 모세는 하나님께 아뢰었습니다. "내가 누구관대 바로에게 가며 이스라엘 자손을 애굽에서 인도하여 내리이까?"(출애굽기 3:11). 모세는 바로의 힘과 이스라엘의 약함을 알고 있었지만, 여호와 하나님의 힘은 아직 알지 못했습니다. 그러나 모세는 하나님을 믿었고, 마침내 애굽으로 갔습니다. 그가 시내산에 다시 섰을 때는 수백만 명의 이스라엘 백성과 함께 있었습니다.

이스라엘 자손을 혹독한 노예 생활에서 건져 내신 하나님의 위대한 구원의 역사는 무엇보다도 하나의 심판의 역사였습니다. 요셉은 하나님의 종으로서 애굽에 복을 가져다주었으며, 모세는 그와는 달리 엄한 과제를 부여받았습니다. 하나님께서 모세를 통하여 행하신 기적들은 재앙들이었습니다. 하나님께서는 애굽인들이 이스라엘 자손이 애굽을 떠나는 것을 기뻐할 때까지 애굽인들을 벌하셨습니다. 애굽인들이 신성시하는 나일강은 피로 변했고, 태양신을 숭배하던 그 땅은 완전히 암흑으로 변했습니다. 하나님께서는 재앙들을 통하여 하나님께는 애굽의 우상들을 지배하는 능력이 있다는 사실을 보여 주셨습니다.

이스라엘의 구원 드라마는 하나님의 대변인인 모세와 하나님의 백성을 대적하는 바로 사이에서 연출되었습니다. 모세는 노예 반란을 주도한 게 아니었습니다. 이스라엘 백성은 모세가 바로에게 이스라엘 백성을 내보내라고 요구하자 이에 오히려 모세를 원망하고 불평했습니다. 왜냐하면 모세의 요구로 인하여 바로가 노하여 애굽인들의 압제가 더욱 심해졌기 때문입니다. 자유는 이스라엘 백성의 손으로 얻은 게 아니었습니다. 이스라엘 백성이 얻은 자유와 해방은 하나님이 주신 것이었으며, 모세는 그 하나님의 대변인이었을 뿐입니다.

이스라엘 백성의 구속이 그들 자신의 힘으로가 아니라 하나님의 힘으로 된 것이라는 교훈은 모세와 바로 사이에서 연출된 이 드라마의 마지막 막에서 일어난 사건을 통하여 이스라엘 백성들에게 영원히 잊을 수 없는 일이 되었습니다. 애굽의 모든 장자가 죽임을 당하는 재앙을 당하고서야 바로는 이스라엘 백성을 내보냈습니다. 그러나 이스라엘 백성이 실제로 애굽을 떠나자 그는 마음을 바꾸어 군대를 동원하여 추격하게 했습니다. 고대 애굽의 전사들은 병거와 말 등 기동 타격 능력을 갖춘 막강한 군대였습니다. 애굽의 군대는 고대 세계에서 두려움의 대상이었습니다. 그들은 그들이 추격하고 있는 이스라엘 백성을 무기도 없고, 어린아이들과 가축 떼, 가재도구 등 무거운 짐을 지고 도망하는 노예들의 오합지졸로 보았습니다. 노예들이 도망간다 한들 이는 불가능하였습니다. 왜냐하면 애굽의 군대는 이스라엘을 홍해 바다 쪽으로 포위하였기 때문입니다.

　이스라엘 백성은 모세를 다시 원망하며 비난하기 시작했습니다. "애굽에 매장지가 없으므로 당신이 우리를 이끌어 내어 이 광야에서 죽게 하느뇨? 어찌하여 당신이 우리를 애굽에서 이끌어 내어 이같이 우리에게 하느뇨? 우리가 애굽에서 당신에게 고한 말이 이것이 아니뇨? 이르기를 '우리를 버려두라. 우리가 애굽 사람을 섬길 것이라' 하지 아니하더뇨? 애굽 사람을 섬기는 것이 광야에서 죽는 것보다 낫겠노라"(출애굽기 14:11-12). 모세는 자유를 위하여 싸울 사람들을 부르지 않았습니다. 애굽 군대에 무력으로 대항한다는 것은 부질없는 짓이었습니다. 모세는 원망하는 백성들에게 이렇게 말했습니다. "너희는 두려워 말고 가만히 서서 여호와께서 오늘날 너희를 위하여 행하시는 구원을 보라. 너희가 오늘 본 애굽 사람을 또다시는 영원히 보지 못하리라. 여호와께서 너희를 위하여 싸우시리니 너희는 가만히 있을지니라"(출애굽기 14:13-14).

이스라엘 진 앞에서 행하시던 하나님께서 진 뒤로 옮겨 애굽 진과 이스라엘 진 사이에 이르러 서시자 구름 기둥도 함께 옮겼습니다. 하나님께서는 밤새도록 애굽 군대를 그 자리에 꼭 붙잡아 놓으셨습니다. 하나님께서는 바다를 열어서 이스라엘 백성으로 바다 가운데 있는 마른 땅으로 건너갈 수 있게 하셨습니다. 애굽인들은 이스라엘 백성을 추격하려 하였고 다시 합쳐지는 물결에 전멸당하였습니다. 멀리 바다 건너편에서 모세와 이스라엘 자손은 하나님을 찬양하였습니다. "내가 여호와를 찬송하리니 그는 높고 영화로우심이요 말과 그 탄 자를 바다에 던지셨음이로다. 여호와는 나의 힘이요 노래시며 나의 구원이시로다. 그는 나의 하나님이시니 내가 그를 찬송할 것이요, 내 아비의 하나님이시니 내가 그를 높이리로다"(출애굽기 15:1-2).

이 승리의 노래는 시편과 이사야서에서 장차 올 하나님의 백성의 구원을 묘사하기 위하여 반복됩니다(시편 118:14, 이사야 12:2). 이 노래의 분명한 목적은, 이스라엘의 위대한 구원이 하나님의 역사였다는 사실을 보여 주는 것이었습니다. '구원은 하나님께로부터 온다'는 것은 성경의 위대한 주제 가운데 하나이며, 하나님의 위대한 구원의 능력이 출애굽 때의 하나님의 위대한 행위에서보다 더 잘 나타나 있는 곳은 없습니다.

어떤 이들은 이 출애굽 사건을 정치적 해방으로만 생각하는 경향이 있으며, 기독교의 구원의 교리를 정치적 해방을 중심으로 다시 정의하려고까지 합니다. 출애굽을 죄로부터의 구원을 비유적으로도 보여 주는 것이라는 영적 해석을 비판하고, 출애굽을 단지 사회적, 정치적 해방의 한 예로서만 생각합니다.

물론 이스라엘 백성은 애굽의 노예 살이와 정치적 압제에서 해방되었습니다. 하나님께서는 채찍하에서 고통당하는 이스라엘 백성의 신음 소리를 들으셨습니다. 그러나 이스라엘 백성은 게릴라전을 통하여 해방된 것이 아닙니다. 애굽을 심판하고 이스라엘을 자유케 한 것은 하나님의 기적적인 개입이었습니다. 이스라엘 백성이 당하는 고통을 영적인 용어로 묘사할 수도 있고 정치적인 용어로 묘사할 수도 있을 것입니다. 그러나 그들의 해방 수단은 하나님의 능력과 은혜였습니다.

하나님께서 이스라엘 민족을 어떻게 자유케 하셨는가는 그것을 통하여 이루시려는 하나님의 목적과 직접적인 관련이 있습니다. 하나님께서는 진실로 그들을 자유케 하신 그들의 해방자이십니다. "나는 너희를 애굽 땅에서 인도하여 내어 그 종 된 것을 면케 한 너희 하나님 여호와라. 내가 너희 멍에 빗장목을 깨뜨리고 너희로 바로 서서 걷게 하였느니라"(레위기 26:13).

그러나 하나님의 목적은 이스라엘 민족을 단순히 바로의 멍에에서 구해 내는 것이 아니었습니다. 그들을 하나님의 멍에 아래로 인도하려는 것이 하나님의 목적이었습니다. 하나님께서 바로에게 하신 명령이 곧 "내 백성을 보내라. 그들이 나를 섬길 것이니라"였습니다. 이스라엘 자손이 시내산에 도착하여 거기에 진을 쳤을 때 하나님께서는 그들에게 이렇게 말씀하셨습니다. "나의 애굽 사람에게 어떻게 행하였음과 내가 어떻게 독수리 날개로 너희를 업어 내게로 인도하였음을 너희가 보았느니라. 세계가 다 내게 속하였나니 너희가 내 말을 잘 듣고 내 언약을 지키면 너희는 열국 중에서 내 소유가 되겠고 너희가 내게 대하여 제사장 나라가 되며 거룩한 백성이 되리라"(출애굽기 19:4-6).

여호와께서는 이스라엘을 자기의 발 아래로 모으기 위하여 애굽에서 인도해 내셨습니다. 그들은 독수리 날개에 업혀 하나님께로 왔습니다. 이는 하나님께서 그들을 하나님의 거룩한 백성, 그분의 은혜의 보화로 삼기 위한 것이었습니다. 하나님께서는 그들을 자기의 소유로 삼으셨습니다.

유월절은 이스라엘에 대한 하나님의 요구와 권리를 강하게 상징적으로 보여 줍니다. 바로가 하나님의 장자 이스라엘을 자유케 하지 않았기 때문에 하나님께서는 그에 대한 심판으로 바로와 모든 애굽인 가정의 장자를 요구하셨습니다. 우리는 초기의 재앙에서는 고센 지방에 있는 이스라엘 자손에게는 아무 해가 없을 것이라고 생각할 수도 있습니다. 그러나 죽음의 천사는 애굽인뿐만 아니라 모든 이스라엘 자손의 가정 위에도 심판을 내리기 위하여 보내심을 받았습니다. 훗날 하나님께서 이스라엘 자손에게 주신 율법 가운데서, 모든 수확의 첫 열매와 가축 떼의 처음 난 것은 다른 모든 것을 대표하였고, 하나님께서는 모든 것이 하나님께 속하여 있다는 사실을 나타내기 위하여 대표로 첫 열매를 요구하셨습니다.

처음 난 아들의 생명은 다음 두 가지 이유로 해서 하나님께서 취하여 가셔야 했습니다. 첫째 하나님께서는 모든 피조물을 자기의 것으로 주장하실 수 있다는 것과, 둘째 죄악 된 피조물들은 하나님의 심판 아래에 있다는 사실입니다. 처음 난 자에 대한 심판은 모든 피조물이 받아야 할 형벌을 대표로 받는 것입니다. 하나님께서 공의 가운데 애굽인들에게 이러한 엄한 형벌을 가하신다면, 이스라엘도 역시 하나님의 심판을 피할 수 없습니다. 모든 사람이 죄를 범하여 하나님의 영광에 이르지 못하였다면, 애굽인뿐만 아니라 이스라엘 자손도 죄인인 것은 마찬가지입니다. 이스라엘 자손이라고 심판에서 제외될 수는 없는 것입니다.

하나님께서는 유월절 양을 바치게 하심으로써 그분의 자비를 보여 주셨고 그분의 공의는 충족되었습니다. 모든 이스라엘 가정은 흠 없는 어린양을 택하였습니다. 어린양은 죽임을 당해야 했고, 그 피는 집 문설주와 인방에 뿌려져야 했습니다. 죽음의 천사가 그 피를 보면 그 집을 심판하지 않고 넘어갔습니다. 그 피는 죽음이 이미 일어났다는 사실을 보여 주었습니다. 그 양은 장자 대신 죽은 것입니다. 그러므로 또한 그 양은 장자로 대표되는 다른 모든 사람을 대신하여 죽은 것입니다. 유월절 어린양의 희생을 통하여 이스라엘 자손은 멍에와 속박으로부터만 아니라 죄의 형벌로부터도 자유케 되었습니다. 그들이 유월절 어린양을 먹는 것은, 화목 제물을 먹는 것처럼, 하나님께서 제공하신 속죄를 통하여 하나님과의 교제를 회복함을 의미했습니다. 하나님의 약속은 확실하기 때문에 그들은 길을 떠날 채비를 완전히 하고 유월절 음식을 먹어야 했습니다.

유월절 양은 하나님께서 수행하실 구원 사역을 그림자로 보여 줍니다. 출애굽 사건은 하나님의 구원 사역을 상징적으로 잘 나타내 줍니다. 하나님께서는 말씀뿐만 아니라 행동을 통하여, 죄인들을 자기의 귀한 소유로 삼으시는 것이 하나님 그분께 무엇을 의미하는가를 보여 주고 계십니다.

예수님께서는 유월절의 의미를 완전히 성취하셨습니다. 세상의 죄를 지고 가는 하나님의 어린양이십니다. 죄인 된 우리를 대신하여 죽은, 우리의 유월절 어린양이십니다. 이스라엘 백성이 유월절 어린양을 잡아 온 가족이 함께 먹었듯이, 우리는 그리스도의 몸을 나누어 먹고 그리스도의 피를 나누어 마셨습니다. 유월절과 출애굽의 이 모든 이야기는 바로 그리스도를 가리켜 줍니다.

변화산 위에서 모세와 엘리야는 장차 예수님께서 예루살렘에서 성취하셔야 할 '출애굽'에 대하여 예수님과 함께 이야기했습니다 (누가복음 9:30-31). 어린양으로서 희생된 그분은 또한 구세주요 자유케 하시는 분이셨습니다. 그분은 포로 된 자에게 자유를 선포하기 위하여 오셨고, 하나님의 모든 백성을 자유케 하려고 궁극적인 속박의 멍에를 깨뜨리셨습니다.

하나님은 자신의 언약을 굳게 세우신다

만일 하나님이 존재하신다면, 왜 하나님은 자신의 존재를 증명해 보이시지 않는가? 왜 천둥 번개와 함께 자신을 나타내시지 않는가? 성경은 이 질문에 대하여 분명한 답을 제시해 줍니다. 하나님께서는 실제로 자신을 나타내셨습니다. 그리고 장차 그분은 다시 나타나실 것입니다. 하나님께서 지금 나타내시지 않는 이유는 하나님을 믿지 않고 거역하는 자들이 무서워서가 아니라 그들을 불쌍히 여기고 사랑하시기 때문입니다.

하나님께서 자신의 거룩한 임재를 나타내시기를 보류하시는 것은 하나님의 나타나심은 필연적으로 하나님의 심판을 동반하기 때문입니다. 하나님께서는 불쌍한 죄인들을 위하여 심판의 날을 보류하고 계십니다. 영광의 하나님께서는 자기 외아들을 세상에 보내심으로써 이미 자신을 자비의 아버지로서 나타내셨습니다. 하나님은 사람들이 그분의 자비의 부르심을 듣고 응답하며, 그분의 사랑의 경이를 맛보도록 하기 위하여 자신의 영광스러운 나타나심을 제한하십니다. 하나님께 빨리 자신을 나타내도록 재촉하고 있는 사람들은 자기가 무엇을 요구하고 있는지도 모릅니다. "그의 임하는 날을 누가 능히 당하며 그의 나타나는 때에 누가 능히 서리요?…"(말라기 3:2).

하나님께서는 이전에 시내산에서 영광 중에 나타나셨습니다. 이스라엘 백성은 모세의 인도를 받아 하나님께서 불타는 떨기나무 가운데서 모세에게 말씀하셨던 바로 그곳으로 갔습니다. 그러나 이때는 떨기나무만이 아니라 온 산이 불붙어 있었습니다. 땅은 흔들리고 바위가 부서져 내렸습니다. 무엇보다도 가장 무서운 것은 요란한 천둥소리가 아니었습니다. 그보다 더 무서운 소리가 있었습니다. 살아 계신 하나님의 음성이었습니다.

히브리서는 그 장면이 얼마나 무서웠는가를 이야기합니다. 불붙는 산, 흑운, 흑암, 폭풍 등이 있었습니다(히브리서 12:18-21). 그다음 하늘에서 나팔 소리가 울려 퍼지고 하나님께서 말씀하셨습니다. 그 말씀을 듣는 자들은 너무나 무서워서 하나님께서 더 이상 말씀하시지 않기를 구하였습니다. 백성들은 떨며 모세에게 중재를 요청했습니다. "당신이 우리에게 말씀하소서. 우리가 들으리이다. 하나님이 우리에게 말씀하시지 말게 하소서. 우리가 죽을까 하나이다"(출애굽기 20:19). 그리하여 백성은 멀리 서 있었고 모세가 하나님의 음성을 듣고 전달하기 위하여 하나님이 계신 그 무서운 산 위 흑암 속으로 가까이 갔습니다.

다시 히브리서의 이야기를 들어 보십시오. 우리가 이제 간 곳은 시내산이 아니라 시온산입니다. 우리가 이른 곳은 '만질 만한 불붙은 산'이 아닙니다. 우리는 하늘의 나팔 소리와 하나님의 음성을 듣고 있지 않습니다. 그러면 하나님께서 나팔 소리와 음성으로 친히 말씀하시는 이러한 개입이 지금은 끝나고 사라졌다고 히브리서는 말하고 있는 것입니까? 이제는 하나님의 임재하심이 불분명하며, 우리는 더 이상 두려워할 필요가 없는 세계에서 살고 있다고 이야기하려는 것입니까?

결코 그렇지 않습니다. 시내산은 이 땅에 있는 산입니다. 무서웠던 시내산의 불은 가서 손으로 만질 수 있는 실제 불이었습니다. 성령의 감동하심을 받아 기록한 히브리서는, 우리가 예배하기 위하여 모인 곳은 시내산이 아니라 바로 시온산이라고 말합니다. 오래전 하나님께서는 광야에 있는 시내산에서 구속받은 자기 백성 이스라엘과 만나셨습니다. 이제 우리는 살아 계신 하나님이 거하시는 산인 시온산에서 하나님 앞에서 모여 있습니다. 그곳은 하나님의 영광이 머물러 있는 곳이며, 구속받은 백성이 걸어가는 순롓길의 목적지입니다.

진실로 우리가 이른 산은 땅 위의 시온산이 아닙니다. 그것은 하늘에 있는 시온산, 하늘의 예루살렘입니다. 우리는 예배 때에 하나님의 모든 거룩한 이들과 함께 모입니다. 수많은 천사와 온전케 된 의인의 영들이 함께 모입니다. 예배하기 위하여 우리가 이른 곳은 땅에 있는 성소가 아닙니다. 왜냐하면 우리는 하늘에 계신 우리의 대제사장, 새 언약의 중보이신 예수 그리스도와 함께 하나님 존전에 들어가기 때문입니다. 하나님의 보좌 위에 뿌려진 그리스도의 피가 우리의 용서의 보증입니다. 오늘날 우리가 드리는 예배가 광야에서 이스라엘 자손이 경험한 것보다 덜 초자연적인 것이 결코 아닙니다. 사실은 그보다 훨씬 더 초자연적입니다. 우리는 그림자와 모형이 아니라 실체로 들어간 것입니다.

시내산의 불은 그저 손으로 만질 만한 것에 불과했으나, 우리가 이른 불은 하나님 그분의 임재의 불꽃입니다. "우리 하나님은 소멸하는 불이심이니라"(히브리서 12:29). 우리는 또한 보다 더 직접적인 방법으로 하나님의 음성을 듣습니다. 하나님께서는 자신의 독생자 안에서 우리에게 말씀하셨습니다. "너희는 삼가 말하신 자를 거역하지 말라. 땅에서 경고하신 자를 거역한 저희가 피하지 못하였거든 하물며 하늘로 좇아 경고하신 자를 배반하는 우리일까 보냐?"(히브리서 12:25).

예수님께서 베드로와 요한과 야고보를 데리고 기도하러 산에 올라가 기도하실 때 그 용모가 변화되고 광채가 났는데, 바로 그때 두 사람이 예수님과 함께 이야기하는 것을 그들은 보았습니다. 모세와 엘리야였습니다. 모세는 시내산 꼭대기에서 하나님의 음성을 들은 사람이었습니다. 훗날 엘리야 역시 하나님의 음성을 듣기 위하여 그 산으로 갔습니다. 하나님께서는 크고 강한 바람이나 지진이나 불 가운데서가 아니라 조용한 가운데 세미한 음성으로 엘리야에게 말씀하셨습니다. 시내산에서 모세를 덮었던 그 영광의 구름이 예수님과 제자들을 덮었습니다. 하나님의 음성이 다시 구름 속에서 들려왔습니다. 하나님께서는 그 구름 속에서 옛 언약의 말씀에 덧붙이기 위하여 또 다른 십계명을 반포하시지 않았습니다. 구름 속에서 소리가 나서 이렇게 말씀하셨습니다. "이는 나의 아들 곧 택함을 받은 자니 너희는 저의 말을 들으라"(누가복음 9:35).

하나님께서는 아브라함을 부르셨고, 꿈속에서 야곱에게 자신을 나타내셨으며, 시내산에서 모세와 이스라엘 자손에게 말씀하셨고, 선지자들을 통하여 여러 모양으로 이스라엘 자손에게 말씀하셨습니다. "옛적에 선지자들로 여러 부분과 여러 모양으로 우리 조상들에게 말씀하신 하나님이 이 모든 날 마지막에 아들로 우리에게 말씀하셨으니, 이 아들을 만유의 후사로 세우시고 또 저로 말미암아 모든 세계를 지으셨느니라"(히브리서 1:1-2).

말씀이 육신이 되어 우리 가운데 거하시면서 우리에게 말씀하셨습니다. 이분이 곧 하나님의 독생자 예수 그리스도이십니다. 예수님은 아버지 하나님께로부터 받은 말씀을 우리에게 말씀해 주셨습니다. 예수님은 하나님의 마지막 말씀이십니다. 그분이 우리에게 하신 말씀은 영이요 생명입니다. 이스라엘은 하나님의 음성을 듣는 것을 감당할 수 없었습니다. 하나님의 선지자인 모세가 하나님의 말씀을 대신 받아 백성들에게 말해 주었습니다. 모세는 '장래에 말할 것', 즉 후에 나타나실 그리스도를 증거하기 위하여 하나님의 온 집에서 종으로서 충성하였지만, 예수 그리스도께서는 그 집을 맡은 아들로서 충성하셨습니다(히브리서 3:5-6).

시내산 사건은 진실로 하나님의 계시의 역사에서 우뚝 솟은 봉우리에 해당하였습니다. 성경의 권위에 대하여 왈가왈부하고 하나님의 진리가 인간의 언어로 표현될 수 있는가에 대하여 의심을 품는 자들은 시내산 밑에서 이스라엘 자손과 함께 서서 직접 하나님의 음성을 들어 보아야 합니다. 그러나 하나님께서는 시내산에서보다 훨씬 더 위대한 계시를 계획하셨습니다. 곧 예수 그리스도 안에서 자신을 계시하셨습니다. 시내산은 이를 위한 준비였습니다. 하나님께서 우리에게 하신 말씀은 "저의 말을 들으라!"입니다.

히브리서는 우리가 예배 때에 들어가는 하늘의 총회에 대하여뿐만 아니라(히브리서 12:22-24), 땅 위에 있는 총회에 대하여도 말씀합니다(히브리서 10:24-25). 우리가 땅 위에서의 이 모임을 폐하여서는 안 된다고 말씀합니다. 그리스도의 교회는 그리스도의 총회입니다. 진실로 이것이 바로 신약성경에서 말하는 교회의 의미입니다. 예수님께서는 시몬 베드로의 신앙 고백에 대답하시면서 바로 이 '에클레시아'(총회, 회중)라는 단어를 사용하셨습니다. "내가 이 반석 위에 내 교회를 세우리니"(마태복음 16:18). 제자들은 예수님이 사용하신 이 용어를 잘 이해하였을 터입니다. 이스라엘 자손은 바로 하나님의 총회였기 때문입니다. 광야에 있던 이스라엘 총회는 광야 교회로도 불리우며(사도행전 7:38), 이는 곧 신약 교회의 그림자였습니다.

이스라엘 자손은 일 년에 세 번 하나님께서 정하신 절기를 기념하기 위하여 예루살렘에서 하나님 앞에 모여야만 했습니다. 그 모임은 시내산에서의 모임을 상기시켜 주었습니다. 시내산에서 여호와 하나님께서는 그의 백성을 자기 앞에 모으고 그들과 언약을 세우셨습니다. 모세는 죽기 전에 백성들을 축복하면서 시내산에서의 그 모임에 대하여 다음과 같이 장엄하게 묘사하였습니다. "여호와께서 시내에서 오시고 세일산에서 일어나시고 바란산에서 비취시고 일만 성도 가운데서 강림하셨고 그 오른손에는 불같은 율법이 있도다. 여호와께서 백성을 사랑하시나니 모든 성도가 그 수중에 있으며 주의 발 아래에 앉아서 주의 말씀을 받는도다. 모세가 우리에게 율법을 명하였으니 곧 야곱의 총회의 기업이로다. 여수룬에 왕이 있었으니 곧 백성의 두령이 모이고 이스라엘 모든 지파가 함께한 때에로다"(신명기 33:2-5). 이것은 여호와 하나님께서 수많은 천사들 가운데서 강림하사 왕으로서 보좌에 앉아 계시고, 하나님의 총회인 이스라엘 백성은 그분의 발 아래에 모여 그분의 말씀을 받고 있는 장면입니다.

새 언약의 중보자로서 예수님은 길 잃고 흩어져 유리하는 하나님의 백성을 불러 한데로 모으십니다. 그분은 구약의 절기들을 성취하십니다. 그분은 그분의 식탁으로 자기 백성들을 부르십니다. 왜냐하면 그분은 참된 유월절이시기 때문입니다. 그분은 오순절에 함께 모여 있는 그의 제자들에게 그의 영 즉 성령을 보내십니다. 이제 한 큰 절기가 남아 있습니다. 장막절입니다. 장막절은 모든 구속받은 자들을 위한 위대한 추수감사제입니다. 하늘의 예루살렘에서는 이미 그 절기를 위한 모임이 모였다고 히브리서는 말씀합니다. 우리는 땅의 모든 족속을 그 절기로 초대하고 있습니다. 지상사명을 통해 예수님께서는 모든 민족으로 그분과 함께 모이도록 하기 위하여 우리를 파송하십니다. 그분은 모든 사람을 자기에게로 이끌기 위하여 들림을 받습니다.

시내산의 큰 총회에서 하나님께서는 그분의 백성에게 말씀하셨습니다. 하나님께서는 그분의 구속의 맥락 속에서 율법을 자기 백성에게 주십니다. 십계명은 하나님께서 자신을 이스라엘의 구속자로서 알리시는 것으로부터 시작됩니다. "나는 너를 애굽 땅, 종 되었던 집에서 인도하여 낸 너의 하나님 여호와로라"(출애굽기 20:2).

율법주의가 범하는 큰 잘못은 하나님의 법을, 그것을 주신 하나님으로부터 분리시키는 것입니다. 십계명은 아무도 없는 곳에 걸려 있는 추상적인 의무 규정이 아닙니다. 첫 계명이 나머지 계명들을 지배합니다. "너는 나 외에는 다른 신들을 네게 있게 말지니라"(출애굽기 20:3). 하나님의 백성은 하나님의 존전에 서 있습니다. 그분은 그들의 하나님이시고, 그들은 그분의 백성입니다. 그들은 그분 앞에 모여서 그분만을 하나님으로 인정해야 합니다. 그들은 마음과 뜻과 성품과 힘을 다하여 그분을 사랑해야 합니다.

여호와 하나님은 질투하는 하나님이십니다(출애굽기 20:4-5). 그분은 여러 신들 중의 하나로서 예배받기를 허락지 않으십니다. 하나님의 질투는 흔히 말하는 세상적인 의미의 질투가 아닙니다. 여기서 질투라는 말은 '열심'이라는 말로도 표현될 수 있습니다. 하나님의 질투란 하나님께서 그의 백성을 향하여 가지고 계신 강렬하고 배타적인 사랑을 의미하며, 그 사랑은 이스라엘 백성의 순수한 헌신으로 보답되어야 하는 사랑입니다.

하나님의 모든 계명은 하나님과 그분의 백성 간의 언약적 관계에 초점을 맞추고 있습니다. 하나님께서는 아담과 하와를 창조하실 때에 결혼을 제정하시고, 그 속에서 강렬한 배타적 사랑의 신비를 계시하셨다는 것을 이미 앞에서 살펴본 바 있습니다. 그러므로 "간음하지 말지니라"라는 제7계명은 이스라엘과 맺으신 하나님의 언약을 그 배경으로 하고 있습니다. 결혼 관계 안에서 남편과 아내의 상호 헌신과 사랑은 배타성을 띠고 있으며, 그 사랑은 또한 질투하는 사랑이기에, 이것은 하나님의 언약적 사랑의 한 모형으로서 하나님께서 주신 것입니다. 이 계명이 지켜져 부부가 서로에게 성실할 때 이스라엘 백성의 가정생활은 더욱 견고해질 것입니다. 그러나 이 계명은 남편과 아내의 관계를 넘어서서 그의 백성을 향한 하나님의 신실하신 사랑을 가리키고 있습니다. 또한 하나님께서는 그의 백성에게 하나님을 향한, 질투하는 배타적 사랑과 헌신을 요구하고 계심을 보여 줍니다.

"간음하지 말지니라"라는 계명은 여러 인간관계 가운데서 가장 친밀한 관계에 대한 것으로 곧 사랑의 명령입니다. 이는 하나님 안에 그 원천을 두고 있습니다. 호세아와 에스겔이 우상 숭배를 영적인 간음이라 비판한 것은 단순히 비유적으로만 말한 게 아닙니다. 사도 바울은 그리스도인인 남편과 아내의 관계를 언급하면서 그리스도 안에 있는 하나님의 사랑을 표준으로 제시합니다(에베소서 5:22-23). 바울은 그림자와 실체를 혼동하지 않았습니다. 그는 모든 참된 인간적 사랑의 근원이 되어야 하는 하나님의 사랑으로 우리를 향하게 합니다.

우리는 십계명을 예수 그리스도와 분리시켜 이해하면 안 됩니다. 십계명을 단지 '해서는 안 되는 것들'의 목록(여기에서 '해야 할 것들'의 목록도 만들어 낼 수 있습니다)으로만 생각하면, 시내산에서 그 계명들을 주신 하나님과, 하나님께서 그들에게 말씀하신 맥락을 놓쳐 버리는 것입니다. 하나님의 계명들은 그의 모든 백성이 하나님을 그들의 구주와 주님으로 인정하기를 요구합니다.

그러나 이스라엘은 하나님의 계명들을 지키지 않았습니다. 로마서에서 말씀하고 있듯이 모든 사람이 죄를 범했습니다(로마서 3:23). 하나님을 거역했기에 '내어 버려두신' 이방인뿐만 아니라, 하나님의 율법을 가지고 있으면서도 지키지 않은 이스라엘까지도 모두 죄인입니다(로마서 1:28, 3:9-10 참조). 그러므로 율법은 그것을 범한 자들의 죄를 심판합니다. 그 반대로 또한 우리를 그리스도께로 인도합니다. 율법은 하나님의 의가 요구하는 것이 무엇인지를 보여 주며, 아울러 우리에게 우리 자신으로서는 하나님의 의로운 요구를 만족시킬 수 없다는 사실을 보여 줍니다. 우리는 우리 대신 율법의 형벌을 담당하심으로써 율법의 저주에서 우리를 구원하실 그리스도가 필요합니다(갈라디아서 3:10-14).

그리스도께서는 우리가 받아야 할 그 형벌을 담당하실 뿐만 아니라 우리를 대신하여 율법을 지키십니다. 우리 죄를 담당하신 그리스도께서 우리에게 그분의 의라는 완전한 옷을 입혀 주십니다. "하나님이 죄를 알지도 못하신 자로 우리를 대신하여 죄를 삼으신 것은 우리로 하여금 저의 안에서 하나님의 의가 되게 하려 하심이니라"(고린도후서 5:21). 우리가 그리스도 안에서 얻은 구원은 단지 죄의 빚을 탕감받은 흠 없는 상태로의 회복만은 아닙니다. 우리가 자신의 과거를 깨끗이 청산하고 새롭게 되어 구원을 얻을 수 있는 또 다른 방법이나 기회는 결단코 없습니다. 우리가 그리스도 안에서 얻은 것은 '그리스도의 의'입니다. 마지막 아담과 참이스라엘이신 이 그리스도 안에서 우리는 완전한 아들 직분을 얻게 되었습니다(로마서 9:4-5, 10:4, 고린도전서 15:22,45).

무엇보다도, 시내산의 율법은 온전한 순종에 대한 하나님의 요구를 표현하고 있습니다. 하나님은 온전히 거룩하시기 때문에, 그 이하의 것을 요구하실 수가 없습니다. 그러한 관점에서 보면 하나님의 법은 우리를 정죄할 뿐입니다. 그러나 하나님께서 그의 백성 이스라엘을 시내산의 불꽃 가운데 소멸시키시려고 애굽에서 인도하여 내신 것은 아닙니다. 하나님의 목적은 그들을 구원하는 것이었습니다. 그러므로 하나님께서 주신 율법에는 또 다른 면이 있었습니다. 율법은 구속받은 자기 백성과 맺은 하나님의 언약의 법입니다. 백성들은 하나님과 언약을 맺었습니다. 그들은 하나님께서 말씀하신 모든 말씀들을 지키기로 약속하였습니다(출애굽기 24:3). 그들은 하나님께 제사를 드렸고, 모세는 희생 제물의 피를 취하여 제단과 백성에게 뿌렸습니다. 그러므로 맨 처음부터 피로써 속죄가 이루어져야 하며, 또 그 속죄는 하나님의 제단으로부터 나와야만 한다는 것이 분명했던 것입니다.

그리스도의 오심은 하나님께서 때늦은 방편으로 생각해 내신 것이 아닙니다. 시내산에서 뿌려진 언약의 피는 태초부터 택하심을 받은, 하나님의 어린양의 희생을 증거하고 있습니다. 우리는 십계명과 의식에 관한 율법을 서로 구별해야 하지만, 그것들이 함께 주어졌다는 사실을 기억해야 합니다. 하나님께서는 그의 백성들에게 속죄의 수단은 주시지 않고 다만 그들을 정죄하는 말씀만 주신 게 아닙니다.

따라서 십계명조차도 우리를 예수 그리스도께로 인도합니다. 자신의 의에 대한 하나님의 질투(열심)는 또한 자신의 구원 계획에 대한 질투(열심)이기도 합니다. 제2계명을 생각해 보십시오. 왜 하나님께서는 예배하기 위하여 아무 형상이든지 만드는 것을 금하셨습니까? 형상을 만드는 게 불가능하기 때문이 아니었음은 이미 살펴보았습니다. 왜냐하면 하나님께서는 자신의 형상으로 사람을 만드셨기 때문입니다. 그러면 왜 하나님께서는 인간에게 어떤 형상을 통하여 자기를 예배하는 것을 금하셨을까요? 대답은 하나님께서는 장차 예수 그리스도를 통해 이루어질 자기 계시를 위하여 질투하셨기 때문입니다. 어떤 형상이나 모양도 '시은좌' 위 그룹 사이를 차지할 수는 없었습니다. 왜냐하면 하나님께서 자기의 때에 자기의 성육신하신 아들을 보내실 것이기 때문입니다. 마리아는 바로 그분의 발에 지극히 비싼 향유를 붓고 자기 머리털로 그분의 발을 씻었습니다. 그분만이 우리의 향기로운 온전한 헌신과 경배를 받으실 분입니다. 예수 그리스도는 보이지 아니하시는 하나님의 형상입니다. 그분은 아버지를 계시하십니다. "나를 본 자는 아버지를 보았거늘"(요한복음 14:9). 그러므로 형상이 없이 하는 예배란 하나님께서 보내신 자 곧 그분의 독생자 외에는 어떤 형상도 인정하지 않는 예배를 의미합니다.

제3계명은 자기의 거룩한 이름에 대한 하나님의 열심을 표현합니다. 이 계명은 예수님의 이름에 대한 하나님의 열심(질투)의 깊이를 보여 줍니다. 예수님의 이름은 천하 인간에 우리의 구원을 위하여 하나님께서 주신 유일한 이름입니다. 하나님께서는 예수님의 이름을 모든 이름 위에 높이셨습니다. 모든 사람은 예수님의 이름 앞에 무릎을 꿇고 절해야 하며, 그 혀로 예수 그리스도를 주님이라고 고백해야 합니다. 예수님이 하나님의 영원하신 아들이 아니시라면 그러한 예배는 신성 모독일 것입니다. 그러나 하나님께서는 예수님의 이름을 높이시듯이, 자신의 이름을 따로 구별하여 거룩하고 영광스럽게 하십니다.

그러므로 제4계명인 안식일에 대한 계명 역시 인간을 위하여 주신 것입니다. 특히 그것은 인자를 위한 것이며, 그분은 안식일의 주인이십니다. 안식일이 나타내는 안식은 그리스도께서 주시는 궁극적인 안식입니다(히브리서 4:9-11).

그러므로 우리는 시내산에서 주신 하나님의 율법을 들을 때에 율법의 위협에 떨면서 하나님의 용서와 의를 얻기 위하여 그리스도께로 피하기만 해서는 안 됩니다. 우리는 그 속에서 자기 아들을 위한 하나님의 열심을 들어야 하며, 이스라엘을 노예 생활에서 구속하신 하나님의 목적을 발견해야만 합니다.

예수님은 우리를 위하여 대신 율법을 지키셨습니다. 예수님은 친히 받으신 고난으로 순종을 배우셨습니다(히브리서 5:8 참조). 그 순종을 통하여 그분은 우리의 대표자가 되실 뿐만 아니라 우리의 모범이 되십니다. 예수님은 율법을 성취하셨을 뿐만 아니라 그것을 새롭게 하셨고 심화시키셨습니다. 그분은 우리가 시내산에서 이루어진 그 언약을 이해하듯이 하늘에 계신 우리 아버지의 뜻을 이해할 수 있게 하십니다. 무엇보다도 그분의 영으로 말미암아 우리를 새롭게 해 주셔서 율법이 요구하는 것을 행하게 하십니다. 즉 우리 주 하나님을 마음과 뜻과 성품과 힘을 다하여 사랑하며, 이웃을 우리 자신처럼 사랑하게 하십니다.

6
모세의 반석

시내산에서 하나님께서는 이스라엘 자손에게 그분의 언약의 법을 주셨을 뿐만 아니라, 그분이 거하시는 성막을 주셨습니다. 하나님께서는 말씀을 통해서뿐 아니라, 임재를 통해서도 그들의 하나님이 되셨습니다. 모세는 시내산의 구름 속에서 성막(증거막, 장막, 회막이라고도 함)의 설계도에 대하여 자세한 지시를 받았습니다. 성막은 이스라엘의 장막들 가운데서 하나님의 집이 될 장막이었습니다.

40일 동안 모세는 시내산 꼭대기에서 하나님의 말씀을 들었습니다. 하나님의 임재를 나타내는 구름이 그를 덮었고, 이스라엘 백성은 그를 볼 수 없었습니다. 마침내 모세가 산을 내려올 때 양손에는 하나님께서 친히 자기 말씀들을 쓰신 돌판 둘이 들려 있었습니다. 그러나 그의 손에 든, 하나님의 율법을 새긴 돌판보다도 더 무거운 것은 그의 마음에 있는 짐이었습니다. 하나님께서 그에게 이렇게 말씀하셨기 때문입니다. "너는 내려가라. 네가 애굽 땅에서 인도하여 낸 네 백성이 부패하였도다"(출애굽기 32:7). 하나님께서 "너는 나 외에는 다른 신들을 네게 있게 말지니라"라고 말씀하신 적이 얼마나 되었길래 이스라엘 백성이 벌써 하나님을 떠났다는 말인가? 백성들이 한목소리로 응답하여 말하기를 "여호와의 명하신 모든 말씀을 우리가 준행하리이다"라고 굳게 약속한 것을 그렇게 빨리 어겼다는 말인가? 그런데 하나님께서는 슬픈 소식을 전해 주셨습니다. "그들이 내가 그들에게 명한 길을 속히 떠나 자기를 위하여 송아지를 부어 만들고 그것을 숭배하며 그것에게 희생을 드리며 말하기를 '이스라엘아, 이는 너희를 애굽 땅에서 인도하여 낸 너희 신이라' 하였도다"(출애굽기 32:8).

산 아래 진에서 들려오는 소리를 들으며 모세의 불길한 예감은 더욱 커졌습니다. 모세를 시중들고 있던 여호수아는 그 소리가 싸우는 소리라고 생각했습니다. 모세가 여호수아에게 대답했습니다. "이는 승전가도 아니요 패하여 부르짖는 소리도 아니라. 나의 듣기에는 노래하는 소리로다"(출애굽기 32:18).

산 아래에서는 한바탕 먹고 마시며 음란하고 난잡한 우상 숭배 행위가 떠들썩하게 벌어지고 있었습니다. 그 광경을 직접 목격한 모세에게는 너무도 큰 충격이었습니다. 크게 진노한 모세는 하나님의 율법을 새긴 두 돌판을 산 아래로 던졌습니다. 두 돌판은 그의 발 밑에서 산산조각이 났습니다. 산에서 내려와 진에 당도한 모세는 백성들이 만든 금송아지 우상을 가져다가 불살라 부수어 가루를 만들어 물에 뿌려 그들에게 마시게 했습니다. 모세는 아론을 책망한 다음 진의 입구에 서서 "누구든지 여호와의 편에 있는 자는 내게로 나아오라"(26절)라고 하였습니다. 모세가 속한 레위 지파가 다 모여 그에게로 왔습니다. 모세는 레위 지파에게 하나님을 거역한 자들에 대한 하나님의 심판을 집행하도록 명령했습니다. 레위 지파는 모세의 명령에 순종하여 형제를, 친구를, 이웃을 칼로 쳐서 삼천 명 가량 죽였습니다.

　모세는 여호와를 만나기 위하여 다시 올라갔습니다. 이스라엘의 장래는 어떻게 될 것인가? 하나님께서 말씀하고 계시는 도중에 백성이 산 밑에서 하나님과의 언약을 완전히 어겼다면, 장차 어떻게 언약 관계를 유지할 수 있을 것인가? 이스라엘 자손은 이미 심판을 받고 많은 사람이 죽임을 당하지 않았는가? 모세는 이스라엘을 '주의 기록하신 책'에서 지워 버리지 마시고, 대신 자기의 이름을 지우시라고 하나님께 간절히 구하였습니다. 먼 훗날 사도 바울은 모세의 그러한 간구를 반영하였습니다. 새 언약에 있어서 하나님의 종인 바울도 동족 이스라엘 민족의 구원을 위하여서라면 자신의 멸망도 기꺼이 감수하겠다고 하였습니다. "나의 형제 곧 골육의 친척을 위하여 내 자신이 저주를 받아 그리스도에게서 끊어질지라도 원하는 바로라"(로마서 9:3).

　여호와께서는 그의 책에서 모세의 이름을 지우지 않으시고, 대신 이스라엘과 하나님과의 관계에 대하여 새로운 대안을 제시하셨습니다. 그것은 곧 이스라엘 자손을 약속의 땅으로 인도하되, 하나님께서는 그들과 함께 올라가지 않으시겠다는 것이었습니다. 하나님께서 그들과 함께 가시는 것은 이스라엘 자손에게는 너무도 위험한 일이었습니다. 왜냐하면 그들은 '목이 곧은 백성'이기 때문에 하나님께서 그들의 불순종을 보시고 길을 가는 도중 그들을 순식간에 진멸하실지도 모르기 때문이었습니다(출애굽기 33:3,5).

　하나님께서 제시하신 대안은 그분이 하신 약속에 대해 실행하지 않으신다는 것이 아니었습니다. 하나님께서는 그분의 사자를 이스라엘 백성 앞서 보내셔서, 그들을 약속의 땅으로 인도하여 들이고, 그 땅의 악한 주민을 쫓아내어 그들에게 그 땅을 주겠다고 말씀하셨습니다. 그러나 단, 하나님께서는 그들과 함께 올라가지 않겠다고 하셨습니다.

　그렇다면 성막을 세울 필요가 없을 것입니다. 왜냐하면 성막을 세우는 목적이 하나님께서 이스라엘 백성 중에 거하실 수 있도록 하기 위함이었기 때문입니다. 원래 계획은 진 중앙에 하나님의 성막이 있고, 그 주위로 각 지파를 따라 장막을 칠 예정이었습니다. 모세는 하나님의 언약이 회복될 때까지 하나님과 교제하기를 원하는 사람들에게 장소를 마련해 주기 위해 회막 제도를 운영하기로 하였습니다. 모세는 늘 장막을 취하여 진 밖에 쳐서 진과 멀리 떠나게 하고 '회막'(만남의 장막)이라 이름하였고, 여호와 하나님을 앙모하는 사람은 다 진 바깥에 있는 회막으로 나아갔습니다. 하나님께서는 모세와 만나기 위하여 영광의 구름 가운데 회막에 임하셨고, 모세가 회막으로 나아갈 때 백성들은 다 일어나 자기 장막 문에 서서 경외하는 마음으로 그를 지켜보았습니다. 회막 문에 구름이 임할 때 모든 백성은 일어나 각기 장막 문에 서서 하나님께 경배했습니다. 백성 중에 어떤 사람이 하나님께 청할 것이 있으면 그는 회막으로 가서 모세와 이야기하면 되었습니다.

　하나님께서 제안하신 변화는 하나님 자신의 임재를 그분의 사자로 대치하는 것에 있지 않았습니다. 여호와의 사자는 하나님께서 그분의 사자의 모양으로 나타나신 것입니다. "너희는 삼가 그 목소리를 청종하고 그를 노엽게 하지 말라. 그가 너희 허물을 사하지 아니할 것은 내 이름이 그에게 있음이니라"(출애굽기 23:21). 요점은 여호와께서 그분의 사자의 모습으로 나타나셔서 백성 앞서 가서 그들의 적을 쫓아내고 그들에게 그 땅을 주실 것인지, 아니면 하나님께서 그들 가운데 계셔 함께 올라가실 것인지였습니다. 하나님께서 그들 가운데 계실 수 있도록 하기 위하여 성막이 세워져야 하는가, 아니면 하나님께서 계속 진과 멀리 떨어져 있는 회막 문으로 오셔야 하는가?

우리는 모세가 하나님의 제안을 환영하였으리라고 생각할 수도 있습니다. 거룩하신 하나님께서 이스라엘의 진 가운데 임재하여 계신다는 것은 분명 위험하였습니다. 하나님께서 제시하신 새로운 배치로 인하여 이스라엘이 잃어버린 이점은 무엇인가? 그들은 여전히 하나님께 나아갈 수 있고, 여전히 모세가 그들의 중보자로 있지 않은가? 그들은 또한 하나님께서 그들을 인도하여 광야를 통과하여 약속의 땅을 선물로 주겠다고 하신 보증을 가지고 있지 않은가?

진실로 하나님께서 제안하신 내용은 오늘날 많은 사람들이 종교에 대하여 원하는 것임이 분명한 듯합니다. 하나님과의 모든 접촉점을 잃어버리기는 원하지 않습니다. 하나님과 그들의 관계가 소위 성직자라고 하는 전문 직업인에 의하여 유지되기를 더 좋아합니다. 목사님이 자신들을 위하여 대신 기도해 주기를 원합니다. 개인적으로든 국가적으로든, 때로 하나님의 도움이 필요하므로 그리 멀지 않은 거리에 하나님을 모시는 것은 좋은 일이라고들 생각합니다. 그러나 자신들의 삶의 중심에 하나님을 모시는 것은 너무 가깝기 때문에 싫어합니다. 하나님이 자신들의 삶의 중앙에 계시면 그들의 사업이나 오락이나 TV 등에서 얻는 작은 즐거움들을 누리는 데 아주 불편하고 방해가 될 것이기 때문입니다.

모세는 적당히 편리한 거리를 두고 그들의 하나님이 되시기로 하신 하나님의 결정을 기쁨으로 받아들였을까요? 하나님의 사려 깊은 제안에 대하여 감사했을까요? 아닙니다. 마음이 괴로웠고 깊은 슬픔에 잠겼습니다. 모세를 따라 이스라엘 자손도 역시 슬픔에 잠겼습니다. 그들은 몸에서 단장품을 제하였습니다. 그들은 자신들의 귀를 단장한 금고리로 금송아지 우상을 만드는 죄를 범했었습니다. 그리고 모세가 하나님과 말씀을 나누기 위하여 간 동안 그들은 기다렸습니다. 다시 모세는 여호와 앞에 자기 마음을 쏟아 놓았습니다. "보시옵소서. 주께서 나더러 이 백성을 인도하여 올라가라 하시면서 나와 함께 보낼 자를 내게 지시하지 아니하시나이다. 주께서 전에 말씀하시기를 '나는 이름으로도 너를 알고 너도 내 앞에 은총을 입었다' 하셨사온즉, 내가 참으로 주의 목전에 은총을 입었사오면 원컨대 주의 길을 내게 보이사 내게 주를 알리시고 나로 주의 목전에 은총을 입게 하시며 이 족속을 주의 백성으로 여기소서.… 주께서 친히 가지 아니하시려거든 우리를 이곳에서 올려 보내지 마옵소서. 나와 주의 백성이 주의 목전에 은총 입은 줄을 무엇으로 알리이까? 주께서 우리와 함께 행하심으로 나와 주의 백성을 천하 만민 중에 구별하심이 아니니이까?"(출애굽기 33:12-16).

하나님께서 자기 백성 가운데 친히 임재하여 계시는 것과 비교할 수 있는 건 아무것도 없을 터입니다. 모세가 간구한 하나님의 은총은 분명 이스라엘의 행위에 근거한 게 아니었습니다. 하나님께서 이스라엘 백성을 불러내어 천하 만민 중에서 구별하신 것은 온전히 하나님의 은혜였습니다. 하나님께서 자신의 임재하심으로 그 은총을 인치지 않으신다면, 그 모든 기업이 쓸모없는 것이었습니다. 어떤 경우에라도 약속의 땅으로 가야 하는가? 도대체 약속의 땅으로 가야 하는 이유가 무엇인가? 모세는 그 땅을 구했습니다. 그러나 가나안의 젖과 꿀이 애굽의 고기와 콩보다 더 좋았기 때문이 아니라, 그 땅은 하나님께서 자기 이름을 두실 곳, 즉 그분의 백성 가운데 그분의 집이 있을 곳이었기 때문입니다. 하나님께서 자기 백성 중에 계시지 않는다면 그분이 택하신 그 땅으로 간다는 것은 아무 의미가 없었습니다.

하나님의 언약은 그분이 그들의 하나님이 되고, 그들은 그의 백성이 되리라는 것이었습니다. 하나님과의 교제가 그 언약의 핵심이었습니다. 모세는 자신의 간구에 대한 응답의 보장으로 하나님께

"원컨대 주의 영광을 내게 보이소서"(출애굽기 33:18) 하고 요청했습니다.

하나님께 이상한 것을 요구하고 있는 것입니까? 모세는 구름 가운데서 이미 하나님의 영광을 보지 않았습니까? 그는 또한 하나님의 계명을 받을 때 하나님과 교제하지 않았습니까? 물론 그렇습니다. 그러나 모세는 여기서 하나님을 더욱 온전히 알기를 갈망했습니다. 하나님께서는 모세에게 말씀하시기를, 그분은 모세를 이름으로 알고 있다고 하셨습니다. 이와 같이 모세도 깊고도 친밀한 만남 속에서 하나님을 이름으로 알기를 원했습니다.

모세는 이스라엘 자손이 한 것이나 앞으로 할 것을 기초로 해서는 하나님의 임재를 계속 간청할 수 없었습니다. 그는 아론이 만들었던 금송아지에 대하여 하나님께 한마디의 변명도 감히 드릴 수가 없었습니다. 하나님의 계속적인 임재를 보장받기 위하여 그가 할 수 있는 유일한 호소는 하나님 자신 즉 은혜로우신 하나님의 언약과 신실하심에 호소하는 것뿐이었습니다. 하나님의 은총을 보장받기 위하여 모세는 하나님께 친히 자신을 계시해 달라고 청하였습니다.

하나님께서는 모세의 기도에 응답하여 "내가 나의 모든 선한 형상을 네 앞으로 지나게 하고 여호와의 이름을 네 앞에 반포하리라"라고 약속하셨습니다. 여호와의 이름을 반포한다는 것은 곧 하나님의 계시와 임재를 의미합니다. 하나님께서는 모세에게 다시 시내산에 올라와 하나님께 모세 자신을 보이라고 말씀하셨습니다. 모세는 아침 일찍이 두 돌판을 손에 들고 하나님께로 올라갔습니다. 거기서 하나님께서는 모세에게 자신의 영광을 보여 주셨습니다. 그러나 하나님께서는 모세에게 그분의 얼굴의 온전한 영광을 보도록 허락하실 수는 없었습니다. 하나님을 보고 살 자가 없기 때문입니다. 대신 하나님은 그에게 자신의 등을 볼 수 있도록 허락하셨습니다. 하나님은 자신의 영광이 지나는 동안 모세를 반석 틈에 두고 그분의 손으로 모세를 덮으셨습니다. 하나님은 새로이 모세에게 자신의 이름을 반포하셨습니다. "여호와로라. 여호와로라. 자비롭고 은혜롭고 노하기를 더디 하고 인자와 진실이 많은 하나님이로라"(출애굽기 34:6).

하나님께서는 이스라엘 백성이 목이 곧은 백성이기 때문에 그들 중에서 행할 수 없다고 말씀하셨습니다. 그러나 모세는 바로 그 이유로 해서 하나님께 그들과 함께 행하시도록 간구했습니다. 모세는 백성의 악과 죄를 사하여 주시도록 기도했습니다. 그러고 나서 그는 이스라엘 백성에게 그들의 기업을 주시도록 간구한 것이 아니라, 이스라엘 백성을 하나님의 기업으로 삼으시기를 간구했습니다. 모세는 하나님의 은혜를 붙들었고, 하나님께서 이스라엘을 하나님의 귀한 소유로 삼으시도록 기도하였습니다.

요한복음 1:17에서는 "율법은 모세로 말미암아 주신 것이요 은혜와 진리는 예수 그리스도로 말미암아 온 것이라"라고 증거하고 있습니다. 요한복음 전체에 걸쳐 우리는 모세가 그리스도에 대하여 어떻게 증거하였는가를 배우게 됩니다. 예수님께서는 이렇게 말씀하셨습니다. "모세를 믿었더면 또 나를 믿었으리니 이는 그가 내게 대하여 기록하였음이라"(요한복음 5:46).

"본래 하나님을 본 사람이 없으되 아버지 품속에 있는 독생하신 하나님이 나타내셨느니라"(요한복음 1:18)라고 말할 때 요한은 모세에게 하신 하나님의 계시를 생각하고 있는 것입니다. 모세는 하나님을 보는 것을 허락받지 못했지만, 이제 하나님의 온전한 영광이 예수 그리스도 안에서 계시되어 우리는 하나님을 직접 뵙는 은혜를 누리게 되었습니다. 요한은 예수 그리스도에 대하여 이렇게 증거하였습니다. "말씀이 육신이 되어 우리 가운데 거하시매 우리가 그 영광을 보니 아버지의 독생자의 영광이요 은혜와 진리가 충만하더라"(요한복음 1:14).

여기에서 요한은 모세에게 하신 하나님의 계시가 완전히 성취되었다고 선포하고 있습니다. 모세는 하나님께서 이스라엘 백성 가운데 거하시기를 간구하였고, 그 응답으로 하나님께서 주신, 하나님의 계속적인 임재의 상징이 바로 성막이었습니다. 구약 시대에는 바로 거기에서 '은혜와 진리가 충만한(인자와 진실이 많은)' 하나님의 영광이 계시되었습니다. 그러나 모세 시대에는 상징과 그림자로서 계시되었던 것이 이제 예수 그리스도 안에서 그 실체가 계시되었습니다. 이제 우리가 보는 것은 동물의 가죽으로 만든 임시적인 성막이 아니라, 참되고 영원한 성막 곧 성육신하신 하나님 우리 주 예수 그리스도이십니다. 영광의 구름조차도 단지 하나님의 임재를 나타내는 상징에 불과합니다. 예수님께서는 주 하나님 그분이시며 참성전이십니다.

예수님께서는 사마리아 여인에게 이렇게 말씀하셨습니다. "이 산에서도 말고 예루살렘에서도 말고 너희가 아버지께 예배할 때가 이르리라. 아버지께 참으로 예배하는 자들은 신령과 진정으로 예배할 때가 오나니 곧 이때라. 아버지께서는 이렇게 자기에게 예배하는 자들을 찾으시느니라. 하나님은 영이시니 예배하는 자가 신령과 진정으로 예배할지니라"(요한복음 4:21,23-24). 구약 시대에 성전이 있던 예루살렘도 그림자에 불과했습니다. 이제 하나님께서 신령과 진정으로 즉 영과 진리로 예배를 받으셔야 할 '때'가 왔습니다. '신령으로'라 함은 예수님께서 그에게 성령의 물(요한복음 4:10,14 참조)을 주실 수 있었기 때문이며, '진정으로'라 함은 예수님께서 바로 진리이시기 때문입니다. 구약의 성막과 성전은 진리의 실체이신 그리스도의 모형이었습니다. 그 '때'는 예수님의 죽음 및 부활과 함께 오고 있었습니다. 진실로 그 '때'는 예수님께서 이미 오셨기 때문에 이미 왔습니다. "네게 말하는 내가 그로라"(요한복음 4:26).

율법을 새긴 두 돌판과 성막은 둘 다 시내산에서 하나님께서 주셨습니다. 둘은 모두 그리스도를 가리킵니다. 그리스도는 그분을 믿는 모든 자에게 율법의 성취(완성)요 하늘에 계신 제사장이요 하나님의 어린양이요 참된 성막입니다. 시내산의 율법과 예배는 모두 하나님의 언약의 표현이며, 그 언약은 예수 그리스도 안에서 성취되었고 새롭게 되었습니다. 그러나 그리스도께서 예표로 나타나 있는 곳은 언약의 제도에서만은 아니었습니다. 그리스도께서는 또한 언약의 역사 속에도 그림자로 나타나 있습니다. 구약성경에서 구속의 역사는 예수님의 이야기입니다.

하나님께서는 이스라엘 백성을 이끌고 시내산을 떠나 가나안을 향하여 가셨습니다. 그들을 인도하면서 하나님의 목적은 빨리 여행을 끝내고 가나안에 들어가는 것이 아니라, 그들을 교육하는 것이었습니다. 모세는 요단강을 건너 가나안 땅으로 들어가기 전에 새로운 세대와 함께 새로이 언약을 맺고, 출애굽 이후 지난 40여 년 동안 하나님께서 그들에게 베푸신 교육 과정을 이렇게 회고했습니다.

> 네 하나님 여호와께서 이 사십 년 동안에 너로 광야의 길을 걷게 하신 것을 기억하라. 이는 너를 낮추시며 너를 시험하사 네 마음이 어떠한지 그 명령을 지키는지 아니 지키는지 알려 하심이라. 너를 낮추시며 너로 주리게 하시며 또 너도 알지 못하며 네 열조도 알지 못하던 만나를 네게 먹이신 것은 사람이 떡으로만 사는 것이 아니요 여호와의 입에서 나오는 모든 말씀으로 사는 줄을 너로 알게 하려 하심이니라. 이 사십 년 동안에 네 의복이 해어지지 아니하였고

네 발이 부릍지 아니하였느니라. 너는 사람이 그 아들을 징계함같이 네 하나님 여호와께서 너를 징계하시는 줄 마음에 생각하고 네 하나님 여호와의 명령을 지켜 그 도를 행하며 그를 경외할지니라.
(신명기 8:2-6)

이스라엘 백성은 하나님의 말씀으로 살아야 했습니다. 하나님께서는 그분의 말씀을 시내산에서만 들려주신 게 아니었습니다. 하나님께서 계속 말씀을 보내셔서 매일매일 이스라엘의 여정을 인도하여 주셨습니다. 하나님께서는 그들로 광야의 길을 걷게 하심으로써 그들을 낮추시고 시험하셨으며, 이를 통해 그들은 하나님이 신실하시다는 것을 배웠으며, 그분의 무한한 공급을 경험하였습니다. 하나님께서는 이스라엘 자손으로 하여금 그들이 당하는 모든 어려움 가운데서 하나님만이 그들의 도움이심을 깨닫도록 하기 위하여 이스라엘 자손에게 그들 자신이 무력하다는 것을 보여 주셨습니다. 뿐만 아니라 하나님께서는 출애굽 과정에서 행하신 위대한 구원의 행위를 통하여 언약의 영적 실체를 명확히 보여 주셨습니다. 예를 들면, 하나님께서는 그들을 만나로 먹이심으로써 삶(생명)이란 하나님의 선물이라는 것과, 또한 하나님의 자녀들은 그들의 아버지로부터 하늘의 양식을 받는다는 것을 생생하게 보여 주셨습니다.

예수님께서는 광야에서 수천 명을 먹이신 사건을 통하여 바로 이것을 가르치셨습니다. 예수님은 한 아이가 가지고 있던 물고기 두 마리와 보리떡 다섯 개로 오천 명이 넘는 사람들을 먹이셨습니다. 그러나 사람들은 그 기적으로 만족하지 못했습니다. 더 놀라운 표적을 구했습니다. 모세가 그들의 조상들에게 하늘에서 만나를 내려 준 것처럼 예수님도 그렇게 하게 하자는 것이었습니다. 거기에 대하여 예수님께서는 '만나'는 하나님의 신령한 공급의 한 모형이었다고 대답하셨습니다. "내가 진실로 진실로 너희에게 이르노니 하늘에서 내린 떡은 모세가 준 것이 아니라 오직 내 아버지가 하늘에서 내린 참 떡을 너희에게 주시나니, 하나님의 떡은 하늘에서 내려 세상에게 생명을 주는 것이니라"(요한복음 6:32-33). 그리고 나서 예수님께서는 자신이 곧 '생명의 떡'이라고 말씀하셨습니다(35절).

예수님께서 말씀하셨듯이, 하나님께서 만나를 내려 주신 것은 하나님께서 우리에게 육의 양식을 공급하신다는 것 그 이상의 의미가 있습니다. 이스라엘 백성에게 단지 양식이 없었기 때문이라면 그들은 애굽을 떠날 필요가 없었을 터입니다. 사실 많은 이들이 하늘에서 내려오는 만나보다는 애굽의 부추와 고기를 더 좋아했습니다. 그들은 만나를 가리키며 이렇게 말했습니다. "우리 마음이 이 박한 식물을 싫어하노라"(민수기 21:5). 하나님께서는 믿음으로 말미암아 영적인 생명을 선물로 받는다는 사실을 가르치기 위하여 만나를 주셨습니다. 이스라엘은 육적인 의미 이상으로 일용할 양식을 얻기 위하여 하나님을 신뢰해야 한다는 사실을 배웠습니다. 만나를 항아리에 담아 언약궤 안에 보관한 것도 바로 그러한 이유였습니다.

광야의 생활을 통하여 이스라엘 자손은 위를 향할 뿐 아니라 앞을 향하도록 배웠습니다. 이스라엘 자손은 하나님의 언약 속에 약속되어 있는 미래의 축복을 대망하도록 가르침을 받았습니다. 예를 들어, 마라의 쓴 물이 하나님의 능력으로 말미암아 단 물이 되었을 때, 하나님께서는 그 사건을 그분의 약속 성취의 한 증거로 삼으셨습니다(출애굽기 15:22-26 참조). "나는 너희를 치료하는 여호와임이니라"(출애굽기 15:26). 하나님께서는 모세의 기도에 응답하여 그에게 한 나무를 지시하셨고 모세가 쓴 물 속에 던진 그 나무는 하나님께서 생명나무의 달콤함과 향기로 저주를 제거하신 표적이 되었습니다(창세기 2:9, 에스겔 47:12 참조).

이 약속은 하나님께서 자신의 언약의 백성을 다루시는 역사를 통하여 반복되었습니다. 예레미야는 이렇게 외쳤습니다. "길르앗에는 유향이 있지 아니한가? 그곳에는 의사가 있지 아니한가?"(예레미야 8:22). 예레미야는 이렇게 기도했습니다. "여호와여, 주는 나의 찬송이시오니 나를 고치소서. 그리하시면 내가 낫겠나이다. 나를 구원하소서. 그리하시면 내가 구원을 얻으리이다"(예레미야 17:14).

　이 기도에 대한 응답으로 하나님께서는 그의 선지자와 그의 백성에게 하신 자신의 약속을 반복하셨습니다. "내가 너를 치료하여 네 상처를 낫게 하리라"(예레미야 30:17). "그러나 보라. 내가 이 성을 치료하며 고쳐 낫게 하고…"(예레미야 33:6). 하나님께서 친히 그 저주를 제거하며, 그의 백성을 치료하며 회복시키기 위하여 오실 것입니다. "너희는 약한 손을 강하게 하여 주며, 떨리는 무릎을 굳게 하여 주며, 겁내는 자에게 이르기를 '너는 굳세게 하라. 두려워 말라. 보라. 너희 하나님이 오사 보수하시며 보복하여 주실 것이라. 그가 오사 너희를 구하시리라' 하라. 그때에 소경의 눈이 밝을 것이며 귀머거리의 귀가 열릴 것이며, 그때에 저는 자는 사슴같이 뛸 것이며 벙어리의 혀는 노래하리니 이는 광야에서 물이 솟겠고 사막에서 시내가 흐를 것임이라"(이사야 35:3-6).

　하나님께서 친히 자기 백성의 치료자가 되시겠다고 약속하셨습니다. 그러나 그분의 치료하시는 사역은 그분의 기름 부음을 받은 자를 통하여 성취되어야만 했습니다. 하나님의 기름 부음을 받은 자 곧 메시야가 마음 상한 자를 고치며, 슬픈 자를 위로하실 것입니다(이사야 61:1-2). 이사야는 여호와의 고난받는 종에 대하여 묘사하는 가운데 이렇게 말합니다. "그가 찔림은 우리의 허물을 인함이요, 그가 상함은 우리의 죄악을 인함이라. 그가 징계를 받음으로 우리가 평화를 누리고, 그가 채찍에 맞음으로 우리가 나음을 입었도다"(이사야 53:5). 마태는 예수님께서 가버나움에서 많은 사람을 치료하신 사역을 기록한 다음, 그 사역은 구약의 예언을 이루는 것이라고 증거하였습니다. "이는 선지자 이사야로 하신 말씀에 '우리 연약한 것을 친히 담당하시고 병을 짊어지셨도다' 함을 이루려 하심이더라"(마태복음 8:17. 이사야 53:4 참조). 하나님께서 마라에서 보여 주신 치료의 기적과 광야 생활 동안 이스라엘에 베푸신 모든 돌보심은 예수 그리스도 안에서 성취될 하나님의 위대한 구속 사역을 준비한 것이었습니다.

이러한 사실은 또 다른 사건 속에서 분명하게 나타납니다. 가나안을 향하여 나아가던 이스라엘 백성은 도중에 길로 인하여 마음이 상하자 하나님과 모세를 원망하였고, 하나님의 인도하심에 대하여 불평한 백성을 하나님께서는 불뱀을 보내셔서 심판하셨습니다. 백성은 이에 자신들의 죄를 뉘우치고 살려 달라고 외쳤고, 하나님께서는 그 치료책으로 모세에게 "불뱀을 만들어 장대 위에 달라. 물린 자마다 그것을 보면 살리라"라고 말씀하셨습니다. 이에 모세는 백성에게 그 놋뱀을 쳐다보라고 명령하였고, 쳐다보는 자는 다 살았습니다(민수기 21:4-9 참조).

예수님께서는 밤중에 찾아온 산헤드린 회원인 니고데모에게 자신의 사명을 설명하시면서 바로 이 사건을 언급하셨습니다. "모세가 광야에서 뱀을 든 것같이 인자도 들려야 하리니, 이는 저를 믿는 자마다 영생을 얻게 하려 하심이니라"(요한복음 3:14-15). 놋뱀은 이스라엘에 대한 저주로 보낸 불뱀의 형상이었는데, 하나님께서 그 저주를 지배하실 능력이 있으시며 그 저주로부터 그들을 건지실 수 있다는 표시로서 놋뱀은 들리었습니다.

예수님은 광야에서 뱀을 든 것과 인자의 '들림'을 비교함으로써 니고데모를 깜짝 놀라게 하셨을 것입니다. 다니엘의 예언에서, 인자는 영광스러운 모습으로 묘사되어 있기 때문입니다(다니엘 7:13-14). 인자는 하나님의 영원한 왕국의 통치권을 받기 위하여 하늘 구름을 타고 오신다고 되어 있습니다. 이렇게 영광스러운 모습으로 오실 분이 어떻게 불뱀의 형상과 비교될 수 있단 말인가?

여기에는 깊은 의미가 있습니다. 예수님이 바로 인자이셨습니다. 예수님은 십자가로 들림을 받을 뿐 아니라 영광된 위치로 들림을 받을 것이라고 말씀하셨습니다. "내가 땅에서 들리면 모든 사람을 내게로 이끌겠노라"(요한복음 12:32)라고 말씀하셨을 때 예수님은 단지 자신의 승천만 언급하신 것이 아니라, 자기가 어떠한 죽음으로 죽을 것을 보이셨습니다(33절).

예수님은 저주받은 자가 되어 십자가로 들림을 받아 공개적으로 죽임을 당하셨습니다. 그 자체만으로도 바리새인 사울이 나사렛 예수는 메시야가 될 수 없다고 확신하기에 충분하였습니다. 예수님은 십자가에 못 박혀 죽으셨고, 하나님의 율법에는 누구든지 나무에 달린 자마다 저주를 받았다고 명백히 기록되어 있었습니다(신명기 21:23). 그러나 다메섹으로 가는 길 위에서 그리스도께서 사울에게 나타나신 후, 사울은 예수님이 메시야가 될 수 없는 증거라고 생각했던 바로 그 십자가 사건이 예수님이 메시야이심을 증명하는 사건임을 이해하게 되었습니다. 박해자 사울이 사도 바울이 되었습니다. 그리고 그는 십자가에 못 박히신 그리스도 외에는 아무것도 알지 아니하기로 결심하였습니다. 그는 갈라디아서 3:13에서 이렇게 말했습니다. "그리스도께서 우리를 위하여 저주를 받은 바 되사 율법의 저주에서 우리를 속량하셨으니 기록된 바 나무에 달린 자마다 저주 아래 있는 자라 하였음이라."

장대 위에 달려 있는 뱀처럼, 십자가 위에 달려 있는 그리스도는 저주의 화신이었습니다. 그분은 온 세상의 죄를 대신 지고 죽음의 심판을 받으셨습니다. 그분은 하나님에게 맞으며 고난을 당하셨습니다. 하나님께서는 그분에게 우리의 모든 죄를 담당시키셨습니다(이사야 53:6). "하나님이 죄를 알지도 못하신 자로 우리를 대신하여 죄를 삼으신 것은 우리로 하여금 저의 안에서 하나님의 의가 되게 하려 하심이니라"(고린도후서 5:21). 십자가에서 하나님은 어둠의 권세를 이기시고 승리하셨습니다. 그리스도께서 십자가로 들림을 받는 것에 뒤이어 부활과 영광의 위치로 들림을 받는 것이 따릅니다(요한복음 13:31, 사도행전 5:31). 예수님은 자신이 영광의 위치로 승천하실 것을 알고 계셨습니다. "하늘에서 내려온 자 곧 인자 외에는 하늘에 올라간 자가 없느니라"(요한복음 3:13).

야곱의 꿈과 연관시켜 볼 때 예수님 자신이 잠언 30:4에 있는 아굴의 질문에 대한 최종적인 대답이었습니다. "하늘에 올라갔다가 내려온 자가 누구인지, 바람을 그 장중에 모은 자가 누구인지, 물을 옷에 싼 자가 누구인지, 땅의 모든 끝을 정한 자가 누구인지, 그 이름이 무엇인지, 그 아들의 이름이 무엇인지 너는 아느냐?"

예수님은 하늘에서 내려오셨고, 다시 하늘로 올라가셨습니다. 그분의 '들림'은 십자가에서 시작되었습니다. 하나님께서는 갈보리의 승리로 그 저주를 이기고 승리하셨습니다(골로새서 2:13-15).

이스라엘과 하나님의 언약에서 하나님의 은혜의 승리를 가장 생생하게 보여 준 사건이 광야 생활 초기에 일어났습니다. 이스라엘을 애굽에서 건져 내신 지 몇 달 후 하나님께서는 그들을 르비딤으로 인도하셨습니다. 르비딤을 거쳐 시내산으로 갈 계획이었습니다. 그들은 르비딤에 장막을 쳤으나 마실 물이 없었습니다. 시내 사막 한가운데서 목이 말라 쓰러지는 사람이 잇달아 나왔습니다. 그들의 물주머니가 모두 텅 비게 될 때 죽는 것은 시간 문제였습니다. 백성은 모세와 다투어 이렇게 말했습니다. "우리에게 물을 주어 마시게 하라"(출애굽기 17:2).

여기에서 백성이 모세와 다투었다고 했는데, 이 말은 모세에게 강한 불평과 불만을 제기하며 모세와 싸웠다는 의미입니다. 그래서 모세는 그곳 이름을 '싸움, 투쟁' 등의 의미를 지닌 '므리바'라 하였습니다. 또 그곳에서 백성이 하나님을 시험하였기 때문에 그곳 이름을 '맛사'(시험, 시련, 유혹의 의미)라고도 불렀습니다.

'다투다'라는 말은 소송 제도에서 사용되는 일종의 법률 용어입니다. 이스라엘이 하나님의 언약을 어겼을 때 하나님께서 이스라엘에 대하여 소송을 제기한 것을 표현하기 위하여 예언서에서 이 단어를 사용하곤 합니다. "너희는 여호와의 쟁변을 들으라. 여호와께서 자기 백성과 쟁변하시며, 이스라엘과 변론하실 것이라"(미가 6:1-8 참조). 여기에서 하나님께서 이스라엘에 대하여 쟁변 즉 소송을 제기하고 계시며, 이 재판에서 작은 산, 산들, 땅의 견고한 지대들까지 배심원으로 등장하며, 하나님이 원고로서 변론하실 예정이고, 범죄자인 이스라엘이 피고석에 앉아 있습니다.

이와 같이 '므리바'라는 말은 이스라엘 백성이 르비딤에서 하나님에 대하여 소송을 제기했다는 것을 의미합니다. 이스라엘은 하나님을 피고석에 앉힌 것입니다. 백성은 먼저 모세를 피고석에 앉히고 맹렬히 비난했습니다. "당신이 어찌하여 우리를 애굽에서 인도하여 내어서 우리와 우리 자녀와 우리 생축으로 목말라 죽게 하느냐?"(출애굽기 17:3). 그들은 모세가 민족 반역죄를 범했고 따라서 돌에 맞아 죽는 형벌을 당하는 것이 당연하다고 했습니다. 그들은 모세에게 돌을 던지는 것을 단순히 군중의 폭력 행위가 아니라, 민족 공동체에 의한 공적인 사형 선고의 집행이라 생각했을 것입니다. 뜨겁게 내리쬐는 태양 아래에서 백성을 목말라 죽게 하여 흰 뼈만 남게 한다면, 제일 먼저 모세가 그 책임을 지고 죽어야 한다는 것이었습니다.

당연히 모세는 백성에게 항의했습니다. "너희가 어찌하여 나와 다투느냐? 너희가 어찌하여 여호와를 시험하느냐?"(출애굽기 17:2). 백성이 시험한 것은 사실 모세가 아니라 여호와 하나님이었습니다. "그가 그곳 이름을 맛사 또는 므리바라 불렀으니, 이는 이스라엘 자손이 다투었음이요, 또는 그들이 여호와를 시험하여 이르기를 '여호와께서 우리 중에 계신가 아닌가?' 하였음이더라"(7절).

하나님께서는 그들과 언약을 맺기 위하여 그들을 광야로 인도하신 것이지 그들을 죽이려고 인도하여 내신 것이 아닙니다. 하나님께서는 그들을 가르치기 위하여 그들을 인도하셨습니다. 하나님께서 그들을 시험하신 것은 하나님의 교육과 훈련 과정의 일부였습니다. 사십여 년간의 광야 생활을 마치면서 모세는 그들에게 이렇게 말했습니다.

> 네 하나님 여호와께서 이 사십 년 동안에 너로 광야의 길을 걷게 하신 것을 기억하라. 이는 너를 낮추시며 너를 시험하사 네 마음이 어떠한지 그 명령을 지키는지 아니 지키는지 알려 하심이라. (신명기 8:2)

이스라엘 백성이 배고파 죽게 되었을 때 하나님께서는 만나를 공급하심으로써 그들을 돌보아 주셨습니다. 백성은 이러한 놀라운 기적을 방금 전에 경험하였음에도 불구하고, 목이 말라 기진맥진할 때에는 하나님께서 그들에게 물도 주실 수 있다는 것을 믿지 못했습니다. 르비딤에서 시험을 받은 쪽은 하나님이 아니라 그들 자신이었다는 사실을 그들은 알지 못하였습니다.

이런 일은 처음 있는 일도 마지막으로 있었던 일도 아니었습니다. 2차 세계 대전 직후 독일에서 "요나의 표적"이라는 연극이 상연된 적이 있었습니다. 벨센, 다카우, 아우슈비츠 등의 실상이 속속 폭로되었습니다. 이곳은 모두 나치가 유대인 말살 정책의 '마지막 해결책'으로 시도했던 강제 수용소였습니다. 독일 국민은 도저히 상상조차 할 수 없는 끔찍한 대학살이 자신들의 손에 의해 저질러졌다는 사실을 알고 모두들 공포와 두려움에 떨었습니다.

그 연극은 이런 질문을 던졌습니다. "누가 책임져야 하는가?" 배우와 관객 모두가 그 답을 생각해 보았습니다. 그러나 아무도 개인적으로는 책임을 느끼지 않았습니다. 가정주부는 배급제와 싸웠고, 기업가들은 강철 생산량을 채우느라 고생했고, 심지어 나치 돌격대원도 단지 상관의 명령에 따랐을 뿐이었습니다.

그러나 그들이 서로 자신의 결백함을 변호할 때, 고소당한 자가 고소하는 자가 되었습니다. 그들은 서로를 고소했습니다. 각기 정도는 다르지만 그들 모두 죄인이었습니다. 어떤 이는 말로, 어떤 이는 침묵으로, 어떤 이는 행동으로, 어떤 이는 행동하지 않은 것으로 죄를 범한 것입니다. 그들은 죄의식 가운데서 같은 변명을 하기 시작했습니다. 책임은 자기보다 더 높은 곳에 있다는 것입니다. 군대에서도 책임은 더 높은 곳에, 정당에서도 더 높은 곳에, 공무원 사회에서도 더 높은 곳에, 그들은 이구동성으로 더 높은 곳에 책임이 있다고 변명하였습니다. "진짜 책임은 훨씬 더 높은 곳에 있다. 하나님이 책임져야 한다. 재판석에 서서 재판을 받아야 분은 바로 하나님이시다."

세계의 불행에 대하여 책임지라고 하나님께 따지며 요구하는 일에 가담하지 않는 자가 누구겠습니까? 진실로 누구입니까? 성경은 믿음으로 사는 자라고 대답합니다. 므리바 맛사에서 이스라엘이 하나님에 대하여 한 고소를 성경은 '믿지 아니하는 악심'(히브리서 3:12)이라고 부르고 있습니다. 훗날 모세는 이스라엘에게 "너희가 맛사에서 시험한 것같이 너희의 하나님 여호와를 시험하지 말고"(신명기 6:16)라고 경계하였습니다.

하나님은 공의로우시며, 온 땅의 재판관(심판관, 사사)이십니다. 이스라엘은 하나님께 대하여 소송을 제기했습니다. 그 사건에 대한 심리가 있었고, 드디어 판결이 나왔습니다. 하나님께서 모세에게 말씀하셨습니다. "백성 앞을 지나가서 이스라엘 장로들을 데리고 하수를 치던 네 지팡이를 손에 잡고 가라"(출애굽기 17:5).

하나님의 명령은 그 재판에 극적인 반전을 가져다주었습니다. "백성 앞을 지나가서"라는 말은 단순히 백성 앞에서 간다는 것을 의미할 수도 있으나, 이는 또한 백성이 모세가 가는 것을 알고 있음을 암시했습니다. 모세는 하나님과 만나기 위하여 앞서 갑니다. 그는 고소당한 범죄자로서 가지 않았습니다. 그는 이스라엘의 재판관(심판관, 사사)으로서 손에 심판의 지팡이를 가지고 갑니다. 그 지팡이로 때리자 나일강 강물이 피로 변하였었고, 그 지팡이로 애굽의 신들을 심판했었습니다. 그들이 판사와 증인이 되었습니다. 그들이 함께 있는 것은 그 상황의 법적 형식 요건을 구성하는 데에 필수적이었습니다.

모세의 지팡이는 고유한 권능과 권위를 지니고 있었습니다. 왜냐하면 하나님 그분의 심판을 대표하고 있었기 때문입니다. 지팡이(막대기)는 흔히 사법적 권위의 일반적인 상징물이었습니다. 고대 로마의 집정관은 자신의 권위나 직책을 나타내기 위하여 한 묶음의 막대기를 휴대하였습니다. 이스라엘에서는 범죄한 것으로 판명된 사람은 재판관 앞에 엎드리게 하고 매(막대기)로 때리게 했습니다. 율법은 그 매의 수를 40대까지로 제한했습니다(신명기 25:1-3).

백성은 그들의 재판관 모세의 손에 들린 지팡이의 상징적 의미를 잘 알고 있었습니다. 모세가 그 지팡이를 나일강 강물에 대자 강물이 빨갛게 변했던 것을 그들은 목격하였습니다. 이제 모세가 그 지팡이를 그들을 향하여 든다면 그들에게 어떤 심판이 임할 것인가? 이사야 선지자는 이방인들에게 임하는 하나님의 심판의 막대기를 보았습니다.

> 여호와께서 그 장엄한 목소리를 듣게 하시며,
> 혁혁한 진노로 그 팔의 치심을 보이시되,
> 맹렬한 화염과 폭풍과 폭우와 우박으로 하시리니,
> 여호와의 목소리에 앗수르가 낙담할 것이며,
> 주께서는 막대기로 치실 것인데,
> 여호와께서 예정하신 몽둥이를 앗수르 위에 더하실 때마다
> 소고를 치며 수금을 탈 것이며,
> 그는 전쟁 때에 팔을 들어 그들을 치시리라
> (이사야 30:30-32)

하나님의 명령에 따라 모세는 심판의 지팡이를 들었으나, 그다음에 일어난 일은 성경에 나오는 사건 중에서 아주 깜짝 놀랄 만한 일입니다. 하나님께서는 이렇게 말씀하셨습니다. "내가 거기서 호렙산 반석 위에 너를 대하여 서리니 너는 반석을 치라"(출애굽기 17:6). 구약성경에서는 하나님께서 사람들 앞에 서시는 것이 아니라, 사람들이 하나님 앞에 섰습니다. 신명기에 보면, 법률 사건에서 원고와 피고는 모두 하나님 앞에 서도록 소환되었습니다. "그 논쟁하는 양방이 같이 하나님 앞에 나아가 당시 제사장과 재판장 앞에 설 것이요"(신명기 19:17).

그런데 지팡이를 들고 있는 모세의 면전에 이스라엘의 하나님 여호와께서 서 계십니다. 그것도 죄인처럼 피고의 자리에 서 계십

니다. 하나님께서는 모세에게 그 반석을 치라고 명령하십니다. 모세는 그 반석을 칠 수가 없었습니다. 그 반석은 곧 여호와 하나님을 의미했기 때문입니다. 모세의 노래에서 반석은 하나님과 동일시되고 있습니다. "내가 여호와의 이름을 전파하리니 너희는 위엄을 우리 하나님께 돌릴지어다. 그는 반석이시니 그 공덕이 완전하고 그 모든 길이 공평하며 진실무망하신 하나님이시니 공의로우시고 정직하시도다.… 대적의 반석이 우리의 반석과 같지 못하니 대적도 스스로 판단하도다"(신명기 32:3-4,31).

이 므리바 맛사에서의 시험을 회상하는 시편들에서도 '반석'이라는 이름은 하나님을 가리키는 데 사용되었습니다. '우리의 구원의 반석'(시편 78:15,20,35, 시편 95:1). 반석이신 하나님께서는 그 반석 위에 서 계심으로써 자신을 그 반석과 동일시하십니다. 이스라엘 백성은 그들의 조상들과 세우신 언약을 깨뜨린 데 대하여 하나님을 고소하여, 하나님은 피고의 위치에 서 계시게 되었고, 바야흐로 그분에 대한 심판이 내려질 순간이었습니다.

그러면 하나님께서 범죄하셨습니까? 아닙니다. 범죄한 것은 백성입니다. 하나님을 거역한 그들은 하나님의 신실하심을 신뢰하지 않았습니다. 그러나 재판장이신 하나님께서 그 심판을 담당하시고, 그분을 거역한 자들이 받아야 할 형벌을 대신 받아 그 지팡이로 침을 당하셨습니다. 율법은 충족되어야만 했습니다. 즉 하나님의 백성이 살기 위해서는 그분이 친히 그들이 받아야 할 형벌을 대신 담당하셔야만 했습니다.

앞에서 얘기한 "요나의 표적"이라는 연극에서, 하나님은 재판을 받아 죄인이 되었고, "인간이 되어 땅 위를 배회하는 자가 되며, 모든 권리를 박탈하여, 집 없고 굶주리고 목마르게 하라. 그는 죽으리라! 그리고 아들을 잃어버리는 아버지로서의 고통을 맛보며, 마침내 죽을 때 온갖 수치와 조소를 당하리라"라는 선고를 받습니다.

이렇듯 우리 반역자들은 하나님을 향하여 격노하여 외쳐 대며 저주 가득한 모욕을 퍼붓습니다. 하지만 온전히 의로우신 하나님께서는 그 이상의 일을 행하셨습니다. 이사야는 이렇게 선포합니다. "그들의 모든 환난에 동참하사 자기 앞의 사자로 그들을 구원하시며 그 사랑과 그 긍휼로 그들을 구속하시고 옛적 모든 날에 그들을 드시며 안으셨으나"(이사야 63:9).

구약성경을 보면, 하나님의 보좌에서 솟아나는 자비(인자)의 물줄기가 전체를 통과하여 흐르고 있습니다. 이스라엘의 목자는 사랑의 왕이요, 인자(자비, 은혜)와 진리(진실)가 충만하신 하나님이십니다. 반석 위에 서신 하나님은 아브라함의 사랑하는 아들 이삭을 '여호와께서 준비하시리라'(창세기 22:14)라는 약속과 함께 희생의 칼에서 보호하셔서 아끼신 그 하나님이십니다. 거역하는 자기 백성을 하나님께서 구속하신 것은 하나의 정치적인 해방 그 이상이었습니다. 그것은 분명 백성을 속죄하신 사랑의 행위였습니다.

자기 아들 안에서, 하나님께서는 우리가 지은 죄의 형벌을 담당하기 위하여 오셨습니다. 모세는 하나님이 서 계신 반석을 칠 때 너무도 큰 놀라움과 두려움을 느꼈을 터입니다. 이 사건에서 상징적으로 표현되었던 그것이 하나님께서 정하신 때에 실현되었습니다. 하나님께서는 자기 아들을 아끼지 아니하시고 우리 모든 사람을 위하여 내어 주셨습니다(로마서 8:32). 정죄받은 자기 백성 대신 하나님의 아들이 십자가에서 심판의 '침'을 당하셨습니다. 바울은 광야에 머물던 이스라엘에 대하여 이렇게 이야기합니다. "우리 조상들이… 다 같은 신령한 음료를 마셨으니 이는 저희를 따르는 신령한 반석으로부터 마셨으매 그 반석은 곧 그리스도시라"(고린도전서 10:1,4). 요한은 예수님에 대하여 이렇게 증거합니다. "명절 끝날 곧 큰 날에 예수께서 서서 외쳐 가라사대 '누구든지 목마르거든 내게로 와서 마시라. 나를 믿는 자는 성경에 이름과 같이 그 배에서 생수의 강이 흘러나리라'"(요한복음 7:37-38).

모세가 그 반석을 쳤을 때 생명을 주는 물이 흘러나와 시내를 이루어 사막을 적셨습니다. 한 군병이 창으로 십자가에 달리신 예수님의 옆구리를 찌르니 곧 피와 물이 흘러나왔다고 요한은 증거하고 있습니다(요한복음 19:34). 피뿐만 아니라 물이 나온 것을 이야기함으로써 요한은 예수님께서 명절에 하신 외침을 우리에게 상기시켜 줍니다. 갈보리에서 그분의 심장으로부터 생수가 흘러나왔습니다. 그리스도께서 주시는 물은 성령의 물입니다(요한복음 7:38-39). 부활하신 그리스도께서 제자들을 향하여 내쉰 숨은 성령의 선물을 상징합니다(요한복음 20:22-23). 십자가에 못 박히신 예수님의 몸에서 피와 함께 흘러나온 물도 성령의 선물을 상징합니다. 생명의 성령은 그리스도의 죽으심으로 말미암아 주어집니다.

이러한 맥락에서 볼 때, 그 후에 하나님께서는 모세에게 반석에게 '명하라' 하셨는데 모세가 그 반석을 두 번 '침으로써' 하나님의 엄한 심판을 받은 것이 하등 이상하지 않습니다(민수기 20:7-13). 오직 한 번만, 하나님께서 정하신 때에 하나님께서는 우리 죄를 대신 지시고 우리 대신 침을 당하시는 것입니다.

이스라엘의 반석이신 하나님은 구주시요, 자기 백성의 죄에 대한 자신의 심판을 친히 담당하시는 자비의 하나님이십니다. 백성은 불신 가운데 하나님을 고소하며 이렇게 외쳤습니다. "여호와께서 우리 중에 계신가 아닌가?" 그렇습니다. 여호와께서는 그들 중에 계셨습니다. 그것도 그들이 상상할 수 없었던 방법으로 그들 중에 계셨습니다. 하나님은 그들 가운데 계셨을 뿐만 아니라, 그들 대신 그들의 정죄를 담당하셔서 반석 위에 서 계셨습니다. 하나님께서는 시내산에서 그분의 언약을 주시기 전에 갈보리에서의 자신의 임재를 맹세하셨습니다.

하나님의 구속 역사는 은혜에서 은혜로 나아갑니다. 족장들에게 약속을 주신 은혜와 이스라엘 자손을 애굽에서 자유케 하신 은혜는 예수 그리스도 안에서 임하게 될 궁극적인 은혜를 가리킵니다. 이것은 신명기에 있는 구속의 역사에 대한 예언적 개관에서 분명하게 나타납니다(신명기 30:1-10). 모세는 이스라엘 백성에게 요단강을 건너 가나안 땅에 들어간 후 12지파를 둘로 나누어 여섯 지파는 그리심산에 서고, 여섯 지파는 에발산에 서서 축복과 저주의 말씀을 선포하라고 하였습니다. 신명기 28:1-14에는 이스라엘 백성이 하나님의 말씀을 지킬 때 하나님께서 그들에게 주실 축복이 언급되어 있고, 15-68절에는 그들이 불순종할 때 그들에게 임할 저주가 언급되어 있습니다. 이는 모두 단순히 하나의 가능성이 아니라 모두 실현될 것들이었습니다. 모세는 30장 초반부에서 이스라엘 백성에게 일어날 장래 일을 예언합니다. 백성들이 하나님께 불순종하여 앞에서 언급한 모든 저주가 임하여 사로잡혀 열방 중에 흩어지게 될 것입니다. 그러나 그들이 하나님께로 다시 돌아올 때 하나님께서는 그들을 그들의 땅으로 돌아오게 하고 회복시키실 것입니다. 뿐만 아니라 그들의 하나님 여호와께서 그들의 마음과 그 자손들의 마음에 할례를 베푸셔서 그들로 마음을 다하며 성품을 다하여 그들의 하나님 여호와를 사랑하게 하셔서 그들로 생명을 얻게 하실 것입니다(신명기 30:6).

이러한 유형은 성경 역사 전체에 걸쳐 나타납니다. 이스라엘은 진실로 하나님께서 약속하신 축복을 받았습니다. 솔로몬왕은 성전 봉헌식에서 백성을 축복하면서 이렇게 말했습니다. "여호와를 찬송할지로다. 저가 무릇 허하신 대로 그 백성 이스라엘에게 태평을 주셨으니 그 종 모세를 빙자하여 무릇 허하신 그 선한 말씀이 하나도 이루지 않음이 없도다"(열왕기상 8:56).

그러나 바로 이 솔로몬왕이 이방인 아내들의 우상 숭배를 위하여 예루살렘에 다른 신들의 신전을 세웠습니다. 솔로몬이 죽은 후 그의 왕국은 분열되었습니다. 북쪽의 이스라엘과 남쪽의 유다 모두 우상 숭배와 배교에 빠졌습니다. 선지자들은 임박한 심판의 폭풍우를 예고하면서 백성을 경고하였습니다. 그러나 백성은 자신들이 멸망하리라고 경고하는 선지자들의 말을 비웃었습니다. 앗수르인들이 사마리아를 함락시키고 이스라엘을 포로로 사로잡아 갔습니다. 남쪽의 유다 역시 바벨론 제국에 의해 똑같은 운명이 되었습니다. 예루살렘은 불타고 성벽은 훼파되었습니다. 성전도 파괴되었습니다. 심판, 실로 엄청난 파멸의 심판이 축복의 뒤를 이었습니다.

그러나 하나님의 약속들은 잊히지 않았습니다. 재앙을 경고한 선지자들은 장차 올 한 때를, 축복과 저주 후에 있을 '나중의 날들'을 고대하였습니다. 하나님께서는 남은 자를 아끼시고, 그들로 그 사로잡힘에서 벗어나 본래의 땅으로 돌아오게 하시며, 도저히 상상할 수 없는 영광 가운데서 그들과 맺은 언약을 새롭게 하실 것입니다.

신명기 30장에 있는 이스라엘 역사의 예언적 개관은 선지자들에게 짐이 되었습니다. 그들은 하나님의 심판을 외쳐야 했습니다. 그러나 심판 후에 하나님의 구속 사역의 영광이 마지막 날에 절정에 달했습니다. 반석이신 하나님의 무궁한 은혜가 승리하여 자기 백성을 구원하는 놀라운 일이 일어날 것입니다. 하나님의 승리는 모세보다 더 위대한 선지자의 사역이 될 것입니다. 곧 '여호와의 기름 부음을 받은 자'의 사역이 될 것입니다.

7
여호와의 기름 부음을 받은 자

언약의 용사

　이스라엘 군대의 사령관 여호수아는 여리고 성벽을 바라보며 홀로 서 있었습니다. 그는 가나안의 그 요새화된 성들을 잘 알고 있었습니다. 약 40여 년 전에 그 땅을 정탐했었습니다. 그때 이스라엘 백성은 그의 용기 있는 충고를 따르기를 거부했습니다. 결국 그들은 광야로 되돌아가 40여 년 동안을 방황했습니다. 이제 방황의 세월이 끝났습니다. 모세는 죽었지만, 홍해를 가르시고 이스라엘을 애굽에서 인도하여 내셨던 여호와 하나님께서 요단강을 가르시고 그들을 약속의 땅으로 인도하여 들이셨습니다. 만나가 그쳤습니다. 그들은 이제 하나님께서 그들에게 주신 그 땅에서 살아야 했습니다.

　여리고의 성벽과 망대를 바라보고 있는 여호수아의 마음속에는 자신에게 하신 하나님의 약속과 명령이 울려 퍼졌습니다. "너의 평생에 너를 능히 당할 자 없으리니 내가 모세와 함께 있던 것같이 너와 함께 있을 것임이라. 내가 너를 떠나지 아니하며 버리지 아니하리니… 내가 네게 명한 것이 아니냐? 마음을 강하게 하고 담대히 하라. 두려워 말며 놀라지 말라. 네가 어디로 가든지 네 하나님 여호와가 너와 함께하느니라"(여호수아 1:5,9).

여호수아에게는 하나님께서 그와 함께 계시겠다는 약속과 더불어 하나님께서 그에게 주신 명령을 지켜야 할 책임이 있었습니다. 여리고성을 어떻게 공격할 것인가? 어떤 전략을 세워야지? 공격 전략을 곰곰이 생각하고 있던 여호수아가 눈을 들어 보니 어떤 사람이 칼을 빼어 손에 들고 마주 서 있는 것이 아닌가? 여호수아는 깜짝 놀랐습니다. 여호수아는 자기 칼에 손을 대면서 앞으로 나가 그 낯선 사람에게 물었습니다. "너는 우리를 위하느냐, 우리의 대적을 위하느냐?"

"아니라. 나는 여호와의 군대 장관으로 이제 왔느니라"(여호수아 5:14).

여호수아는 땅에 엎드려 절하고 말했습니다. "나의 주여, 종에게 무슨 말씀을 하시려나이까?" 시내산의 불타는 떨기나무 가운데서 모세에게 신을 벗으라고 하셨던 하나님께서 이제 여호수아에게 동일한 명령을 하십니다. "네 발에서 신을 벗으라. 네가 선 곳은 거룩하니라"(15절).

여호수아와 함께 있겠다고 약속하신 하나님께서 친히 자신의 임재를 여호수아에게 계시하여 주셨습니다. 여호와께서는 군대 장관으로서 칼을 들고 오셨습니다. 그분은 단지 이스라엘 군대의 사령관이 아니라, 하늘의 군대의 사령관이셨습니다. 이스라엘 군대의 사령관 여호수아는 자신의 직속 최고 사령관을 만난 것입니다. 그가 그분 앞에 엎드린 것은 잘한 일입니다. 여호와 하나님의 칼에 맞설 자는 아무도 없기 때문입니다. 여호와 하나님께서는 모세가 애굽으로 돌아갈 때에도 길에서 그를 만나 그의 아들들에게 할례를 행할 때까지 그의 생명을 위협하셨습니다(출애굽기 4:24).

여호수아의 지도하에 이스라엘은 막 길갈에서 할례를 행하였고, 거기서 유월절을 지켰습니다(여호수아 5:2-10). 유월절을 지키면서 이스라엘은 애굽의 모든 처음 난 자들의 생명을 취하여 갔던 그 밤을 상기하였을 것입니다. 하나님께서는 어린양의 피를 보고 이스라엘 자손의 집은 그냥 넘어가셨고, 이스라엘의 장자들은 죽음을 면하였습니다. 여호수아는 여호와 하나님께서 얍복강에서 야곱과 싸우셨듯이, 그의 대적자로서 그와 싸우러 오신 것은 아닌가 하고 두려워했을지도 모릅니다. 여호수아는 타오르는 불이 없어도 이스라엘의 거룩하신 자가 소멸하는 불이시라는 사실을 잘 알고 있었습니다(말라기 3:2).

사령관은 여호와 하나님이셨지, 여호수아가 아니었습니다. 하나님은 여호수아의 명령을 행하기 위하여 내려오신 게 아니었습니다. 천군 천사의 사령관이신 만군의 하나님께서 여호수아에게 군사 지원을 제공하기 위하여 여호수아의 호출 명령을 받을 수는 없었습니다. 오히려 하나님의 한없는 자비와 은혜, 그리고 언약이 아니었다면, 하나님께서는 진실로 여호수아와 이스라엘의 대적자로 서실 것입니다.

그러나 여호와께서는 이스라엘을 대적하기 위하여 칼을 빼어 들고 오신 게 아니라, 가나안 족속들의 죄악을 인하여 그들을 대적하러 오셨습니다. 그들의 죄악의 잔이 가득 찼고, 그들에 대한 심판의 날이 도래한 것입니다(창세기 15:16, 레위기 18:24-25). 하나님께서 이스라엘을 그 땅으로 인도하신 것은 침략하는 정복자가 아니라, 공의의 사자, 하나님의 심판의 집행자로서였습니다. 가나안 족속들의 멸망은 소돔과 고모라의 멸망에 비교되어야 하며, 이는 하나님의 최후의 심판을 그림자로 보여 주는 사건입니다.

여호와 하나님은 사령관이십니다. 그분은 자신의 뜻, 자신의 계획을 수행하기 위하여 오셨습니다. 그분의 사명은 이스라엘을 구원하는 대장이 되시는 것이었기 때문에, 용사로서 오셔서, 여호수아에게 여리고성을 취할 수 있는 전략을 가르쳐 주셨습니다. 하나님의 심판의 칼이 그분의 백성을 위하여 뽑아져 있었습니다. 여호수아는 자기가 여호와 편에 있기 때문에 여호와께서도 자기편에 계신다는 것을 확신할 수 있었습니다. "그런즉 이 일에 대하여 우리가 무슨 말 하리요? 만일 하나님이 우리를 위하시면 누가 우리를 대적하리요?"(로마서 8:31).

여호수아의 지휘하에 이스라엘이 첫 번째 전투를 하기 전에, 즉 그 땅을 완전히 소유하기 위한 몇 년에 걸친 전쟁을 시작하기에 앞서, 하나님께서는 용사로서 자신을 계시하셨습니다. 이스라엘 백성이 하나님을 경외하기만 한다면 그들은 아무도 두려워할 필요가 없었습니다. 예수님께서는 십자가에 못 박히시기 전 이렇게 말씀하셨습니다. "이제 이 세상의 심판이 이르렀으니 이 세상 임금이 쫓겨나리라"(요한복음 12:31).

성경에는 전쟁(전투)과 관련된 용어가 많이 나오는데, 그것은 성경이 피를 흘리는 것을 가볍게 여긴다거나 전쟁 무기를 높이 평가하기 때문이 아니라, 이 땅의 역사가 궁극적으로 만군의 하나님과 이 세상 임금 간의 싸움의 장이기 때문입니다. 이스라엘 백성이 싸워야 할 이 거룩한 전쟁은 이미 분명하게 예언된 것이었습니다. 이스라엘은 그들이 원하는 자들과 싸우는 것이 아니라, 하나님의 심판을 받아 멸망당해야 할 자들과만 싸웁니다.

이것이 바로 이스라엘 백성이 하나님께서 멸하기로 하신 자들을 아끼지 말아야 하는 이유를 설명해 줍니다. 사울왕이 아말렉왕 아각을 멸하지 않고 살려 두었을 때, 선지자 사무엘은 사울에게 아각에 대한 하나님의 판결을 알려 주고, 자기 손으로 하나님의 심판을 집행했습니다(사무엘상 15:33). 사울은 하나님의 명백한 명령을 거역하였기 때문에 왕으로서의 자격을 상실하였습니다. 사울왕이 하나님의 말씀을 버렸기 때문에 하나님께서도 사울을 버려 왕이 되지 못하게 하셨습니다. 같은 이유로 하여, 하나님께서 멸하시기로 한 성이나 민족의 더러운 행위를 본받는 것은 하나님을 모독하는 죄입니다. 이와 같이 그들이 불순종함으로써 이스라엘은 죄악이 관영한 족속들에 대한 하나님의 심판의 집행자로서의 역할을 왜곡시켜 버렸고, 그 당시의 다른 민족들과 마찬가지로 자기 자신의 이익을 위하여 다른 나라와 민족을 침략하는 살인자가 되어 버린 것입니다.

이러한 맥락에서, 이스라엘은 여리고를 함락시킨 다음, 라합의 집에 속한 것을 제외하고는 진멸해야만 했습니다. 그들은 그 성과 그 가운데 있는 모든 물건을 하나님께 바쳐야 했습니다. 다만 라합은 여호수아가 적군의 정보를 수집하기 위하여 파견한 정탐꾼들을 숨겨 줌으로써 이스라엘의 하나님 여호와께 대한 자기의 믿음을 보여 주었기 때문에 멸망에서 벗어나게 되었습니다. 이스라엘의 군사였던 아간은 자신의 탐욕의 먹이가 되었습니다. 그는 성에서 탈취한 귀중품 몇 가지가 탐이나 숨겼습니다. 시날산의 아름다운 외투 한 벌, 은 이백 세겔, 오십 세겔중의 금덩이 하나를 자기 장막 땅속에 감추었습니다. 하나님의 심판이 즉시 내려졌습니다. 이스라엘은 작은 성 아이를 공격했다가 참패를 당하였습니다. 결국 아간의 범죄 사실이 밝혀지고 그 죄에 대한 심판이 집행된 다음에야 이스라엘은 승리할 수 있었습니다.

이 거룩한 전쟁 즉 성전의 개념을 받아들이기가 어려울 수도 있습니다. 여기에는 이슬람 근본주의자들이 그 개념을 잘못 이해하여 성전의 개념을 왜곡시킨 데에도 그 이유가 있습니다. 우리는 이슬람 근본주의 율법학자들이 선포하는 성전에 대하여는 반대합니다. 그러나 이스라엘에게 하신 하나님의 명령은 가나안 족속들의 심각한 죄에 대한 하나님의 의로우신 심판에 그 근거를 두고 있기 때문에 정당한 것입니다.

하나님의 심판은 지금도 인간의 죄악 위에 임하고 있습니다. 히틀러의 제3제국은 불타 무너졌습니다. 그러나 우리는 하나님의 최후의 심판이 연기되어 있는 때에 살고 있습니다. 사람들로 하여금 회개하고 갈보리에서 계시된 하나님의 자비와 은혜를 받아들이도록 하기 위하여 연기되고 있습니다(로마서 2:3-6). 하나님께서는 이스라엘에게 칼을 주실 때 하나님의 이름으로 사용하라고 주셨습니다. 예수님께서는 교회에게 그 칼을 사용하지 말라고 하십니다(마태복음 26:52, 요한복음 18:11,36). 신약성경은 하나님께서 국가에게 칼을 사용할 권리를 주셨음을 인정하고 있습니다(로마서 13:4). 그러나 하나님께서는 하나님의 완전한 공의를 실행할 집행자로 국가를 임명하지는 않으셨습니다. 최종적인 심판의 권한은 그리스도께 주어졌습니다. 최후의 심판은 그리스도께서 다시 오시는 날에 이루어질 것입니다(데살로니가후서 1:7-10). 하나님의 백성인 이스라엘에게 주신 율법은 그리스도의 성취로 말미암아 새롭게 되어 여전히 교회 안에서 지속되고 있습니다. 그러나 그 법의 제재력은 육적인 것이 아니라 영적인 것입니다.

그리스도의 싸움과 승리의 영적 본질이 여리고성의 정복 가운데 그림자로 나타나 있습니다. 여호와께서는 군대 장관(사령관)으로 나타나셔서 여호수아에게 아주 놀라운 방법으로 여리고성을 공격하도록 지시하셨습니다. 성을 포위하고 토성을 쌓으라고 명하시지 않았습니다. 공성퇴를 만들어서도 안 되었습니다. 그 대신 경건한 의식을 행하도록 명령하셨습니다. 모든 군사는 매일 한 번씩 성 주위를 돌되 엿새 동안 그렇게 하라고 하셨습니다. 그 뒤를 따라 제사장들이 나팔을 불며 언약궤 앞에서 행진하였습니다. 시내산에서 나팔 소리는 하나님의 임재를 알려 주었습니다(출애굽기 19:13). 희년을 선포할 때는 나팔을 크게 불어 알려야 했습니다(레위기 25:8-12 참조). 언약궤는 이스라엘과 함께 계시는 여호와 하나님의 임재를 나타냈으며, 나팔 소리는 심판 중에 계신 하나님의 임재를 알려 주었습니다.

매일 그 엄숙한 의식이 거행되었고, 그 행군이 여리고성 주위에 흙먼지를 일으켰습니다. 여섯째 날쯤에는 여리고성 거민들은 이스라엘 백성의 행동을 틀림없이 쓸데없는 시위라고 비웃었을 것입니다. 일곱째 날에는 긴 행군이 아침 일찍부터 시작되었습니다. 이스라엘 백성은 그날에는 여리고성 주위를 일곱 번 돌았습니다. 일곱 번째 바퀴가 끝날 무렵 나팔 소리가 울려 퍼졌고, 백성은 다 함께 큰 소리로 외쳤습니다. 그러자 여리고의 성벽이 그 자리에 무너져 내렸습니다. 이스라엘 군대는 성벽이 무너져 무방비 상태가 된 성으로 돌진해 들어가 성을 멸하였습니다.

이스라엘은 하나님의 명령에 따라 칼을 사용하였습니다. 그러나 그들에게 승리를 안겨 준 것은 전투에서 그들이 보인 무예와 용맹이 아니었습니다. 그 전투는 여호와께 속한 것이었고, 승리도 여호와의 것이었습니다. 이것이 바로 이스라엘의 전쟁사의 주제였습니다. 그 주제는 다양한 상황 속에서 계속 반복해서 나타납니다. 그러나 메시지는 언제나 동일했습니다. 즉 구원은 여호와 하나님께로 말미암아 온다는 사실입니다. 그분이 바로 여호수아 앞에 서 계신 군대 장관(사령관)이었으며, 그분이 진격할 준비를 하고 계십니다. 승리는 하나님께 속한 것입니다.

하나님의 나팔 소리에 모든 성벽이 무너질 것입니다. 사도 바울은 그리스도를 알기 전 교회를 박해하기 위하여 칼을 사용한 적이 있었습니다. 그러나 주님께서는 다메섹 도상에서 바울을 자기 앞으로 인도하셨습니다. 바울은 칼을 내려놓았습니다. 그렇다고 그가 아무 무기도 가지지 않은 것은 아닙니다. 오히려 그는 육신의 무기보다 더 강력한 무기, 즉 성령의 무기를 마음껏 이용하여 영적 전투를 했습니다.

> 우리가 육체에 있어 행하나 육체대로 싸우지 아니하노니, 우리의 싸우는 병기는 육체에 속한 것이 아니요 오직 하나님 앞에서 견고한 진을 파하는 강력이라. 모든 이론을 파하며 하나님 아는 것을 대적하여 높아진 것을 다 파하고 모든 생각을 사로잡아 그리스도에게 복종케 하니. (고린도후서 10:3-5)

바울은 복음의 사자였습니다. 그는 복음의 나팔을 불었고, 악의 요새가 무너지는 것을 목격하였습니다. 그는 이방인 가운데서 행한 자신의 사역의 현장과 그리스도의 능력을 생생하게 묘사하였습니다. 그는 하나님의 복음의 제사장으로서 이방인을 하나님께 제물로 드리는 일을 맡았습니다(로마서 15:16). 바울의 선교 여행은 실로 승리의 행진이었습니다. 그러나 승리는 그의 것이 아니라 그리스도의 것이었습니다(고린도후서 2:14). 그는 그리스도의 포로였습니다. 승리의 개선 행진을 하시는 그리스도께 사로잡힌 자였습니다.

하나님께서 여호수아 앞에 서서 그에게 주신 약속은 이제 모든 정사와 권세에 대한 그리스도의 승리로 말미암아 성취되었습니다. "내가 너를 떠나지 아니하며 버리지 아니하리니"라고 여호수아에게 약속하신 주님(여호수아 1:5)께서 제자들에게 "볼지어다. 내가 세상 끝 날까지 너희와 항상 함께 있으리라"(마태복음 28:20)라고 말씀하셨습니다.

여호수아가 여호와의 군대 장관 즉 사령관이신 여호와 하나님을 만난 것은 여러 가지 상징적 의미를 지니고 있는데, 우리는 성전이라는 형식 속에서 구속사 전체에 대한 하나의 예표를 볼 수 있습니다. 예수님은 왕과 사령관으로서 오십니다. 그분은 정복하고 다스리실 만군의 주님이십니다. 그러나 여호수아의 모습 또한 의미심장합니다. 그의 이름은 '여호와는 구원이시다'라는 뜻으로 여호와께서 구원하신다는 사실을 증거하고 있습니다. 그는 하나님의 백성의 사령관으로 택함을 받은 사람입니다. 그는 여호와의 종 모세의 위치에 서 있습니다. 이와 같은 그는 자신과 이름이 같은 더 위대한 인물, 즉 예수님을 위하여 우리를 준비시킵니다.

하나님의 백성의 군사 지도자로서 여호수아는 후일의 이스라엘의 사사(재판관)와 왕을 위한 길을 예비하는 역할을 하고 있습니다. 그러므로 그는 하나님의 백성의 구주(구원자)와 속량자(해방자)이신, 여호와의 기름 부음을 받은 자요 다윗의 자손이신 그리스도의 역할을 예표하고 있습니다. 예수님은 하나님의 언약의 두 면을 다 성취하십니다. 그분은 자기 백성의 구원을 위하여 오신 주님이시요 용사이십니다. 그분은 또한 종이요 여호와의 기름 부음을 받은 자로서 그분을 통하여 승리가 얻어집니다. 여호수아와 그의 계승자들, 이스라엘의 사사와 왕들은 이스라엘이 그 땅에 사는 동안 오랜 세월에 걸쳐 하나님의 싸움을 싸웁니다. 그들의 싸움은 기록되어 있는데, 이는 그들의 군사적 천재성을 나타내기 위하여서가 아니라 하나님께서 이스라엘을 구원하시기 위하여 그들을 어떻게 사용하셨는가를 보여 주기 위해서입니다. 그들은 모두 장차 오실 더 위대

여호와의 기름 부음을 받은 자 173

한 구속자와 구원자를 예표하고 있습니다.

사사기는 강퍅한 자기 백성 이스라엘에 대한 하나님의 통치의 역사를 분명하게 서술하고 있습니다. 처음에 그들은 그 땅의 모든 거민을 멸하거나 쫓아내지 못했습니다. 결국 남아 있는 자들은 이스라엘의 타락의 근원이 되었습니다. 다시 이스라엘 백성은 여호와 하나님을 잊고 우상 숭배와 도덕적 타락에 빠지며, 하나님께서 심판했던 바로 그 가나안 사람들의 죄악을 본받았습니다. 하나님은 자기 백성을 적들의 손에 붙이십니다. 하나님의 심판이 그들에게 임하는 것입니다. 지파들은 분열되고, 백성들은 노예가 됩니다. 그들은 자신을 방어할 수 있는 무기를 다 빼앗기고, 압제자들에게 그 땅의 소산을 바쳐야 합니다. 이와 같이 절망적인 상태에 이르면 그들은 하나님께 부르짖었고, 그러면 하나님께서는 사사들을 세워 주셔서 그들을 구원하여 주시고, 질서와 평화의 시기를 주십니다(사사기 3:9,15, 6:7-8,12).

하나님께서는 자비하셔서, 그들에게 계속 사사와 구원자를 보내 주셨습니다. 자기 백성이 다시 그분을 버린 후에 그분께 부르짖으면, 그분은 이스라엘의 곤고를 인하여 마음에 근심하시고 그들의 불행을 더 이상 참지 못하시고 구원하여 주셨습니다(사사기 10:16). 심지어 그들이 블레셋의 압제 아래서 회개하기 전에라도, 하나님께서는 자신의 사자를 보내 삼손의 출생을 알리심으로써 그분의 구원 사역을 시작하십니다.

여호와의 사자는 먼저 마노아의 아내에게 나타났고, 그다음 부부가 함께 있을 때 또 나타났습니다. 삼손은 이스라엘을 구원하는 데에 그다지 능력을 발휘하지 못했는데, 이와 같이 무력한 삼손과 같은 사사의 출생이 성경 한 장 전체에 걸쳐 소개되어 있다는 것이 이상하게 생각될 수도 있습니다(사사기 13장). 진실로 삼손의 이야기는 또한 우리를 당황하게 할 수도 있습니다. 그는 하나님께서 주신 능력을 헛된 데에 쓰고, 자신의 부르심을 소홀히 하였는데, 이러한 사사에게 그토록 많은 관심을 기울여야 할 이유가 무엇인가? 삼손의 이야기는 그 자체로 오락적인 가치가 있는가? 삼손은 이스라엘의 슈퍼맨이요 람보인가?

그 답은 자기 자신의 허물에도 불구하고 하나님의 백성의 구원자로서의 그의 역할에 대한 삼손의 증언 속에 나타나 있습니다. 삼손은 나실인이었습니다. 나실인은 독주를 마시지 않겠다는 서원을 함으로써 자신을 하나님께 바친 사람이었습니다. 자르지 않은 삼손의 머리카락은 그의 백성과 블레셋의 지배자들의 눈에는 그의 서원을 표시하는 것으로 보였습니다. 삼손 당시에 이스라엘 민족은 블레셋의 압제를 당하고 있었을 뿐 아니라 영적으로, 도덕적으로 부패하고 타락하였습니다. 삼손이 블레셋의 압제에 항거하여 복수했을 때 자기 자신의 백성이 그를 꾸중했습니다. "너는 블레셋 사람이 우리를 관할하는 줄을 알지 못하느냐? 네가 어찌하여 우리에게 이같이 행하였느냐?"(사사기 15:11). 블레셋 군대의 위협에 그만 그의 백성이 그를 결박하여 적에게 넘겨주었습니다.

이스라엘의 여선지자 드보라의 지도 아래서 이스라엘 백성은 전쟁의 날에 즐거이 자신을 헌신하였습니다(사사기 5:2,9). 그러나 삼손 당시에는 승리를 위하여 하나님을 즐거이 의뢰하는 것이 사라졌습니다. 하나님께서는 즐거이 자원하는 군대로 이스라엘을 구하신다는 것을 보여 주셨습니다. 하나님께서는 적지만 300명의 헌신된 용사들로 이스라엘을 구원하셨습니다. 기드온은 작은 힘으로 침략자 미디안의 대부대를 깜짝 놀라게 하고 참패시켰습니다.

그러나 하나님께서는 삼백 명조차도 필요하지 않는다는 것을 삼손을 통하여 보여 주셨습니다. 하나님은 한 사람으로도 구하실 수

여호와의 기름 부음을 받은 자

있었습니다. 자기 동족에게 묶여 적들에 넘겨진 삼손, 그는 부하도 무기도 없이 1,000명을 죽였습니다. 여호와의 성령의 능력이 그에게 임하자 그는 자신을 결박했던 줄을 끊어 버리고, 나귀의 새 턱뼈를 보고 손으로 집어 무기로 사용했습니다.

삼손은 승리의 외침을 외쳤습니다. "나귀의 턱뼈로 한 더미, 두 더미를 쌓았음이여, 나귀의 턱뼈로 내가 일천 명을 죽였도다"(사사기 15:16). 이 말은 히브리어로 보면 아주 재미있는 표현입니다. 히브리어에서는 '나귀', '더미', '쌓다'가 같은 단어입니다.

그다음 삼손의 유머 있는 표현은 필사적인 기도로 변하였습니다. 기진맥진하고 심히 목이 마른 그는 하나님께 물을 달라고 부르짖었습니다. 하나님은 레히의 한 우묵한 곳을 터뜨리셔서 물이 솟아나오게 하셨습니다. 죽음과 심판의 곳에서 하나님께서는 생명의 샘을 여셨습니다.

시편 110편에서 다윗은 메시야의 승리를 묘사하였습니다. 그분은 대전투를 하시고 원수들을 쳐서 멸하고 승리하실 것입니다. 그분도 전투 후 목이 마르실 것입니다.

> 주의 우편에 계신 주께서
> 그 노하시는 날에
> 열왕을 쳐서 파하실 것이라.
> 열방 중에 판단하여
> 시체로 가득하게 하시고
> 여러 나라의 머리를 쳐서 파하시며
> 길가의 시냇물을 마시고
> 인하여 그 머리를 드시리로다.
> (시편 110:5-7)

사도 바울은 에베소서 1:20-22에서 이 시편에 예언된 대로 그리스도께서 하늘에 오르셔서 하나님 오른편에 앉으신 것에 대하여 이야기합니다. 복음이 열방으로 전파되는, 그리스도의 영적 승리를 생각하고 있습니다. 바울은 이 시편의 어휘들을 사용하여 그리스도께서는 시체로 가득하게 하시는 것이 아니라 살아 있는 몸 즉 교회를 충만케 하신다고 말합니다. 그분의 머리는 들리어집니다. 왜냐하면 그분은 만물 위에 교회의 머리이시기 때문입니다.

힘센 사람인 삼손의 약함을 통하여 우리는 삼손이라는 인간 자신과 그의 부르심 즉 하나님께서 그에게 성취하도록 명하신 역할을 구별하는 데 도움을 얻습니다. 삼손은 이스라엘에서 사사로 일하였으며, 그의 사사직은 하나님의 부르심에 의한 것이었습니다. 그가 섬긴 백성도 처음에는 그를 인정하지 않았지만 결국 인정하였습니다. 그래서 사사기 기자는 그의 경력을 이렇게 요약했습니다. "블레셋 사람의 때에 삼손이 이스라엘 사사로 이십 년을 지내었더라"(사사기 15:20).

이미 보았듯이, 하나님의 종들이 맡은 역할은 하나님의 마지막 종이신 예수 그리스도 안에서 완전히 성취될 것을 보여 줍니다. 그들의 다양한 역할은 상징적인 의미를 지니고 있으며, 구약의 역사적인 사건들이 그리스도의 사역 유형을 어떻게 나타내 보여 주는가를 알게 해 주는 열쇠가 됩니다. 삼손이 하나님께서 주신 능력을 잘못 사용하였음에도 불구하고, 하나님께서는 그분의 구원 능력을 보여 주시려고 삼손을 사용하셨습니다.

삼손의 육체적인 힘은 성령의 선물이었습니다. 그 힘은 여호와의 용사로서 적과 싸울 수 있도록 그를 준비시키기 위하여 주어진 것이었습니다. 싸움에서 그는 무적이었습니다. 그러나 그는 이스라엘 백성을 통솔하여 적을 무찌른 것도 아니었고, 하나님의 약속을 따라 하나님의 나라를 세우려고도 하지 않았습니다. 힘센 삼손은 맨손으로 사자를 죽였으나, 하나님의 율법에 불순종하여 블레셋 여인에게 이끌려 그를 취하러 가는 길에 그 일을 한 것일 뿐입니다. 그는 또한 블레셋 사람 30명을 죽였지만, 그 일도 내기에 진 빚을 갚으려고 그들의 겉옷을 취하기 위한 것이었습니다. 또 가사의 성 문짝들과 두 설주와 빗장을 빼어 모두 어깨에 메고 산꼭대기까지 갔으나, 그 일도 블레셋의 한 성에서 기생과 밤을 보내다가 그를 잡기 위해 쳐둔 함정에서 벗어나기 위해 한 행동이었습니다.

삼손은 나실인으로서의 서약을 지켜 외형적으로는 구별된 삶을 살았지만, 내면적으로는 그렇지 못했습니다. 나실인으로서의 외적인 규례를 다 지킨다 한들 그의 마음을 유혹하는 대상에 대하여 절제하지 못한다면 무슨 소용이 있겠는가? 한쪽 성문을 튼튼히 방어해도 다른 성문이 열려 있어 적이 들어와 힘없이 정복당해 버린다면 한쪽 성문을 열심히 방어한들 무슨 소용이 있겠는가?

마침내 여호와께 대한 그의 형식적인 헌신의 겉모습이 한계에 도달하여 그 속모습이 드러나게 되었습니다. 그는 점차로 타협하였고, 마침내 들릴라에게 자신의 비밀을 털어놓았습니다. 그의 머리카락은 잘렸고 그의 초자연적인 힘 또한 사라졌습니다. 그의 적 블레셋인들에게 사로잡힌 그는 무력한 존재였습니다. 그는 안목의 정욕에 이끌려 그것을 위하여 살았습니다. 블레셋인들은 그의 두 눈을 뽑아 버렸습니다. 그는 장님이 되었습니다. 눈으로 인한 정욕이 그로 하여금 여인에게 사로잡히게 하였는데, 이제 그는 노예들이나 하는 맷돌 돌리는 일을 하게 되었습니다. 블레셋인들을 놀리며 장난하는 것이 그의 즐거움이었는데, 이제는 블레셋인들이 그를 이용하여 놀리며 장난하였습니다. 그들은 자신들의 신 다곤의 신전에서 승리를 축하하는 대회를 거행했습니다. 그리고 그 축하연에 눈먼 삼손의 무력한 모습을 보이며 조롱하려고 삼손을 군중들 앞으로 끌어오게 하였습니다.

그러나 하나님께서는 삼손을 버리지 않으셨습니다. 감옥에서 그의 머리카락이 자랐습니다. 머리카락은 그가 나실인으로서 언약의 하나님께 구별되었다는 표시였습니다. 조롱하는 수천 명의 군중 사이로 삼손이 이끌려 나왔습니다. 삼손을 보자 블레셋의 군중들은 승리의 환호성을 지르기 시작했습니다. 지붕 위에 있던 군중들도 신전 뜰을 내려다보며 소리를 질렀습니다. 그들은 삼손이 힘없는 약한 존재라는 것을 놀리려고 그에게 재주를 부리도록 요구하였습니다. 삼손은 모욕을 참았습니다. 삼손은 자기가 신전 중앙 부분에 서 있다는 것을 알았습니다. 거기에는 기둥 둘이 있었는데, 신전 지붕을 떠받치고 있었습니다. 삼손은 자기 손을 붙든 소년에게 신전을 버틴 기둥을 찾아서 자기가 그것을 의지하게 해 달라고 했습니다.

신전에는 입추의 여지가 없이 사람들로 가득 차 있었습니다. 블레셋의 모든 방백도 그 자리에 참석하였습니다. 그들은 삼손이 재주부리는 광경을 보면서 승리감에 도취되어 환호성을 지르고 손뼉을 치며 크게 웃었습니다. 삼손은 하나님께 부르짖으며 기도했습니다. "주 여호와여, 구하옵나니 나를 생각하옵소서. 하나님이여, 구하옵나니 이번만 나로 강하게 하사 블레셋 사람이 나의 두 눈을 뺀 원수를 단번에 갚게 하옵소서"(사사기 16:28). 삼손은 신전을 버틴 두 기둥을 하나는 왼손으로, 하나는 오른손으로 껴안고 "블레셋 사람과 함께 죽기를 원하노라" 하고 부르짖으며 힘을 다하여 몸을 굽혔습니다. 그와 동시에 신전이 무너지면서 그 안에 있던 모든 사람들을 덮쳤습니다. 삼손의 이야기는 이렇게 결론짓습니다. "삼손이 죽을 때에 죽인 자가 살았을 때에 죽인 자보다 더욱 많았더라"(30절).

이 이야기는 삼손을 영웅으로 만들려는 게 아닙니다. 그는 복수하기를 원하면서 죽었으며, 그것도 자기 두 눈을 뺀 원수를 갚게 해 달라고 했습니다. 이것은 언뜻 보면 민족 전체를 위한다기보다는 자기 개인을 위한 것처럼 생각될 수도 있으나, 평소 수수께끼를 사랑한 삼손의 행동으로 미루어 볼 때 그것 역시 역설적인 표현일 것입니다. 그는 적들의 조롱을 자신들의 머리 위로 돌아가게 하였던 것입니다.

삼손의 비극적인 삶 속에서 장차 오실 그리스도를 가리키는 모형을 찾을 수 있을까요? 삼손의 이야기에서 그 핵심을 붙든다면 분명히 찾을 수 있습니다. 삼손의 이야기는 젊은이들이 열심히 흉내 내도록 하기 위하여 기록된 것이 아닙니다. 또는 잘못된 시범을 통하여 죄의 어리석음과 회개의 필요성을 보여 주려고 기록된 것도 아닙니다. 그의 죽음이 적들에 대한 하나님의 심판의 행위로서 제시된 것도 아니며, 그의 마지막 말도 죄를 고백하거나 용서를 구하는 것이 아니었습니다.

우리는 삼손의 이야기를 사무엘의 이야기와 대조할 수 있습니다. 두 사람 모두 그 출생이 예언되어 있었습니다. 그러나 삼손 이야기의 목표는 이러한 대조를 위한 것이 아니라, 하나님께서는 성령으로 무장된 한 사람을 통하여 자기 백성의 원수에게 심판을 내리실 수 있다는 것을 보여 주는 데 있습니다. 삼손의 약점과 죄는 삼손 자신의 삶과 이스라엘 사사로서의 부르심 간의 간격을 크게 할 뿐입니다. 우리는 삼손의 장점을 찬양하도록 부르심을 받은 것이 아닙니다. 우리는 그의 믿음을 보아야 합니다. 그는 자신의 힘이 하나님의 선물이라는 것을 알고 있었으며, 그의 원수들을 심판하여 달라고 하나님께 부르짖으면서 믿음 가운데 죽었습니다.

삼손의 부르심은 전능하신 구원자이신 예수 그리스도를 그림자로 보여 줍니다. 삼손이나 세례 요한과 비교할 때 예수님은 외적인 구별이 아니라 내적인 성결에 의하여 하나님께 구별된 삶을 사셨습니다. 예수님은 어머니의 모태로부터 하나님 아버지의 부르심을 받은 영적인 나실인이었습니다. 그분은 완전한 순종을 통하여 자신의 독특성을 보여 주셨는데, 하나님 아버지께서는 하늘로부터 들려오는 음성을 통하여 아들의 완전한 순종을 인정하셨습니다(마태복음 3:17, 17:5).

'여호와의 신' 곧 성령을 받은 삼손의 생애는 성령으로 기름 부음을 받은 그리스도 안에서 성취될 내용을 그림자로 보여 줍니다. 삼손처럼 예수님은 자기 백성의 지도자들에게 묶여 이방인 압제자들에게 넘겨졌습니다. 삼손처럼 예수님도 아무 힘 없는 자로서 모욕과 조롱을 당하셨습니다. 그분은 장님이 되지 않았지만, 눈을 가리우고 희롱과 모욕을 당하셨습니다. 예수님은 자원하여 스스로 자기의 목숨을 버리셨습니다. 그분은 십자가에서 죽으사 자기 생명을 내어 줌으로써 구원을 성취하셨습니다. 자기 생명을 버림으로써 다른 사람들에게 생명을 가져다주신 것입니다.

우리가 삼손의 생애를 통하여 그리스도를 발견하려고 할 때 지나치게 세부 사항 하나하나를 영적으로 해석하고 그리스도와 연관시키려고 해서는 안 됩니다. 삼손이 가사의 성문을 뽑아 헤브론 앞산 꼭대기로 가지고 간 것을 사망의 문이라 해석하여 그리스도께서도 사망의 문을 쳐부수셨다고 유추하는 것은 지나친 것입니다. 성문 그 자체는 상징적인 것이 아닙니다. 구약성경의 예표론(모형론)의 근거를 이루는 구조는 역사를 통하여 전개되는 하나님의 구속사역의 계속성입니다. 하나님으로부터 능력을 받고 임명된 구원자로서의 사사의 역할은 장차 오실 사사(심판자) 곧 예수 그리스도를 예표하고 있습니다.

성령의 능력 가운데서 삼손은 무적의 힘을 소유하고 있었는데, 그것은 예수 그리스도 안에서 마지막으로 계시될 그 승리를 가리켜 주고 있습니다. 삼손은 가사의 성 문짝을 뽑아 버렸는데, 이를 통하여 우리는 어떠한 세력이나 힘도 성령을 받은, 하나님의 백성의 용사를 제한할 수 없다는 사실을 깨닫게 됩니다. 그러므로 삼손의 큰 힘은 죽음도 제한할 수 없었던 그리스도의 승리를 희미하게나마 미리 보여 줍니다.

삼손이 자기 민족에게 배반당한 것처럼 주님께서도 자기 백성에게 거부와 배반을 당하셨습니다. 여호와의 종이 자기 백성에게 거부당한다는 것은 참으로 구속의 역사를 통하여 계속 반복된 유형이었습니다. 아벨의 피로부터 고난당한 마지막 선지자 예수 그리스도의 피에 이르기까지, 하나님의 종들의 이야기는 거부와 배척을 당한 이야기로 점철되어 있습니다.

그러나 하나님께서는 배척당한 자기의 종들을 사용하시고 축복하실 뿐만 아니라, 그러한 배척을 하나님의 목적을 이루기 위하여 사용하십니다. 이것은 성경에 나타나 있는 전형적인 유형입니다. 이스라엘 백성이 삼손을 블레셋 사람들에게 넘겨주었으나, 그렇게 함으로써 그들은 그들의 원수들에 대한 하나님의 심판이 임하게 했던 것입니다. 외적인 패배를 통한 승리라는 주제는 삼손의 이야기에서 우연한 것이 아닙니다. 그것은 하나님의 위대한 구원의 능력의 또 다른 예입니다. 하나님의 능력은 약한 데서 온전하여집니다.

사사 시대에 하나님께서는 자기 백성을 그들의 압제자들로부터 구원하기 위하여 언약의 용사들을 불러일으켜 세우셨습니다. 삼손을 통해 하나님께서는 한 명의 고독한 용사로 자기 백성을 구원하실 수 있다는 사실을 보여 주셨습니다. 그러나 삼손은 이스라엘의 실질적인 지도자가 아니었습니다. 암울하고 혼란했던 격동의 사사

시대가 지나고 진정한 용사인 동시에 지도자인 구원자가 세워진 것은 바로 왕, 특히 다윗왕을 통해서입니다.

용사인 왕

이스라엘에 있어서 왕의 제도는 백성의 요구에 따라 이스라엘의 가장 위대한 사사인 사무엘에 의하여 시작되었습니다. 사무엘은 여호와의 제사장 엘리와 함께 어린 시절을 성소에서 보냈습니다. 이스라엘이 분열되어 있었던 어두운 시대에 하나님으로부터 오는 계시가 거의 없었습니다. 여호와께서는 사무엘에게 그를 자기의 선지자로 삼겠다고 말씀하셨습니다. 사무엘은 하나님의 말씀의 사역자로서, 그리고 기도의 사람으로서 이스라엘을 지도하고 재판하고 다스렸습니다.

사무엘의 리더십은 삼손이 블레셋과 싸운 방식과는 완전히 대조가 되었습니다. 사무엘은 나귀의 턱뼈로 싸운 것이 아니라, 어린양의 제물로 싸웠습니다(사무엘상 7:9-10). 그는 백성에게 자신들의 죄를 회개하도록 촉구했습니다. 블레셋의 압제자들을 이기려면 이스라엘 백성이 먼저 회개하고 우상들을 제거하며 구원해 달라고 하나님께 부르짖으며 기도해야 한다고 외쳤습니다. 이스라엘 백성은 침략자들과 대항하여 싸우러 갈 때 사무엘에게 여호와 하나님께 기도해 달라고 요청했고, 사무엘은 그렇게 했습니다. 블레셋 사람들이 공격해 올 때 사무엘은 여호와께 번제를 드리고 있었습니다. 여호와께서는 블레셋 사람들에게 천둥과 벼락을 무섭게 내리쳐서 그들을 어지럽게 하셨습니다. 이스라엘 백성은 승리를 거두었습니다. 사무엘은 하나님을 찬양하고 기념비를 세워 그 이름을 '에벤에셀

여호와의 기름 부음을 받은 자 183

(도움의 돌)'이라 하였습니다.

그러나 이스라엘 백성은 자신들의 방어와 보호를 위하여 기도에 의지하는 것만으로는 만족하지 못했습니다. 그들은 사무엘의 아들들이 아버지의 선지자적 은사를 이어받지 못했다는 사실을 알았습니다. 그들은 하나님께 이스라엘을 지도할 또 다른 사무엘과 같은 인물을 세워 주실 것을 구하지도 않았습니다. 그들은 다른 민족들처럼 왕을 갖기를 더 좋아했습니다. 사무엘은 백성들의 반역적인 태도에 괴로워했습니다. 그러나 하나님께서는 사무엘에게 그 요구를 들어 주되, 왕의 제도를 갖게 됨으로써 자신들이 치러야 할 값에 대하여 엄히 경고하라고 지시하셨습니다.

이렇게 하여 세워진 이스라엘 최초의 왕 사울은 처음에는 성공적이었지만, 불행하게도 하나님의 기름 부음을 받은 자로서의 그의 부르심에 있어서 실패하였습니다. 그는 하나님께서는 적은 숫자로도 구원하실 수 있다는 사실을 믿지 못했습니다. 그는 휘하 군사들이 블레셋 군대 앞에서 도망가 군대의 수가 점점 줄어드는 것을 보고, 끝까지 사무엘을 기다려야 함에도 불구하고 그러지 못하고 자기가 직접 제사를 드렸습니다(사무엘상 13:9). 그 후 여호와께서 그에게 하나님의 심판의 대행자로서 아말렉인을 진멸하라고 명령하셨을 때에도 그는 아말렉의 왕인 아각뿐만 아니라 양과 소 중에서 가장 좋은 것들을 남겼습니다.

사무엘은 여호와께서 사울을 버리셨다는 것을 알려 주기 위하여 그에게서 떠났습니다(사무엘상 15장). 하나님의 명령을 따라서 사무엘은 하나님께서 사울을 이어 이스라엘의 왕으로 택하신 다윗에게 기름을 부었습니다(사무엘상 16장).

이스라엘의 용사요 왕인 다윗의 기사에서 장차 오실 구주의 승리에 대한 완벽한 그림자를 볼 수 있습니다. 삼손 및 다른 사사들처럼,

다윗은 전쟁에서 용감하고 능숙한 전사였습니다. 그러나 삼손과는 달리 자기 부하를 배려하고 그들의 섬김에 대하여 감사할 줄 아는 지도자였습니다. 사무엘처럼 그는 기도의 사람이었고, 하나님의 말씀을 삼가 지켰습니다. 다윗은 사무엘과 같은 의미에서는 선지자가 아니었지만, 하나님으로부터 계시를 받았고(사도행전 2:30-31), 성령의 감동하심을 입어 시편의 많은 부분을 지었습니다.

다윗이 여호와 하나님을 섬기는 기사에서 우리는 예수님의 이야기를 읽습니다. 다윗의 생애 속에는 다윗의 위대한 자손인 그리스도의 사역이 그림자로 나타나 있습니다. 이것은 그가 여호와의 기름 부음을 받은 자였기 때문에 당한 시련과 고난 가운데 분명히 나타나 있습니다. 다윗의 시편들에는 여호와 하나님을 위하여 조롱과 환난을 당하는 여호와의 의로운 종이라는 주제가 자주 등장하고 있습니다.

> 내가 주를 위하여 훼방을 받았사오니
> 수치가 내 얼굴에 덮였나이다.
> 내가 내 형제에게는 객이 되고
> 내 모친의 자녀에게는 외인이 되었나이다.
> 주의 집을 위하는 열성이 나를 삼키고
> 주를 훼방하는 훼방이 내게 미쳤나이다.
> 내가 곡하고 금식함으로 내 영혼을 경계하였더니
> 그것이 도리어 나의 욕이 되었으며,
> 내가 굵은 베로 내 옷을 삼았더니
> 내가 저희의 말거리가 되었나이다.
> 성문에 앉은 자가 나를 말하며
> 취한 무리가 나를 가져 노래하나이다.
>
> (시편 69:7-12)

여호와를 위한 다윗의 고난은 부분적으로는 블레셋 및 주변 민족들의 적의로 인한 것이었습니다. 다윗은 시편 56편에서 그가 사울의 추격을 피해 블레셋의 가드로 도망가서 경험한 것을 회고하고 있습니다.

> 하나님이여, 나를 긍휼히 여기소서.
> 사람이 나를 삼키려고 종일 치며 압제하나이다.
> 나의 원수가 종일 나를 삼키려 하며
> 나를 교만히 치는 자 많사오니
> 내가 두려워하는 날에는 주를 의지하리이다.
>
> (시편 56:1-3)

다윗은 사울의 추격을 피해 도망하여 피난처를 구하러 가드왕 아기스에게로 갔지만, 너무나 비천한 행동을 함으로써 겨우 목숨을 부지할 수 있었습니다. 그는 미친 사람처럼 행동하고, 대문짝에 그적거리며 수염에 침을 질질 흘리고 다녔습니다. 결국 가드왕 아기스는 "내게 미치광이가 부족하여서 너희가 이 자를 데려다가 내 앞에서 미친 짓을 하게 하느냐?"라고 하면서 다윗을 내쫓으라고 명령하였습니다.

그러나 다윗이 당한 가장 큰 고난은 이방 적들로부터가 아니라 자신의 민족으로부터 왔습니다. 사울은 제정신이 아닐 정도로 다윗의 공훈과 그가 사람들에게 널리 알려지는 것을 시기하였습니다. 다윗은 악신에게 괴롭힘을 당하고 있는 사울왕을 진정시키려고 수금을 타는 도중 사울이 갑자기 그에게 던진 창에 하마터면 벽에 박힐 뻔하였는데 아슬아슬하게 피한 적도 있었습니다. 이런 일은 그 후에도 있었습니다. 한번은 사울이 부하들을 다윗 집에 보내어 다윗을 죽이라는 명령을 하였습니다. 사울의 딸이요 다윗의 아내인 미갈이 남편 다윗에게 이 밤중에 당장 피하지 않으면 죽임을 당할 것이라고 하며 다윗을 창문을 통해 달아나게 하였습니다. 그리고 미갈은 사울의 부하들을 속이려고 다윗의 침대 속에 우상을 넣어 두어 다윗이 침대에 누워 있는 것처럼 하였습니다. 다윗은 사울왕에게 쫓기면서 광야 이곳저곳을 전전하게 되었습니다. 이스라엘에서 환난당한 모든 자와 빚진 자와 마음이 원통한 자가 다 다윗에게로 모여 들었고, 다윗은 그들의 지도자가 되었습니다. 한번은 다윗과 그 부하들이 사울과 그의 군사들에게 완전히 포위되어 위태로운 지경에 빠졌으나, 블레셋 사람들의 갑작스런 침략으로 사울이 포위를 풀고 물러감으로써 간신히 목숨을 건진 적도 있었습니다.

이러한 이야기들이 아주 생생하게 기록되어 있습니다. 한번은 사울이 삼천 명의 정예 군사를 거느리고 다윗과 그의 부하들을 추격하였습니다. 사울은 일을 보려고 한 굴속으로 들어갔는데, 바로 그 굴속에 다윗과 그의 부하들이 숨어 있었습니다. 다윗의 부하들은 이것이야말로 자신들의 목숨을 노리는 왕을 죽이고 모든 문제를 해결할 수 있는, 하나님이 주신 절호의 기회라고 생각하였습니다. 그러나 다윗은 그들의 말을 받아들이지 않고, 다만 사울왕의 옷자락만 가만히 조금 베었습니다. 왕에게는 결코 손대지 않았습니다. 사울왕의 옷자락을 조금 벤 것을 인하여서조차 하나님 앞에서 마음이 찔렸습니다. "내가 손을 들어 여호와의 기름 부음을 받은 내 주를 치는 것은 여호와의 금하시는 것이니, 그는 여호와의 기름 부음을 받은 자가 됨이니라"(사무엘상 24:6).

잠시 후 사울이 굴에서 나가 안전거리에 있을 때 다윗도 따라 나가 사울에게 그의 옷자락 벤 것을 보여 주고 사울에게 자신의 선한 뜻을 알렸습니다. 이렇게 되자 사울은 부끄럽게 느끼고 잠시나마 추격하는 것을 중지했습니다.

다윗은 많은 시편에서 사울의 호된 박해나 자기 아들 압살롬의 반역으로 인한 어려움들을 겪으면서 하나님께 그의 심정을 쏟아 놓고 있습니다. 다윗은 자기 손으로 여호와의 기름 부음을 받은 사울왕에 대하여 복수하는 것은 거부했습니다. 그가 사울이 이스라엘의 왕으로서 기름 부음을 받은 사실을 존중한 것은 자기 자신이 사울을 이어 이스라엘의 왕이 되도록 여호와에 의하여 기름 부음을 받은 자라는 사실을 인식하고 있었기 때문이기도 할 것입니다. 다윗은 사울왕을 제거하고 왕좌를 차지할 수 있는 허가증으로 그 기름 부음 받은 사실을 이용하지 않았습니다. 다윗은 자기의 모든 것을 하나님께 맡겼고, 하나님께서 친히 그분의 원수들을 심판하시고 그분의 약속을 지키실 것을 믿었습니다.

다윗의 삶에는 많은 환난과 시련이 있었습니다. 그는 광야에서 이 골짜기 저 골짜기로 방황하였습니다. 골짜기에는 늘 사망의 그림자가 드리워져 있었습니다. 다윗과 사망 사이는 한 걸음뿐이었습니다. 그 골짜기에서도 그는 "여호와는 나의 목자시니 내가 부족함이 없으리로다.… 내가 사망의 음침한 골짜기로 다닐지라도 해를 두려워하지 않을 것은 주께서 나와 함께하심이라. 주의 지팡이와 막대기가 나를 안위하시나이다"(시편 23:1,4)라고 고백하였습니다. 다윗이 얻은 승리는 믿음의 승리였습니다. 우리는 다윗이 치른 첫 번째 전투, 즉 블레셋의 용사인 골리앗과의 대결에서 그의 믿음과 헌신을 엿볼 수 있습니다. 다윗에게 그 거인과의 싸움을 자원하게 한 것은 바로 그의 믿음 즉 만군의 하나님 여호와의 영광을 위한 그의 열심이었습니다.

아버지 이새가 다윗을 전쟁터로 보내어 세 형과 그 동료들에게 양식을 전하고 형들의 안부를 알아 오라고 했습니다. 전쟁터에 도착한 다윗은 이스라엘군이 골리앗의 오만방자한 모욕적인 도전을 듣고도 묵묵히 듣고만 있을 뿐 아무도 대항하여 나서지 않는 것을 보고 깜짝 놀랐습니다. 큰형 엘리압은 골리앗을 대수롭지 않게 여기는 막냇동생에게 화를 내며 비웃었습니다. "네가 어찌하여 이리로 내려왔느냐? 들에 있는 몇 양을 뉘게 맡겼느냐? 나는 네 교만과 네 마음의 완악함을 아노니 네가 전쟁을 구경하러 왔도다"(사무엘상 17:28).

물론 엘리압은 다윗의 도전적인 믿음과 열심을 시기했을지도 모릅니다. 우리는 이 이야기 속에서 다윗이 여호와의 기름 부음을 받은 자로서 행동하고 있음을 볼 수 있습니다(사무엘상 16:12-13). 여호와의 신이 하나님의 부르심을 받은 다윗 위에 임하셨습니다. 다윗의 이야기에서는 다윗을 붉고 용모가 아름다운 젊은이로 반복 묘사함으로써 다윗의 기름 부음을 상기시켜 주고 있습니다. 이 말은 사무엘이 다윗을 왕으로 삼기 위해 기름을 부을 때 다윗의 모습을 설명할 때도 사용되었고, 골리앗을 향해 나아가는 다윗의 모습을 묘사하는 데도 사용되었습니다(사무엘상 16:12, 17:42). 그는 비록 어렸지만 성령으로 기름 부음을 받았습니다. 골리앗은 다윗이 손에 막대기만 가지고 갑옷도 입지 않고 나아오는 것을 보았습니다. 이 가드 용사는 모욕을 느꼈습니다. "네가 나를 개로 여기고 막대기를 가지고 내게 나아왔느냐?"(17:43).

골리앗은 자기가 숭배하는 신들의 이름으로 다윗을 저주하면서 이렇게 말했습니다. "내게로 오라. 내가 네 고기를 공중의 새들과 들짐승들에게 주리라"(17:44). 다윗은 골리앗의 신장이나, 그의 무기, 그리고 그의 고함 소리에도 전혀 위협을 느끼거나 겁내지 않았습니다. 다윗은 골리앗을 향하여 이렇게 말했습니다. "너는 칼과 창과 단창으로 내게 오거니와 나는 만군의 여호와의 이름 곧 네가 모욕하는 이스라엘 군대의 하나님의 이름으로 네게 가노라"(17:45).

이스라엘 군대의 하나님은 만군의 하나님이십니다. 그분은 하늘과 땅의 모든 권세를 가지신 분이십니다. 다윗의 용기는 믿음의 용기였습니다. 골리앗이 아무리 거인이고 오늘날로 말하면 탱크와 같은 무기를 가지고 나아와도 아무 문제가 되지 않았습니다. 골리앗의 적수는 막대기를 가진 애송이가 아니라, 하나님의 성령을 받은, 여호와의 기름 부음을 받은 자였습니다. 결국 다윗의 물매가 그 창날만 해서 약 7kg이나 되는 놋 단창보다 우수함이 판명되었습니다. 그러나 다윗에게 승리를 가져다준 것은 그의 물매 솜씨가 아니라 하나님의 은혜였습니다.

다윗이 광야 생활에서 겪은 여러 일화는 다윗의 믿음의 시험과 승리들을 보여 줍니다. 다윗은 사울의 집요한 추격에 살 소망을 단념한 절망의 나날도 있었습니다. 그러나 다시 거듭거듭 하나님은 다윗에게 소망을 새롭게 해 주셨습니다. 다윗의 기사 끝부분에 보면 다윗의 용사들의 이름이 간단한 소개와 함께 나옵니다. 다윗은 그의 용사를 몇 개의 등급으로 나누었습니다.

이 용사들의 기록 가운데 사무엘하 23:13-17의 내용은 헌신의 의미를 분명하게 보여 줍니다. 다윗의 부하들은 자신들의 지도자에게 지독할 정도로 충성하였습니다. 그 충성심은 자신들의 목숨을 바칠 정도였습니다. 오늘날 이러한 충성심은 찾아보기가 쉽지 않습니다. 이를테면 자기가 응원하는 야구팀에 열심 있는 정도가 아니라 그 팀에 완전히 미쳐 자기의 모든 것을 바치는 정도에 비유할 수 있습니다.

위의 이야기의 배경은 이스라엘의 왕으로서 다윗의 통치 초기 시절입니다. 사울이 죽은 후 다윗은 자기 지파인 유다 지파에 의하여 왕으로 추대되었습니다. 7년 후 그는 이스라엘 전체의 왕이 되었습니다. 블레셋인들은 다윗이 이스라엘의 왕이 되었다는 소식을 듣고 그를 치러 왔습니다. 사울을 패배시킨 그들은 다윗 왕국의 초기에 싹이 자라기 전에 선제공격하여 후환을 미연에 방지할 계획이었습니다.

블레셋군은 유다의 영토 깊숙이까지 들어와 강력한 요새를 가진 베들레헴을 장악하였습니다(사무엘하 5:17-18). 아직 자기의 왕국을 방어할 만한 군대를 충분히 갖추지 못한 다윗은 유다 광야에 있는 잘 아는 요새로 피하였습니다. 그곳은 그가 사울에게 쫓기던 시절부터 잘 알고 있었던 요새였습니다. 그는 거기서 충성스러운 자원자들과 합류하였습니다. 그 가운데는 틀림없이 지난날 자기가 쫓기던 시절의 용사들이 많이 있었을 것입니다. 그때는 추수 때였기 때문에 군사를 징모하기가 어려운 때였는데, 그날의 자원자들 중에는 특별히 왕을 위하여 헌신하였던 세 사람이 있었습니다.

광야의 태양은 뜨거웠습니다. 그 삼 인이 왔다는 얘기를 들으면서 다윗은 자기 마음속에 있는 욕구를 혼잣말로 중얼거렸습니다. "베들레헴 성문 곁 우물물을 누가 나로 마시게 할꼬?"(사무엘하 23:15). 물론 다윗의 요새에도 우물이 있었습니다. 우물이 없이는 아무 진도 칠 수 없기 때문입니다. 그러나 다윗은 블레셋군이 주둔하고 있는 베들레헴에서 길어 온 물을 먹고 싶었습니다. 베들레헴은 다윗의 고향이었고, 그것은 블레셋군도 잘 알고 있었습니다. 다윗은 소년 시절 그날과 같이 뜨거운 날 들판에서 돌아와 우물에서 물을 긷고 있는 친구에게 물을 좀 달라 하여 마셨을 때의 그 맛의 향수에 젖어 있었는지도 모릅니다.

그러나 베들레헴 성문 곁 우물물을 먹고 싶어 한 다윗의 욕구 속에는 향수 이상의 것이 담겨 있었습니다. 그는 하나님의 기름 부음을 받은 왕이었고, 이스라엘 전체를 다스리는 보좌에 있었지만, 그가 태어난 고향 베들레헴을 블레셋군이 장악하고 있었습니다. 여호와 하나님께서 블레셋군을 그의 손에 붙이셔서 베들레헴을 그에게 주실 것인가? 블레셋군을 쳐부술 수 있을까? 다윗은 하나님께 물어보기로 했습니다(사무엘하 5:19).

세 용사는 왕의 소원을 듣고, 서로 표정을 교환하고는 칼을 차고 물주머니를 들고 광야를 가로질러 베들레헴으로 향하였습니다.

성경에는 그 내용이 구체적으로 기록되어 있지 않습니다. 그 세 용사가 처음으로 적을 만난 곳이 어디인지, 블레셋군의 전초 부대가 어떻게 그들을 막았는지, 베들레헴 성문 곁에 있는 우물까지 가는 동안 어떤 전투를 했는지 전혀 모릅니다. 여하튼 그들은 블레셋군을 뚫고 우물까지 갔습니다.

성문은 블레셋군의 사령부가 있는 곳이었을 것입니다. 거기에는 넓은 광장이 있어서 군사들이 집합하는 장소였습니다. 우물물은 누가 길어 주었을까? 그 성의 여인이 물을 길어 주었을까? 두 사람이 방어하고 있는 동안 한 사람이 길었을까? 말할 필요도 없이 그 성까지 뚫고 들어가는 것보다 물을 들고 블레셋군의 포위망이 뚫고 빠져 나오는 것이 훨씬 힘들었을 것입니다. 그러나 그보다 더 힘들었던 것은 그들이 싸움을 마치고 광야를 가로질러 돌아오면서 손에 든 그 물을 흘리지 않고 날라 오는 일이었을 것입니다.

다윗은 그들에게 물을 떠 오라고 명령하거나 부탁하지도 않았습니다. 그들은 물론 왕의 명령에 기꺼이 순종하였을 것입니다. 다윗이 단지 소원을 이야기했을 뿐인데 그들은 목숨을 걸고 그 위험한 일을 자원하여 수행했습니다. 왕의 소원은 그들에게는 곧 명령이나 다름없었습니다.

하나님의 언약 공동체는 충성심보다 더 강한 끈으로 묶여 있습니다. 하나님의 백성을 한데 묶는 끈은 상호 헌신이라는 끈입니다.

예수 그리스도의 몸 된 교회 안에서 지도자들은 순종을 강요하는 사람들이 아닙니다. 그들은 '서로 사랑하라'는 주님의 말씀을 마음에 새기고 있는 사람들의 자발적이고 즐거운 섬김을 통하여 격려를 얻고 지원을 받습니다.

　세 용사가 진으로 돌아와 다윗왕에게 나왔을 때는 거의 기진맥진하였을 것입니다. 그들은 왕에게 물주머니를 드렸습니다. 그런데 다윗의 반응은 우리를 어리둥절하게 합니다. 베들레헴의 우물에서 길어 온 물을 그토록 먹고 싶어 했던 다윗이 그 주머니의 물을 땅에 천천히 부었고 바닥에 작은 웅덩이가 패였습니다. 내리쬐는 태양빛에 그곳은 금방 말라 버렸습니다.

　다윗은 부하들의 희생을 대수롭지 않게 여긴 생각 없는 사람인가? 그 정반대입니다. 다윗은 그들의 헌신을 소중히 여겼습니다. 그 물은 마시기에 너무도 귀중하였기 때문에 다윗은 마시기를 원치 않았습니다. 그는 하나님께 아뢰었습니다. "여호와여, 내가 결단코 이런 일을 하지 아니하리이다. 이는 생명을 돌아보지 아니하고 갔던 사람들의 피니이다"(사무엘하 23:17). 다윗은 그 물을 여호와께 전제로 부어 드렸습니다. 다윗의 겸손은 하나님께 대한 그의 헌신을 보여 줍니다.

　자기 자신의 이익을 위해 하나님의 백성을 이용하고 착취한, 자칭 하나님의 양 무리의 목자들이 늘 있었습니다. 그들은 양의 고기를 먹으며, 양털로 짠 털옷을 입으면서도 양 떼는 돌보지 않았습니다(에스겔 34:1-10). 목자의 자세에 대하여 성경은 이렇게 이야기합니다. "너희 중에 있는 하나님의 양 무리를 치되 부득이함으로 하지 말고 오직 하나님의 뜻을 좇아 자원함으로 하며, 더러운 이를 위하여 하지 말고 오직 즐거운 뜻으로 하며, 맡기운 자들에게 주장하는 자세를 하지 말고 오직 양 무리의 본이 되라"(베드로전서 5:2-3).

다윗은 부하들이 목숨을 걸고 떠다가 바친 그 물을 자기가 마땅히 받아야 할 것으로 여기지 않았습니다. 오히려 그 물을 하나님께 드려야 할 것으로 여겼습니다. 사도 바울도 빌립보 성도들이 그에게 보낸 선물에 대하여 "이는 받으실 만한 향기로운 제물이요 하나님을 기쁘시게 한 것"이라고 하였습니다(빌립보서 4:18). 틀림없이 다윗은 그 물을 여호와 하나님께 바치는 행위로 말미암아 자기 부하들로 하여금 자신들의 부르심을 이해하도록 격려하였을 것입니다. 그들은 이스라엘의 하나님을 섬긴 것입니다. 그 물은 그들의 무예 솜씨가 가져다준 승리의 산물이 아니라, 하나님으로부터 온 승리의 선물이었습니다.

우리는 다윗이 그 물을 하나님께 제물로 드리는 것을 통하여 다윗이 자기에게 헌신한 사람들에 대하여 하나님께 겸손히 감사하는 태도를 엿볼 수 있습니다. 동시에 다윗의 믿음이 새로워지는 것을 보게 됩니다. 하나님께서 그의 용사들로 하여금 베들레헴의 우물까지 뚫고 들어갔다 올 수 있게 하셨다면, 분명 블레셋 사람들을 그의 손에 붙이실 것이며 그에게 완전한 승리를 주실 것입니다.

이 아름다운 이야기는 다윗의 민감성과 하나님께 대한 그의 헌신, 그리고 부하들에 대한 그의 사랑을 여실히 보여 줍니다. 우리는 사무엘하 23장을 읽어 가면서 다윗의 용사들의 공적을 보게 되는데, 용사들의 명단 맨 마지막에 나오는 한 인물을 기억하지 않을 수 없습니다. 곧 헷 사람 우리아입니다.

헷 사람 우리아 역시 다윗의 용사 중 하나였습니다. 그도 역시 베들레헴에서 물어 길어 온 그 세 용사처럼 왕에게 헌신한 사람이었습니다. 우리아의 이름은 다윗의 생애 가운데 가장 어두운 부분에 기록되어 있습니다. 어느 해 이스라엘 군대는 암몬 족속의 수도인 랍바성을 포위 공격하고 있었고, 다윗은 전쟁에 나가지 않고 예루살렘에 남아 있었습니다. 저녁 무렵 다윗은 왕궁 지붕 위를 거닐다가 근처 어느 집 정원에서 한 여인이 목욕하고 있는 것을 보았습니다. 사람을 보내어 알아보니 다윗의 용사 중 하나인 헷 사람 우리아의 아내 밧세바였습니다. 다윗은 가만히 사람을 보내어 데려오게 하여 함께 자고는 집으로 돌려보냈습니다. 다윗은 자기의 정욕을 만족시킨 걸로 그 사건은 끝났다고 생각했습니다.

그런데 밧세바가 다윗에게 임신했다는 전갈을 보내왔습니다. 다윗은 난감했습니다. 다윗은 밧세바가 가진 아기가 우리아의 아이라고 꾸미려고 수치스러운 계책을 생각해 냈습니다. 그는 우리아를 전쟁터에서 불러들여 특별 휴가를 주어 집에 가서 아내와 함께 잠을 자도록 했습니다. 그 계획은 왕과 부하들에 대한 우리아의 헌신 때문에 실패로 돌아갔습니다. 그가 집에 가서 쉬기를 거절했기 때문입니다. "언약궤와 이스라엘과 유다가 영채 가운데 유하고 내 주 요압과 내 왕의 신복들이 바깥 들에 유진하였거늘 내가 어찌 내 집으로 가서 먹고 마시고 내 처와 같이 자리이까? 내가 이 일을 행치 아니하기로 왕의 사심과 왕의 혼의 사심을 가리켜 맹세하나이다"(사무엘하 11:11). 우리아는 다윗왕에게 전쟁터의 상황을 보고한 다음 왕궁 문에서 수비하는 군사들과 함께 잠을 잤습니다.

그다음 날 저녁에도 다윗은 우리아를 불러 그로 하여금 취할 때까지 먹고 마시게 했지만, 아무 효과가 없었습니다. 우리아가 집으로 가지 않을 것을 안 다윗은 다른 계책을 꾸몄습니다. 다윗은 우리아를 죽이라는 명령이 들어 있는 편지를 써서 우리아의 손에 부쳐 그의 지휘관인 요압 장군에게로 돌려보냈습니다. "너희가 우리아를 맹렬한 싸움에 앞세워 두고 너희는 뒤로 물러가서 저로 맞아 죽게 하라"(사무엘하 11:15).

헌신된 사람 우리아는 왕의 편지에 무엇이 적혀 있는지도 모르고 그것을 요압 장군에게 주었고, 며칠 후 그는 죽었습니다. 간음자 다윗이 이제 살인자 다윗이 되었습니다. 우리아의 장사를 마치고 나서 다윗은 밧세바를 궁으로 데려와 아내로 삼았습니다. 우리아의 생명을 대가로 치른 것입니다.

　다윗은 자기의 죄악을 숨기려고 온갖 시도를 다 했고, 아무도 그 사실을 모를 것이라고 생각했을지도 모르나, 하나님은 다 알고 계셨습니다. 얼마 후 선지자 나단이 다윗의 범죄를 탄핵했습니다. 다윗은 자기가 행한 엄청난 죄악을 진심으로 회개하였습니다. 시편 51편에는 이것이 구체적으로 나타나 있습니다. 다윗은 상하고 통회하는 마음으로 하나님의 용서를 구하였고, 하나님께서는 다윗의 죄를 용서하여 주셨습니다. 그러나 이 사건으로 인하여 가정에서의 다윗의 권위는 떨어졌고, 결국 그는 자기가 뿌린 것을 아들 압살롬의 반역에서 거두었습니다.

　다윗 역시 삼손처럼 죄인이었습니다. 하나님의 구속사에서 그가 차지하고 있는 위치는 그의 부르심에 근거하고 있지 그의 순종에 근거하고 있는 게 아닙니다. 분명하게 말해서 다윗은 우리의 완전한 모범이 될 수 없습니다. 그러나 다윗은 믿음의 사람이었고, 죄를 회개하고 하나님의 구원을 믿었습니다.

　왕으로서의 그의 역할 속에서 다윗은 우리에게 그리스도를 가리켜 주고 있습니다. 그리스도는 다윗의 자손이시며, 다윗은 그분을 '주님'이라고 불렀습니다(시편 110:1, 마태복음 22:41-46, 사도행전 2:34-36). 우리가 우리의 자발적인 헌신의 물을 가지고 가는 것은 만왕의 왕 예수님께로지 다윗왕에게로가 아닙니다. 진실로 예수님은 우리의 헌신을 기대하십니다. 예수님께서 열 문둥병자를 고치셨는데 한 사람만 돌아와 예수님의 발 아래 엎드려 하나님을 찬양하자 예수님은 이렇게 물으셨습니다. "열 사람이 다 깨끗함을 받지 아니하였느냐? 그 아홉은 어디 있느냐?"(누가복음 17:17). 그들은 이렇게 변명할 수도 있을 것입니다. "예수님께서 우리에게 제사장에게 가서 우리 몸을 보이라고 명하셨기 때문에 우리는 예수님의 말씀대로 행하였을 뿐이며, 예수님은 우리더러 돌아와서 감사의 말을 하라는 말씀은 한마디도 하시지 않았지 않은가?"

그러나 참된 헌신은 자발적이어야 합니다. 다윗의 용사들의 경우에서와 마찬가지로 왕이신 예수님의 헌신된 종들은 그분의 명령이나 부탁을 기다리지 않습니다. 그들은 뜻밖의 일을 함으로써 자신들의 왕을 기쁘시게 합니다. 진실로 헌신은 뜻밖의 일을 즐거이 합니다. 물론 우리가 영광의 주님을 깜짝 놀라게 하는 일을 할 수는 없습니다. 그러나 시도할 수는 있습니다!

우리의 왕이신 예수님은 우리의 헌신을 하나님 아버지께 바칩니다. 왜냐하면 그분은 또한 우리의 대제사장이시기 때문입니다. 하늘의 성소에서 그분은 성도들의 기도를 향으로 바칩니다. 우리가 하나님 아버지를 영화롭게 하려고 시도했던 그 보잘것없고 불완전한 것들을 우리의 왕이신 중보자 예수 그리스도께서 받으셔서 하나님을 기쁘시게 하는 제물로 드리시는 것입니다.

다윗의 자리에 계신 예수님은 또한 우리의 용사이신 왕이십니다. 적진을 뚫고 우리에게 생명의 물을 가져다주신 분이 바로 이분이십니다. 베들레헴에서 가져온 물은 다윗에게는 귀한 물이었습니다. 왜냐하면 그는 그것을 '자기 생명을 돌아보지 아니하고 갔던 사람들의 피'로 보았기 때문입니다. 예수님께서 우리에게 주신 그 생명의 잔은 단지 그분의 생명을 돌아보지 아니한 정도가 아니라 그분의 생명을 대가로 치르고 가져다주신 것입니다. 그것은 그의 피로 세운 새 언약의 잔입니다.

하나님의 놀라운 은혜는 우리를 향한 하나님의 헌신적인 사랑

가운데 나타납니다. 우리의 범죄와 불순종에도 불구하고 우리를 향한 하나님의 사랑은 변함이 없으며 계속 우리에게 인자와 자비를 베푸십니다. 다윗은 무서운 죄를 범한 후 회개하는 기도에서 하나님의 인자와 자비를 인하여 감히 하나님의 긍휼히 여기심과 용서를 구하고 있습니다. "하나님이여, 주의 인자를 좇아 나를 긍휼히 여기시며 주의 많은 자비를 좇아 내 죄과를 도말하소서"(시편 51:1). 선지자를 통하여 하나님께서는 패역한 이스라엘 백성에게 이렇게 말씀하십니다. "내가 무궁한 사랑으로 너를 사랑하는 고로 인자함으로 너를 인도하였다"(예레미야 31:3).

하나님의 구원 계획의 전개 과정에서 하나님께서는 자기의 독생자를 주심으로써 자기의 신실하신 사랑을 계시하고 계십니다. 분명 다윗의 범죄에도 불구하고 그에 대한 자신의 약속을 실행하신 것은 다윗에 대한 하나님의 신실하신 사랑 때문이었습니다. 다윗의 이야기는 그가 태어나기 훨씬 이전부터 시작됩니다. 하나님께서 다윗을 선택하셨다는 것이 룻기 이야기의 밑바탕에 있습니다. 룻기는 다윗의 조부인 오벳의 출생에서 그 절정에 달합니다. 룻기는 아름다운 사랑의 이야기를 그리고 있습니다. 무엇보다도 룻기는 헌신의 위력을 보여 줍니다. 여호와 하나님께 대한 나오미의 헌신은 그의 삶에 닥친 비극에 의하여 시험되었습니다. 기근으로 인하여 남의 나라로 간 나오미는 거기서 남편과 두 아들을 잃었습니다. 빈털터리가 되어 고향 땅으로 돌아왔습니다. 과부인데다가 가족의 기업을 주장할 아들 즉 이스라엘에서 그 가족의 이름을 계승할 아들도 하나 없었습니다.

그러나 나오미는 혼자 돌아오지 않았습니다. 며느리 룻이 시어머니인 그와 헤어지기를 거부했기 때문입니다. 룻은 나오미를 꼭 붙들기로 결심했고, 나오미의 땅, 나오미의 백성, 나오미의 하나님을 자기의 것으로 주장하였습니다. 룻은 가난한 과부인 시어머니 나오미를 봉양하였습니다. 룻은 나오미의 지시에 따라 베들레헴의 들판에서 이삭을 주워다가 시어머니를 극진히 모셨습니다. 하나님의 신실하신 자비로 인하여 룻의 발걸음이 보아스의 땅으로 향하게 되었습니다. 보아스는 젊은 이방 여인에게 큰 친절을 베풀었습니다. 이제 헌신이 헌신을 만난 셈입니다. 나오미에게 '일곱 아들보다 더 나은 자'(룻기 4:15)였던 룻은 나오미를 위하여 그 가족의 기업을 무르려고 기꺼이 나이 많은 보아스의 아내가 되었습니다. 보아스 역시 나오미가 잃어버린 기업을 무르기 위하여 자기 재산이 피해를 입는 것을 기꺼이 감당했으며, 룻이 그에게 낳을 아들을 상속자로 세우기로 했습니다. 언약 내에서의 이러한 아름다운 사랑과 헌신의 이야기는 우리를 향한 하나님의 사랑과 헌신을 말해 주고 있습니다.

모세의 율법은 친족의 의무를 몇 가지 규정하고 있습니다(레위기 25:25,47-49, 신명기 25:5-10, 민수기 35:9-28). 첫째, 친족 된 사람은 친족 중 어떤 사람이 기업(재산)을 팔 경우 그것을 물러야 했습니다. 무른다는 말은 대신 대가를 치르고 그 기업을 되찾아 준다는 의미입니다. 이런 의미에서 친족을 '고엘' 즉 '기업 무를 자'로 불렀습니다. 둘째, 친족이 종이 되었을 경우에는 대신 그를 속량해 주어야 했습니다. 셋째, 친족이 자식이 없이 죽었을 경우에는 죽은 사람의 아내와 결혼하여 대신 가계를 잇도록 해 주어야 했습니다. 넷째, 친족이 살해되었을 경우에는 그에 대한 복수의 책임이 있었습니다. 그러나 친족이 없는 고아와 과부에게는 하나님께서 친히 그들의 기업 무를 자 곧 구속자가 되어 주십니다(잠언 23:11). 이와 같이 무른다는 말에는 대속 또는 구속의 의미가 들어 있으며, 이것은 우리의 대속자(구속자) 되신 그리스도의 사역을 그림자로 보여 주고 있습니다.

    보아스는 나오미의 친족이었기 때문에 나오미의 남편의 땅을 무를 수 있는 자격이 있었습니다. 보아스는 룻을 만났을 때 여호와의 이름으로 룻에게 축복하였습니다. "여호와께서 네 행한 일을 보응하시기를 원하며, 이스라엘의 하나님 여호와께서 그 날개 아래 보호를 받으러 온 네게 온전한 상 주시기를 원하노라"(룻기 2:12). 나오미는 룻에게 보인 보아스의 친절에 감동을 받아 이렇게 말했습니다. "여호와의 복이 그에게 있기를 원하노라. 그가 생존한 자와 사망한 자에게 은혜 베풀기를 그치지 아니하도다"(룻기 2:20). 룻에게서 오벳이 태어났을 때 여인들이 나오미에게 이렇게 말했습니다. "찬송할지로다. 여호와께서 오늘날 네게 기업 무를 자가 없게 아니하셨도다"(룻기 4:14).

    룻의 이야기는 다윗왕 이야기의 배경을 이루고 있습니다. 약속의 계보가 계속됩니다. 오벳은 보아스의 아들이지만, 보아스는 나오미의 기업을 물렀기 때문에 나오미의 친구들이 오벳을 나오미의 품에 두고 기뻐서 이렇게 말합니다. "나오미가 아들을 낳았다!"(룻기 4:17). 하나님의 자비가 한 '기업 무를 자'의 신실함으로 말미암아 다윗의 탄생으로 가는 길을 인도하고 있습니다. 나오미에 대한 하나님의 인자는 다윗에게 대한 하나님의 인자와 하나입니다. 다윗에게로 다다른 하나님의 자비의 목적은 또한 다윗을 넘어서 갑니다. 다윗에게 하신 하나님의 약속은 다윗의 위대한 자손을 가리키고 있습니다. 나아가 보아스의 모습에 하나님의 구속하시는 은혜가 그려져 있습니다. 하나님은 이스라엘을 애굽에서 구속하신 '기업 무를 자'이십니다(출애굽기 6:6). 하나님은 자기 백성의 기업을 마치 혈연으로 맺어진 '기업 무를 자'처럼 얻어 주십니다. 하나님은 자기 백성의 '기업 무를 자'로서 그들을 사로잡힘에서 구속하실 것입니다(예레미야 50:34). 이사야는 '기업 무를 자'라는 용어를 사용하여 주님의 임박한 구원을 묘사하고 있습니다(이사야 43:1,14, 44:22-23, 48:20, 52:3, 63:9,16).

신약성경은 하나님 아버지께서 우리를 구속하시기 위하여 치르신 대가가 얼마나 비싼 것인지를 말합니다. 그 대가는 자기 아들의 피입니다(베드로전서 1:18-19). 동시에 우리는 우리의 구속자이신 그리스도의 사역을 주목하게 됩니다. 그리스도께서는 우리에게 구원이라는 영원한 기업을 사 주기 위하여 우리와 같은 육신을 입으시고 우리의 친족이 되셨습니다(로마서 8:3,29).

그리고 룻기는 다윗의 부르심의 배경이 됩니다. 룻기는 하나님의 약속의 계보가 어떻게 이어지는가를 보여 줍니다. 다윗에게로 이른 계보는 단지 왕의 계보로서가 아니라, 그 궁극적인 성취를 향해 나아가는 하나님의 계속적인 사역으로서 중요한 것입니다. 동시에 룻기에 있는 '기업 무를 자'의 모습은 하나님의 기름 부음을 받은 자에 의하여 충족되어야만 하는 깊은 필요를 가리키고 있습니다.

하나님의 백성은 가난과 압제 이상의 것으로부터 구속되어야만 합니다. 다윗 자신의 경험은 그 필요가 얼마나 깊은가를 보여 줍니다. 다윗은 하나님께서 그의 조상들에게 보여 주셨던 신실하신 사랑을 간구하고 있습니다. 다윗은 그의 적들로부터만이 아니라 그의 죄와 허물로부터도 구속이 필요했습니다(시편 39:8, 51:14, 109:21). 다윗의 부하들은 그에게 헌신했지만, 다윗은 불행하게도 그들에 대한 헌신에서 실패했습니다. 그의 소망은 그를 향한 하나님의 신실하신 헌신뿐이었습니다.

다윗의 이야기는 초기에 그가 부당하게 당하는 박해로부터 시작해서 나중에 그의 후반 인생을 특징짓는 하나님의 징계로 나아갑니다. 밧세바 사건과 관련된 그의 죄는 하나님의 자비로 용서를 받았습니다. 그의 생명이나 왕관을 잃지는 않았습니다. 간음으로 태어난 아이가 하나님의 심판으로 죽은 후 밧세바는 다윗에게 또 아이를 낳았습니다. 다윗은 그의 이름을 '솔로몬'이라 했는데, 하나님께서는 그를 '여디디야'('여호와께 사랑을 입음', 또는 '여호와께서 사랑하심'이란 뜻)라 하셨습니다(사무엘하 12:25). 하나님의 신실하심은 다윗을 버리지 않았습니다. 하나님께서는 다윗의 계보 중에서 한 아들이 영원한 왕국을 상속할 것이라는 약속을 취소하시지 않았습니다(사무엘하 7:13).

그러나 선지자 나단의 엄숙한 경고의 말은 다윗의 생애 중에 성취되었습니다. 나단이 다윗에게 자기의 죄와 대면하게 할 때 탄핵한 말을 들어 보십시오. "이제 네가 나를 업신여기고 헷 사람 우리아의 처를 빼앗아 네 처를 삼았은즉 칼이 네 집에 영영히 떠나지 아니하리라"(사무엘하 12:10).

다윗은 자기 가정을 다스리는 데 있어서는 이스라엘을 다스리는 데 있어서보다 지혜롭지 못했습니다. 그는 자식들의 근친상간죄와 반역죄를 다루면서 한 번은 너무 관대하였고 한 번은 너무 엄하였습니다. 그의 죄와 약점은 아들 압살롬의 반란에서 그 열매를 거두었습니다. 압살롬은 아버지 다윗을 예루살렘에서 쫓아내고 대낮에 모든 사람이 보는 앞에서 아버지의 후궁들과 동침하였습니다. 다윗은 충성스럽고 신실한 자기 부하들과 함께 목숨을 부지하려고 도망가는 도중에 다윗 집안에 대해 원한을 품고 있던 사울 집안의 한 노인 시므이에게 저주와 모욕을 당하였습니다. 시므이는 다윗 일행을 따라가면서 돌을 던지고 욕설을 퍼부었습니다. 다윗의 장군 중 하나인 아비새가 시므이를 죽여 입을 막아 버리겠다고 제안했습니다. "이 죽은 개가 어찌 내 주 왕을 저주하리이까? 청컨대 나로 건너가서 저의 머리를 베게 하소서"(사무엘하 16:9).

그러나 다윗은 아비새의 원한에 찬 복수심을 꾸짖었습니다. "내 몸에서 난 아들도 내 생명을 해하려 하거든 하물며 이 베냐민 사람이랴!"(11절). 그러면서 다윗은 그 굴욕적인 일을 하나님의 손에서 온 것으로 받아들였습니다. "여호와께서 저에게 명하신 것이니 저로 저주하게 버려두라. 혹시 여호와께서 나의 원통함을 감찰하시리니 오늘날 그 저주 까닭에 선으로 내게 갚아 주시리라"(11-12절).

다윗은 심한 굴욕 가운데서 그를 구원하시고 변호해 주시도록 하나님을 바라보았습니다. 그의 믿음은 하나님을 굳게 붙잡았습니다. 동시에 다윗이 부당하게 공격을 당하고 박해를 받았을지라도 그 자신이 아무 흠이 없다는 것은 아니었습니다. 그는 하나님의 징벌을 통하여 더욱 연단되어 다시 왕위를 회복하였고, 하나님께서 선택한 계승자인 아들 솔로몬이 그의 왕위를 잇는 모습을 볼 수 있었습니다.

한편 다윗은 하나님의 마음에 합한 사람이었습니다(사도행전 13:22). 하나님께 대한 그의 헌신으로 말미암아 온 이스라엘을 인도한 왕이었습니다. 반면에 다윗의 큰 죄는 그의 헌신이 불완전함을 보여 주었습니다. 다윗 생애의 이 양면은 모두 다윗에게 하신 하나님의 약속 가운데 반영되어 있었습니다. 하나님의 헌신된 종으로서 다윗왕은 예루살렘에 하나님의 집을 세우려는 마음을 가지고 있었습니다. 그 집은 하나님께서 그분의 이름을 두시고 그분의 백성 가운데 거하실 처소였습니다. 다윗이 하나님의 집을 세우려는 마음을 가지고 있었기에 하나님께서는 다윗의 나라를 영원히 견고케 하여 그의 집을 세우겠다고 약속하셨습니다(사무엘하 7:11,16).

그러나 다윗 자신은 하나님의 기름 부음을 받은 자의 이상에 도달하지 못하였기 때문에 하나님의 약속은 장차 올 다윗의 자손에게로 향하였습니다(사무엘하 7:12-13). 처음에는 그 약속은 솔로몬을 가리켰습니다. 그는 다윗이 준비한 자원을 가지고 예루살렘에 성전을 세울 것입니다. 그러나 다윗 자신도 알고 있었듯이, 약속된 자손은 솔로몬보다 훨씬 더 위대할 것입니다. "여호와께서 내 주에게 말씀하시기를 '내가 네 원수로 네 발등상 되게 하기까지 너는 내 우편에 앉으라' 하셨도다"(시편 110:1).

여호와 하나님께 대한 믿음으로 다윗은 그 약속을 받아들였을 뿐만 아니라, 그의 주님이 되시고 하늘의 보좌에 앉으시고 온 우주의 통치권을 받으실 자손 안에서 그 약속이 성취되기를 소망 가운데 간절히 바라면서 수고하였습니다.

구약성경에 있는 다윗의 이야기는 시편을 이해할 수 있는 기초가 됩니다. 다윗은 아주 뛰어난 시인이었습니다. 어린 시절부터 양을 치면서 수금을 탔습니다. 왕이 되어서도 여전히 "이스라엘의 노래 잘하는 자"(사무엘하 23:1)였습니다. 많은 시편을 지었을 뿐만 아니라 이스라엘의 찬양을 인도하기 위하여 작곡자와 노래하는 자들을 준비하였습니다. 다윗의 시편들 및 기타 시편들은 예수님의 이야기를 하고 있었습니다. 그리스도에 대하여 아주 구체적으로 언급되어 있는 시편들뿐 아니라 다른 시편들에서도 그리스도를 볼 수 있습니다.

특히 우리가 메시야 시편으로 알고 있는 시편들에서 분명하게 나타납니다. 예를 들어, 시편 22편은 십자가에서 예수님의 입술에서 나온 외침으로 시작합니다. "내 하나님이여, 내 하나님이여, 어찌 나를 버리셨나이까?"(1절). 이 시편은 십자가에 못 박히신 그리스도의 고통을 생생하게 묘사하고 있습니다. "내 모든 뼈는 어그러졌으며"(14절). "악한 무리가 나를 둘러 내 수족을 찔렀나이다"(16절). 사람들이 예수님을 조롱하였습니다. "나를 보는 자는 다 비웃으며 입술을 비쭉이고 머리를 흔들며 말하되 '저가 여호와께 의탁

하니 구원하실걸, 저를 기뻐하시니 건지실걸' 하나이다"(7-8절). "저희가 나를 주목하여 보고 내 겉옷을 나누며 속옷을 제비 뽑나이다"(17-18절). 우리는 다윗의 생애에서 그가 언제 그토록 고통을 받고 모욕을 당하였는지는 모릅니다. 그는 이 시편에서 생생한 언어로 자신의 고난을 묘사하고 있습니다. 그런데 이 시편의 내용은 깜짝 놀랄 정도로 문자 그대로 갈보리에서 성취되었습니다.

시편 22편을 깊이 묵상해 보면, 많은 시편과 비슷한 것을 주목하게 됩니다. 22편은 한 개인의 슬픔을 담은 애가의 형태를 지니고 있습니다. 이것은 시편에서 가장 흔히 발견되는 형태입니다. 시편 22편과 같이 '나'로 되어 있는 것도 있고, 100편과 같이 '우리'로 되어 있는 것도 있습니다. 시편 22편은 버림받은 데 대한 부르짖음으로 시작되어 그 부르짖음은 애가로 변합니다.

> 내 하나님이여,
> 내가 낮에도 부르짖고
> 밤에도 잠잠치 아니하오나
> 응답지 아니하시나이다. (2절)

이 탄식에 이어 신뢰의 고백이 뒤따릅니다.

> 이스라엘의 찬송 중에 거하시는 주여,
> 주는 거룩하시니이다.
> 우리 열조가 주께 의뢰하였고
> 의뢰하였으므로 저희를 건지셨나이다.
> 저희가 주께 부르짖어 구원을 얻고
> 주께 의뢰하여 수치를 당치 아니하였나이다. (3-5절)

여호와의 기름 부음을 받은 자

이 신뢰의 고백에 이어 다시 자기의 상황에 대한 탄식으로 돌아갑니다. "나는 벌레요 사람이 아니라. 사람의 훼방거리요 백성의 조롱거리니이다"(6절). 그는 원수들의 악의에 찬 모욕과 조롱을 묘사한 다음 다시 하나님의 신실하심을 기억합니다.

> 오직 주께서 나를 모태에서 나오게 하시고
> 내 모친의 젖을 먹을 때에 의지하게 하셨나이다.
> 내가 날 때부터 주께 맡긴 바 되었고
> 모태에서 나올 때부터 주는 내 하나님이 되셨사오니. (9-10절)

비탄과 신뢰의 묘사를 번갈아 한 다음 구원과 해방을 요청하는 부르짖음이 이어집니다.

> 나를 멀리하지 마옵소서.
> 환난이 가깝고
> 도울 자 없나이다. (11절)

다시 시편 기자는 자기의 상황의 고통을 묘사하는 것으로 돌아갑니다. 그는 대적의 만행에 대하여 말합니다. 저들은 힘센 소 같고, 부르짖는 사자 같으며, 으르렁거리는 개들 같습니다. 이와는 대조적으로 시인은 무장 해제를 당했고, 무방비 상태이며, 힘은 사라졌고, 찌름을 당하고 죽어 가고 있습니다. 그 탄식 가운데서 대적들, 나, 주(여호와 하나님) 이 셋이 계속적으로 등장합니다. 대적들은 나의 적이며 포학한 자들입니다. 나는 무력합니다. 주님은 하나님이시며 나를 버리셨습니다. 이 절망적인 상황에서 여호와의 고난당하는 종은 저 깊은 데서 저 높은 곳을 향하여 부르짖을 수밖에 없습니다.

> 여호와여, 멀리하지 마옵소서.
> 나의 힘이시여, 속히 나를 도우소서.
> 내 영혼을 칼에서 건지시며,
> 내 유일한 것을 개의 세력에서 구하소서.
> 나를 사자 입에서 구하소서. (19-21절)

주님께 버림을 당한 종의 부르짖음은 과연 들릴 것인가? 그렇습니다! 구원을 요청하는 부르짖음 후에 다윗은 하나님을 찬양할 것을 맹세합니다.

> 내가 주의 이름을 형제에게 선포하고
> 회중에서 주를 찬송하리이다. (22절)

회중 가운데서의 하나님에 대한 찬양은 감사제와 연관되어 있습니다(레위기 7:11-18). 깊은 탄식 가운데서 예배자는 건져 달라고 하나님께 기도하며, 그 기도를 들어주시면 찬양의 제사를 드리겠다고 서원합니다. 시편 기자는 아직도 고난의 고통 가운데 있지만, 그의 구원이 올 때에 주님께 찬양의 제사를 드리겠다고 확신 있게 말합니다. 다윗은 그러한 구원을 소망하면서 장엄한 송영과 함께 "주께서 이를 행하셨다!"(31절)라는 찬양의 외침으로 이 시편을 끝맺습니다.

성령의 영감으로 쓰인 다윗의 시편은 자신의 경험을 훨씬 초월합니다. 그는 장차 오실 그의 자손이시요 주님이 되시는 분의 고난과 구원을 예표하고 있습니다. 히브리서 기자는 이 사실을 알았던 것이 분명합니다. 왜냐하면 이 시편의 찬양의 맹세를 그리스도께로 돌리고 있기 때문입니다.

만물이 인하고 만물이 말미암은 자에게는 많은 아들을 이끌어 영광에 들어가게 하시는 일에 저희 구원의 주를 고난으로 말미암아 온전케 하심이 합당하도다. 거룩하게 하시는 자와 거룩하게 함을 입은 자들이 다 하나에서 난지라, 그러므로 형제라 부르시기를 부끄러워 아니하시고 이르시되 "내가 주의 이름을 내 형제들에게 선포하고 내가 주를 교회 중에서 찬송하리라" 하셨으며. (히브리서 2:10-12)

시편 22편의 서두에 있는 버림받은 데 대한 부르짖음뿐만 아니라 찬양의 서원이 또한 예수님의 것입니다. 예수님은 구속받은 자들의 찬양을 인도하시는, 노래하시는 구주이십니다. 바울은 그리스도께서 이방인 중에서 찬양의 노래를 하시는 것으로 묘사하고 있습니다. 로마서에서 이방인의 사도 바울은 이렇게 선포합니다.

내가 말하노니, 그리스도께서 하나님의 진실하심을 위하여 할례의 수종자가 되셨으니, 이는 조상들에게 주신 약속들을 견고케 하시고, 이방인으로 그 긍휼하심을 인하여 하나님께 영광을 돌리게 하려 하심이라. 기록된 바 "이러므로 내가 열방 중에서 주께 감사하고 주의 이름을 찬송하리로다" 함과 같으니라. (로마서 15:8-9)

바울은 시편 18:49을 인용하고 있습니다. 이 인용 구절에서 '내가'라고 하였는데 누구를 가리킵니까? 분명히 그리스도를 가리킵니다. 바울은 그리스도께서 할례의 수종자가 되셨다고 했는데, 이는 그리스도께서 할례 자체에 수종하셨다는 의미가 아니라, 할례가 나타내고 있는 바 즉 하나님께서 이스라엘 백성에게 주신 구약의 언약을 위하여 수종하셨다는 의미입니다. 그리스도께서는 친히 할례를 받으시고, 조상들에게 주신 약속들을 견고케 하시기 위하여 할례의 소명을 성취하십니다. 하나님께서는 아브라함에게 그로 말미암아 땅의 모든 족속이 복을 얻을 것이라고 약속하셨습니다. 할례는 하나님의 그러한 약속을 인치는 것입니다. 예수 그리스도께서는 아브라함 및 이스라엘과 맺은 하나님의 언약을 성취하셨습니다. 그분은 하나님의 모든 약속을 상속하셨고, 이방인들에게 하나님의 구원의 승리를 선포하십니다.

시편 18편에서 다윗은 단지 하나님의 백성 앞에서만이 아니라 모든 민족 앞에서 하나님께 감사와 찬양을 드리겠다고 서원합니다. 그는 하나님의 임재가 모든 민족에게 알려지도록 하기 위하여 하나님의 집이 땅 가운데서 견고하게 세워지는 것을 생각하고 있습니다. 다윗 자신의 구원은 하나님의 구원과 은혜를 온 세상이 알도록 증거하고 있습니다. 다윗은 자신을 사울로부터 구원하여 주시도록 기도하려고 이 시편을 썼지만, 하나님과의 친교를 통하여 하나님의 기름 부음을 받은 자로서 자신의 승리의 깊은 의미를 포착하였습니다. "여호와께서 그 왕에게 큰 구원을 주시며 기름 부음 받은 자에게 인자를 베푸심이여, 영영토록 다윗과 그 후손에게로다"(시편 18:50).

바울은 하나님의 구원이 마침내 다윗의 후손, 즉 열방의 참된 왕에게 주어졌다는 사실을 알았습니다(갈라디아서 3:16 참조). 그러므로 그는 복음의 승리에 대한 찬송 가운데서 아버지를 찬양하고 계시는 그리스도를 그렸습니다(로마서 15:8-9, 시편 18편).

바울은 시편 18편을 그리스도와 연관시켜 인용한 것입니다. 시편들은 자기 백성과 맺으신 하나님의 언약에 대한 찬양시입니다. 시편 기자는 하나님께서 자기 백성의 하나님이 되시겠다고 하신 약속을 주장합니다. 다윗이든 또 다른 사람이든 시편 기자는 하나님의 종이신 언약의 주님에 대하여 말합니다. 그리스도께서 언약의 종으로서 오시는 언약의 주님이시기 때문에, 시편들은 그 언약이 그 안에서 성취되는 그리스도를 중심 주제로 하고 있습니다. 시편에는 시편 22편의 형태를 지닌 시편이 많이 있을 뿐만 아니라, 그 시편의 여러 요소 즉 신뢰, 확신, 들으심에 대한 찬양, 송영 등은 다른 시편들에서도 자주 발견되고 있습니다. 예를 들어 시편 23편은 신뢰의 시편입니다.

우리는 시편 23편에서 그리스도께서 우리의 목자 되신 주님으로서 계시되어 있다는 사실을 잘 알고 있습니다(요한복음 10장). 그분은 또한 우리의 창조자요 구속자이십니다(이사야 43:15, 시편 102:25-28, 히브리서 1:10-12, 시편 68:18, 에베소서 4:8). 그분은 자기 백성을 구원하시기 위하여 바다의 파도 위로 걸으십니다(시편 77:19, 욥기 9:8, 마태복음 14:25,33).

다윗의 위대한 자손이신 그리스도는 메시야의 왕권을 묘사한 시편들에 나타나 있는 종이십니다(시편 45:6-7, 히브리서 1:8-9, 시편 2:7, 히브리서 1:5, 시편 110:1, 마태복음 22:43-44, 시편 118:26, 마태복음 21:9). 그분은 마지막 아담이시며 새로운 인류의 머리이십니다(시편 8:4-6, 히브리서 2:6-9). 그분은 여호와의 성산으로 올라가는 의로운 종이시며, 그분에게 영원한 문들이 열리는 영광의 주님이십니다(시편 24편). 지혜의 시편들은 우리의 지혜이신 그분을 가리킵니다(고린도전서 1:24,30). 진실로 하나님의 백성의 간절한 믿음의 고백인 시편은 장차 오실 그리스도를 나타내고 있습니다.

8
평화의 왕

　다윗은 여호와의 기름 부음을 받은 자로서, 하나님께서 장차 오실 메시야로서의 왕에 대하여 그에게 주신 약속을 찬양했습니다(시편 110편). 다윗에게 주신 하나님의 언약의 영광은 이스라엘의 찬양시들의 주제이기도 합니다(시편 89, 132편). 그 약속은 바벨론에 포로로 잡혀가기 전뿐만 아니라(아모스 9:11, 미가 5:1-5, 이사야 9:5-6), 포로로 잡혀가기 직전(예레미야 23:5-6, 30:9), 포로 기간(에스겔 34:23-24, 37:21-25), 포로 생활에서 돌아온 이후에도(스가랴 12:8) 계속 선지자들에 의하여 상기되었습니다. 장차 오실 메시야에 대한 하나님의 약속은 다윗이 여호와를 위하여 성전을 짓기로 결정하였을 때 다윗에게 주어진 것입니다. 하지만 하나님께서는 하나님의 성전을 짓겠다는 다윗의 요청을 거부하셨습니다. 다윗은 하나님의 집을 세우지 못하리라고 말씀하셨습니다. 그보다 하나님께서 다윗의 집을 세워 주실 것이라고 약속하셨습니다. 하나님께서는 다윗의 자손의 보좌를 영원히 견고케 하실 것이라고 하셨습니다(사무엘하 7:11,16 참조). 다윗은 성전을 짓도록 부르심을 받지 않았습니다. 그는 군인이라 전쟁에서 피를 흘린 사람이기 때문입니다(역대상 28:3). 하나님의 성전은 다윗의 전쟁들이 끝났을 때, 하나님께서 그의 왕국의 모든 적을 정복하셨을 때, 오직 그때에야 건축될 것입니다(열왕기상 5:3 참조).

솔로몬의 치세는 다윗의 치세를 완성합니다. 고대 근동에서 왕의 군사적 승리는 종종 왕궁이나 신전을 건축함으로써 그 절정에 달했습니다. 다윗이 얻은 승리로 말미암아 솔로몬의 평화로운 치세가 확립되었으며, 다윗은 성전 건축을 위하여 엄청난 양의 재료를 모음으로써 성전 건축을 준비하였습니다(열왕기상 7:51, 역대상 22:2-5).

그러므로 두 치세는 함께 다루어져야 합니다. 다윗과 솔로몬은 모두 하나님께서 세우실 왕을 그리고 있습니다. 용사인 왕 다윗은 평화의 왕 솔로몬에 의하여 계승됩니다. 솔로몬이란 이름은 샬롬(평화)에서 나왔습니다(역대상 22:9 참조). 솔로몬은 모든 약속이 그 안에서 성취되는 '다윗의 자손'이 아니었습니다. 하지만 그는 평화의 왕이신 그리스도의 모형이요 예표였습니다. 왕권을 노래한 시편들은 참되고 이상적인 마지막 왕을 가리키기 위한 모델로서 솔로몬의 치세를 사용하면서 그것을 이상화합니다(시편 2,45,72편).

다윗의 시편들에 아주 생생하게 표현되어 있는 다윗의 고난은 그를 주님의 고난받는 종으로서 특징짓고 있습니다. 사울은 아무 연고 없이 그를 미워하고 추격했습니다(시편 35:19, 69:4). 다윗은 자기에게 아주 가까웠던 사람, 그의 친구요 모사였던 아히도벨에게 배반을 당했습니다(사무엘하 15:12). "나의 신뢰하는 바 내 떡을 먹던 나의 가까운 친구도 나를 대적하여 그 발꿈치를 들었나이다"(시편 41:9).

요한복음은 다윗의 고난이 그리스도의 고난을 가리키고 있음을 보여 줍니다(요한복음 13:18, 15:25). 지리적인 세부 사항에서도 비숱한 점이 많습니다. 다윗은 또한 예루살렘을 떠나 기드론 시내를 건너 감람산 기슭으로 갔습니다.

다윗은 고난과 굴욕 가운데서도 그의 원수들에 대하여 끊임없이 자비를 나타내 보여 주었습니다. 장군 요압이 "왕께서 미워하는 자는 사랑하시며 사랑하는 자는 미워하신다"라고 왕인 그를 책망했을 때도 그는 요압에게 자비를 보였습니다(사무엘하 19:6). 왕이 되기 전 광야에서 떠돌아다니던 때에도 그런 적이 있었습니다. 그는 나발이라는 사람의 양 떼를 보호해 주었고, 그래서 그에게 양식을 얻으러 부하들을 보냈지만 냉정하게 거절당했습니다. 그는 부하들을 이끌고 복수하러 갔습니다. 나발의 아내인 아비가일이 이 사실을 알고 참극을 막으려고 다윗을 만나러 왔습니다. 그는 아비가일의 간청에 귀를 기울여 복수를 하지 않았습니다. 그는 아비가일을 보내어 그로 하여금 복수를 하지 못하게 막으신 하나님을 찬양했습니다. 나발의 미련함에 대하여는 하나님께서 원수를 갚아 주셨습니다.

한편 다윗은 아들 솔로몬에게 자기를 미워하고 배반한 자들에게 신속한 공의를 집행하도록 부탁했습니다(열왕기상 2:2-9). 그리고 솔로몬은 다윗의 부탁을 이행했습니다. 마치 이러한 공의를 집행함으로써 생기게 될 결과를 다윗이 두려워했기 때문이라는 듯이 다윗의 이러한 행동을 그의 성격상의 약점으로 보아서는 안 됩니다. 우리는 다윗이 죄와 허물을 다루는 데 있어서 때로는 약하였다고 생각할지도 모릅니다. 그러나 다윗이 부탁한 것은 두 사람의 치세의 차이점을 설명합니다. 다윗은 전쟁의 고통뿐 아니라 그를 배반하고 불순종한 자들의 비난까지도 참았습니다. 솔로몬은 엄정한 공의 위에 평화가 이룩된 왕국을 다스립니다.

다윗은 그리스도께서도 굴욕 가운데 오래 참으실 것을 예표하고 있습니다. 솔로몬은 공의로 심판하며 왕국을 다스리시는 **심판관**(재판관, 사사)으로서의 그리스도를 예표합니다. 평화의 왕으로서의 그리스도의 통치는 그분의 완전한 공의의 심판에 근거하고 있습니다. 물론 그 성취는 그림자로 보여 주는 것 훨씬 그 이상입니다. 여기서 우리는 다윗왕을 첫 번째 그리스도, 솔로몬왕을 두 번째 오시는 그리스도의 예표로 단순화시켜 생각할 필요는 없습니다.

한편, 그리스도의 통치는 그분이 고난 가운데 있던 시기에도 분명히 있었습니다. 귀신들이 그분에게 복종했습니다. 다른 한편으로, 그분이 다시 오실 때 함께 가지고 오실 공의는 보좌에 계신 어린양의 공의입니다. 그리스도의 영광스러운 통치는 먼 미래의 것이 아니라, 이미 천국에서 확립되었습니다. 예수님은 우리를 위하여 한 처소를 예비하러 가셨을 뿐만 아니라, 자신의 부활과 자기 백성과의 연합으로 말미암아 이미 새로운 성전을 세우셨습니다. 그럼에도 불구하고 다윗과 솔로몬 간의 특징적인 대조는 우리로 하여금 그리스도의 낮아지심과 높아지심 간의 대조를 알도록 도와줍니다. 즉 그리스도의 오래 참으시는 은혜와 그분의 마지막 공의를 보여 줍니다.

솔로몬의 치세 동안 하나님의 백성의 역사는 절정에 달하였습니다. 장인들이 성전의 새긴 나무와 공들여 세공한 금에 마무리 손질을 했습니다. 두로의 히람이 놋으로 거대한 기둥들과 바다, 대접 받침, 물두멍, 부삽, 대접 등을 만들었습니다(열왕기상 7:40-45). 7년이라는 세월에 걸쳐 엄청난 보물을 사용하여 비길 데 없이 영광스러운 성전을 건축했습니다.

솔로몬은 여호와께서 그분의 이름을 두실 땅 위의 처소인 하나님의 집을 봉헌하기 위하여 이스라엘의 모든 장로와 족장을 소집하였습니다. 그 집에는 하나님의 영광이 거할 것입니다. 수백 명의 제사장과 레위인이 지성소로 여호와의 궤를 메어 들였습니다. 하나님의 임재의 구름이 영광으로 하나님의 집을 가득 채웠습니다. 이를 보고 하나님의 백성의 마음은 경외심으로 가득 찼습니다. 수세기에 걸친 행군이 끝났습니다. 하나님께서는 자기 백성을 애굽의 속박의 어둠에서 건져 내어 천둥과 번개가 치는 시내산으로, 그다음 하나님의 기업 중에서 그분이 거하시는 곳인 시온산으로 인도하셨습니다.

솔로몬은 백성 앞에 서서 하나님께서 그분의 모든 약속을 지키신 것에 대하여 하나님을 찬양하였습니다. 하나님께서는 다윗에게 그의 아들이 성전을 세울 것이라고 약속하셨는데, 그 약속을 이루셨을 뿐 아니라 모세에게 하신 약속까지도 이루셨습니다. "여호와를 찬송할지로다. 저가 무릇 허하신 대로 그 백성 이스라엘에게 태평을 주셨으니 그 종 모세를 빙자하여 무릇 허하신 그 선한 말씀이 하나도 이루지 않음이 없도다"(열왕기상 8:56).

바로 하나님의 약속의 성취라는 이러한 배경 속에서 지혜라는 주제가 크게 부상하게 되었습니다. 솔로몬은 하나님의 축복을 선택할 수 있는 선택권을 받았을 때 지혜를 구하였고, 그의 간구는 풍성하게 응답되었습니다(열왕기상 3:4-15). 진실로 하나님께서 솔로몬에게 주신 지혜는 단지 모세에게 주신 하나님의 약속만이 아니라 아브라함에게 주신 하나님의 약속을 성취하는 축복이 되었습니다. 아브라함의 씨 안에서 땅의 모든 민족이 복을 받을 것입니다. 이스라엘이 그 땅에서 견고히 서고 하나님의 집이 세워졌을 때, 열방에게로 축복이 흘러넘칠 것입니다. 이것이 솔로몬의 치세 동안에 일어났습니다.

> 하나님이 솔로몬에게 지혜와 총명을 심히 많이 주시고 또 넓은 마음을 주시되 바닷가의 모래 같이 하시니, 솔로몬의 지혜가 동양 모든 사람의 지혜와 애굽의 모든 지혜보다 뛰어난지라, 저는 모든 사람보다 지혜로워서… 그 이름이 사방 모든 나라에 들렸더라. 저가 잠언 삼천을 말하였고 그 노래는 일천다섯이며, 저가 또 초목을 논

하되 레바논 백향목으로부터 담에 나는 우슬초까지 하고, 저가 또 짐승과 새와 기어 다니는 것과 물고기를 논한지라, 모든 민족 중에서 솔로몬의 지혜의 소문을 들은 천하 모든 왕 중에서 그 지혜를 들으러 왔더라. (열왕기상 4:29-34)

솔로몬의 지혜를 들으려고 방문한 스바 여왕 이야기는 헐리우드에서 영화화되는 바람에 우리는 그 방문이 하나님의 구속사에서 차지하는 위치를 망각하기 쉽습니다. 스바 여왕의 경우에는 솔로몬의 지혜를 들으려고 사신만 보낸 것이 아니라, 자신이 들은 게 사실인지 확인하려고 여왕 자신이 직접 왔습니다. 그는 직접 눈으로 보고 귀로 듣고는 정신이 현란하셨습니다. 그가 들은 것은 절반도 못 되었습니다. 그는 솔로몬에게 이렇게 말했습니다. "복되도다, 당신의 사람들이여. 복되도다, 당신의 이 신복들이여. 항상 당신의 앞에 서서 당신의 지혜를 들음이로다. 당신의 하나님 여호와를 송축할지로다. 여호와께서 당신을 기뻐하사 이스라엘 위에 올리셨고 여호와께서 영영히 이스라엘을 사랑하시므로 당신을 세워 왕을 삼아 공과 의를 행하게 하셨도다"(열왕기상 10:8-9).

주위의 민족들은 하나님의 축복을 받아 번영하고 있는 이스라엘을 보고 마음이 끌렸을 뿐 아니라, 백과사전 같은 지혜를 받은 이스라엘의 왕을 보고 마음이 끌렸습니다. 솔로몬의 지혜는 동양과 애굽의 모든 지혜보다 뛰어났고, 고대 세계의 현인들보다도 뛰어났습니다. 솔로몬의 지혜는 워낙 뛰어나서 통치술, 문학, 생물학에 이르기까지 미치지 않는 곳이 없었습니다. 그의 지혜는 일부 지역에만 제한된 것이 아니라 국제적이고 세계적인 것이었습니다. 하지만 자기의 지혜를 조용하게 선포하실 겸손한 왕이 장차 오실 것입니다. "솔로몬보다 더 큰 이가 여기 있느니라"(마태복음 12:42).

우리는 다윗의 시편들 못지않게 솔로몬의 잠언에서도 예수 그리스도를 보게 됩니다. 잠언의 핵심 구절은 9:10입니다. "여호와를 경외하는 것이 지혜의 근본이요 거룩하신 자를 아는 것이 명철이니라." 하나님을 떠난 지식의 획득은 무의미합니다. 헬라의 철학자들이 생각했던 것처럼 궁극적인 최고의 실체는 물이나 불, 또는 추상적인 관념의 집합이 아니라, 살아 계신 하나님이십니다. 살아 계신 하나님께서 이스라엘에게 자신을 계시하셨고, 땅 위의 모든 열방에게 그분의 말씀에 귀를 기울이라고 부르십니다. 잠언은 말씀이 추상적인 원리가 아니라 하나님 아버지의 아들이심을 보여 줍니다.

하나님은 지혜의 소유자이십니다(잠언 3:19). 잠언 8장에서는 하나님의 지혜가 세상이 창조될 때 하나님과 함께 있었던 그분의 친구처럼 의인화되어 있습니다. 하나님의 지혜는 그분의 작품들, 곧 창조된 세계와 자연과 역사의 과정 속에서 계시됩니다(잠언 8:22-31, 시편 33:6-21). 하나님은 자기의 지혜를 자신의 말씀 안에서 표현하십니다. 그분의 말씀은 모든 것을 주관하실 뿐만 아니라, 그분의 백성이 그분을 알도록 하기 위하여 그들에게 선포됩니다(시편 147:18-19).

그러므로 하나님을 알고 경외하는 것은 우리의 모든 지혜, 즉 우리 삶을 인도하고 지도하는 실제적인 지혜의 근본입니다(잠언 3:5-7, 12:15). 지혜란 단지 정보를 저장하고 꺼내는 것이 아닙니다. 지혜란 우리가 누구이며 누구 앞에 서 있는가를 잘 아는 것입니다. 지혜 문학은 우리에게 하나님을 우리 삶뿐만 아니라 우리 지식의 주님으로 삼도록 부르며, 우리를 예수 그리스도 안에서 하나님의 개인적인 계시로 이끕니다. 한편 구약성경의 지혜의 책과 시편은 또한 역설적인 방법으로 그리스도를 예비하고 있기도 합니다. "전도자가 가로되 '헛되고 헛되며 헛되고 헛되니 모든 것이 헛되도다'"(전도서 1:2).

전도서에 표현되어 있는 절망은 하나님의 구원 사역의 역사 속에서 특별한 위치를 차지하고 있습니다. 하나님의 약속은 지켜졌습니다. 하나님의 백성 이스라엘 자손은 그토록 갈망하던 기업인 가나안 땅을 싸워 얻었습니다. 이제 그들은 그 땅에서 편안히 살고 있습니다. 일용할 양식뿐만 아니라 젖과 꿀을 먹고 있습니다. 태양이 포도나무를 내리쬐고 있을 때 무화과나무 그늘 아래 앉아 쉴 수도 있습니다.

잠시 생각해 봅시다. 미국의 TV 광고에 보면, 한 무리의 친구들이 하루 종일 해가 지도록 낚시를 즐긴 후 야외 현관에 앉아 맥주를 마시는 장면이 등장합니다. 맥주를 마시면서 그중 한 사람이 말합니다. "이보다 더 좋은 건 없지." 그러나 저녁의 맥주 한 잔을 삶의 최고의 즐거움으로 생각하는 그 친구도 이 광고의 실상에 대해서는 의문을 품을 것입니다. 사실 인생에서 이보다 더 좋은 게 없는 것이 아니라, 인생은 황혼을 향하여 가고 있습니다. 잠시 후에 바로 끝나지는 않을지라도 언젠가는 분명히 일몰을 맞이하게 됩니다. 잠시 후면 죽어 없어질 인생, 그 인생의 의미는 무엇인가? 이 질문에 대한 대답을 연기하기 위하여 그동안 수많은 맥주 상자가 비워졌습니다. 그러나 그 질문은 결코 사라지지 않을 것입니다.

무화과나무 아래서 쉬고 있는 보통의 이스라엘 사람은 그러한 질문을 하지 않을지도 모르지만, 지혜로운 사람인 전도자는 질문을 하고 있습니다. 평화롭고 풍요한 축복이 이스라엘에게 주어졌을지라도 이것이 전부인가? 사람은 평생토록 수고합니다. 그러나 그가 결국 보는 것은 무엇인가? 수고한 모든 것을 남겨 두고 떠나야만 합니다(전도서 5:15). 지혜로운 사람은 자기의 명철을 연마하기 위하여 부지런히 노력할 수도 있습니다. 그러나 그 역시 마침내 어리석은 자처럼 죽습니다(전도서 2:16). 내리막길의 썰매처럼 어느새 미끄러지듯 지나가 버리는 인생, 그게 무슨 의미가 있는가?

전도서의 전도자는 진실로 이 인생의 수수께끼에 대한 유일한 대답을 내놓습니다. 그 해답의 열쇠는 하나님 안에 있다는 것입니다. 전도자는 인간의 노력의 헛됨을 하나님의 오묘한 역사와 대조합니다(전도서 8:17, 11:5). 전도자의 대답은 장차 올 더 온전한 대답, 선지자들의 예언 속에 나타난 대답을 강력하게 가리키고 있습니다. 장차 올 더 큰 것이 있습니다. 블레셋의 침략자들로부터의 안식보다 더 큰 안식이 있습니다. 솔로몬이 줄 수 있는 것보다 더 큰 평화가 있습니다. 약속의 땅보다 더 큰 기업이 있습니다. 장차 올 더 큰 것이 있는 까닭은 하나님 그분이 친히 오실 것이기 때문입니다. 그분이 오시면 사망과 그 쏘는 것이 이김에게 삼킨 바가 될 것입니다(이사야 25:8, 고린도전서 15:54-56).

죽음뿐만 아니라 고난도 구약성경의 지혜 문학이 다룬 문제였습니다. 다윗은 시편 속에서 하나님께 탄식하며 간절히 부르짖고 있는데, 그의 부르짖음은 우리를 하나님의 구원과 해방의 약속으로 이끕니다. 욥기는 의인이 겪는 고난의 신비를 다루고 있습니다. 욥의 위안자들이 주는 쉬운 대답은 욥에게 아무 도움도 되지 않습니다. 마침내 욥은 하나님의 절대주권 앞에 머리 숙여 굴복하고 오직 하나님으로부터 오는 해결책을 구하였습니다. 악인이 형통하는 반면에(우리 눈에 그렇게 보일 뿐이지만) 의인은 고난을 당하고 있습니다. 악한 민족들이 쳐들어와 힘없는 자들을 쫓아내고 있습니다. 그들은 무력으로 약한 자들의 땅을 모조리 휩쓸어 버립니다. 예레미야는 자신의 처지를 슬퍼할 뿐 아니라 하나님의 백성의 처참한 상황을 슬퍼합니다.

선지자 다니엘 역시 지혜로운 사람이었습니다. 그가 본 환상은 이방 제국들의 일시적인 승리에 대하여 하나님께서 주시는 지혜의 대답을 보여 줍니다. 하나님의 나라는 사람의 손을 대지 않고 뜨인 돌처럼 임하여 황제 권력의 상징들을 부서뜨릴 것입니다. 마침내 하나님의 나라만이 물이 바다를 덮음같이 온 땅을 덮을 것입니다.

예수님은 다윗의 자손, 하나님의 용사로서 어둠의 군대를 이기기 위하여 오십니다. 그분은 또한 솔로몬보다 더 위대한 이로서 오십니다. 그분은 바로 하나님의 지혜이신 평화의 왕이십니다. 마태복음은 예수님께서 아버지의 지혜 안에서 어떻게 기뻐하셨는가를 말하고 있습니다. "천지의 주재이신 아버지여, 이것을 지혜롭고 슬기 있는 자들에게는 숨기시고 어린아이들에게는 나타내심을 감사하나이다. 옳소이다. 이렇게 된 것이 아버지의 뜻이니이다"(마태복음 11:25-26). 예수님은 수고하고 무거운 짐 진 자들에게 자기에게로 와서 자기의 멍에를 메라고 부르십니다. "수고하고 무거운 짐 진 자들아, 다 내게로 오라. 내가 너희를 쉬게 하리라. 나는 마음이 온유하고 겸손하니 나의 멍에를 메고 내게 배우라. 그러면 너희 마음이 쉼을 얻으리니 이는 내 멍에는 쉽고 내 짐은 가벼움이라"(마태복음 11:28-30).

예수님은 지혜의 선생으로서만이 아니라 지혜의 주님으로서 말씀하십니다. 그분은 배우라고 우리를 부르시되, 추상적인 지혜로부터가 아니라 인격이신 그분으로부터 배우라고 말씀하십니다. 예수님의 놀라운 주장의 근거는 마태복음에서 바로 앞 구절에 나타나 있습니다. "내 아버지께서 모든 것을 내게 주셨으니 아버지 외에는 아들을 아는 자가 없고 아들과 또 아들의 소원대로 계시를 받는 자 외에는 아버지를 아는 자가 없느니라"(마태복음 11:27).

성부 하나님의 영원하신 아들이신 예수님은 하나님 아버지에 대한 배타적인 지식을 주장하십니다. 자기만이 아버지를 알고 있다고 주장하십니다. 모든 아들은 독특한 방법으로 자기 아버지를 알고 있습니다. 이러한 인간관계가 삼위일체 하나님에 대하여도 약간의 이해를 더해 줄 수 있습니다. 보이지 아니하시는 아버지의 형상이신 아들의 계시를 떠나서는 아버지를 알 수가 없습니다(골로새서 1:15, 2:9, 요한복음 1:18). 아들 역시 아버지와 같은 신성을 지니고 계시기 때문에 아버지가 원하실 때에만 아들을 알 수 있습니다(요한복음 6:44). 참된 지혜는 인간의 노력으로 얻어지는 것이 아니라, 하나님의 은혜의 선물입니다. 과학적으로 탐구하거나 열심히 수도를 할지라도 우리 삶에 참된 의미를 주는 진리를 밝혀 내지 못할 것입니다. 진리는 결국 인격적인 것이기 때문입니다. "내가 곧 길이요 진리요 생명이니 나로 말미암지 않고는 아버지께로 올 자가 없느니라"(요한복음 14:6).

　신약성경이 선포하고 있는 복음은 우리를 하나님의 지혜이신 예수 그리스도께로 부릅니다. 잠언 8장에는 지혜가 의인화되어 있는데, 이것은 장차 올 실체를 그림자로 보여 주고 있습니다. 지혜는 창조 사역에서 하나님과 함께한 것으로서 이는 시적으로 묘사된 하나님의 한 속성인 것만은 아닙니다. 지혜는 하나님의 아들 안에서 인격적인 것입니다.

　요한복음은 하나님의 말씀이 인격적이라는 선언으로 시작됩니다. 하나님의 말씀은 하나님의 동료요, 영원하신 아들이시며, 인간이 되신 참하나님이십니다. 요한은 하나님의 아들을 말씀이라 부름으로써 구약성경에서 많이 탐구된 주제인 지혜의 역할을 그분에게로 돌립니다.

　이러한 사실이 골로새서에도 나타납니다. 바울은 그리스도를 보이지 아니하시는 하나님의 형상으로, 그분을 통하여 하나님이 계시되고 그분 안에 하나님의 모든 충만이 거하시는 분으로 말하고 있습니다(골로새서 1:15,19, 2:9).

바울은 하나님의 아들을 창조의 주역이요 하나님의 형상이라 말함으로써 하나님의 지혜가 거하는 처소가 그리스도임을 밝히고 있습니다. 바울은 더 나아가, 자신이 다메섹 도상에서 그 영광을 본 그분에 대해 만물이 그분을 위하여 창조되었다고 선포합니다. 만물이 그분 안에서 유지되며, 그분은 바로 사람의 모습으로 오신 하나님 자신이라고 선포합니다(골로새서 2:9). 그리고 예수님은 하나님의 지혜라고 증거합니다.

마태복음 11:27-30에서 예수님은 마음이 온유하고 겸손한 자신으로부터 배우라고 우리를 부르십니다. 능하신 지혜의 주님께서 고개를 숙이고 아버지가 말씀하신 명에, 즉 아버지의 뜻인 십자가를 지셨습니다. 십자가는 이 세상의 지혜에게는 어리석어 보입니다. 그러나 우리에게는 우리를 구원하기 위한 하나님의 지혜입니다. 예수 그리스도는 우리에게 지혜와 의로움과 거룩함과 구속함이 되셨습니다(고린도전서 1:18-31).

그리스도 안에서 하나님께서는 솔로몬의 지혜를 무력하게 만든 그 수수께끼에 대한 해답을 주셨습니다. 그리스도께서 죗값을 지불하심으로써 사망의 쏘는 독을 제거하셨기 때문에 사망은 이김에 삼키운 바 되었습니다. 그분은 부활의 능력 가운데서 사망의 지배력을 멸하셨습니다. 의로운 사람들이 당하는 고난의 신비는 하나님의 거룩하신 자이신 예수 그리스도께서 고난을 당하심으로써 풀렸습니다. 예수님은 우리를 위하여 고난을 당하셨고, 우리에게 모범을 남겨 우리로 그분의 발자취를 따라오게 하셨습니다(베드로전서 2:21). 고난은 이제 우리에게 예수님과 교제하는 특권이 되었습니다. 세속의 왕국들은 일어나기도 하고 망하기도 하지만, 그리스도의 나라는 영원히 견고하게 되었습니다. 그분은 이미 하나님의 오른편에 계십니다. 그리고 새 하늘과 새 땅에서 하나님의 의를 영원히 견고케 하며 심판하시기 위하여 다시 오실 것입니다.

예수님의 제자들은 그분의 말씀과 그분의 성령을 통하여 참된 지혜 안에서 성장합니다. 우리가 시와 찬미와 신령한 노래로 서로 화답하며 마음에 감사함으로 하나님을 찬양할 때 우리 속에 풍성히 거하는 그리스도의 말씀은 우리에게 지혜와 총명을 줍니다(골로새서 3:16). 하나님을 기쁘시게 하는 것을 우리 삶 속에서 행할 때 우리는 지혜 안에서 자랍니다.

하나님께서는 우림과 둠밈을 거두셨습니다. 이는 대제사장의 에봇에 들어 있던 물건으로서, 다윗은 이를 사용하여 하나님의 대답을 얻었습니다(사무엘상 23:2,9). 대답은 주로 "예" 또는 "아니요"로 주어졌습니다. 어린아이 시절에는 이러한 "예"나 "아니요"의 대답에 따라 가면 됩니다. 그러나 성년이 되면 부모의 마음에 있는 것이 무엇인지를 이해하는 법을 배워야만 합니다. 영적으로도 역시 주님께서는 우리가 지혜에서 자라 가기를 원하시며, 그리스도의 마음을 이해하게 되기를 원하십니다. 우리는 우리 삶의 청사진을 미리 얻어 낼 수는 없습니다. 지혜는 그러한 상황 속에서 올바로 성장하며, 기도와 함께 하나님의 말씀을 지혜롭게 적용하게 됩니다. 그러한 상황에서 우리는 하나님을 기쁘시게 하는 것이 무엇인지를 분별하게 됩니다. 그리스도의 왕국에서 가장 작은 자가 세례 요한보다 큰 자라면, 그리스도의 성령으로 충만하고 그분의 말씀의 지시를 받으며 그분과 교제 가운데 있는 그리스도인은 솔로몬보다 더 뛰어난 지혜를 가지고 있는 셈입니다.

하지만 솔로몬의 지혜는 실로 그를 저버렸습니다. 그가 자신의 가르침을 무시했기 때문입니다. 그는 하나님을 경외하는 것이 지혜의 근본이라는 사실을 알면서도 하나님을 의지하기보다는 자신의 지혜를 의지하기 시작했습니다. 그의 나라가 초강대국들 사이에 끼어 있는 작은 왕국이었고, 또 그는 전쟁의 사람이 아니라 평화의 사람이었기 때문에 그 방어책으로 평화 조약을 택한 것은 그에게는 지혜로운 행동으로 보였습니다. 상대방 국가의 군대가 위협이 되는 것을 알고서 상대방 국가의 왕의 딸과 결혼하는 것만큼 상호 맺은 평화 조약을 공고히 하는 데 더 좋은 방법이 없을 것입니다. 솔로몬은 하나님의 법을 무시하고, 육체적 쾌락뿐만 아니라 정치적 목적을 위해 많은 이방 여인들과 결혼했습니다. 그의 행동은 모세를 통하여 하나님께서 주신 말씀과는 정반대되는 것이었습니다. 모세는 백성들에게 이방인들과는 조약도 맺지 말고 그들의 딸들과는 결혼하지 말라고 경고했습니다(출애굽기 34:10-17).

솔로몬은 성소를 가득 메운 영광의 구름과 함께 하나님의 성전을 봉헌했습니다. 그러나 말년에는 금빛으로 찬란하게 빛나는 하나님의 성전을 등지고, 모압의 신인 그모스에게 바칠 신전 자리를 물색하기 위해 감람산을 바라보며 서 있었습니다(열왕기상 11:7). 솔로몬은 그 모든 지혜에도 불구하고 여호와 하나님은 자기 영광을 우상과 나누지 않으시는 질투하시는 하나님이시라는 사실을 잊었습니다(출애굽기 34:14).

마침내 솔로몬에 대한 하나님의 심판이 선포되었습니다. 이스라엘에 대한 축복은 이제 정점에 이르렀습니다. 솔로몬의 우상 숭배와 불순종으로 말미암아 마침내 이스라엘 민족은 이방으로 사로잡혀 가는 최악의 상태로 오랜 내리막길을 걷기 시작했습니다. '솔로몬보다 더 큰 이'(마태복음 12:42, 누가복음 11:31 참조)가 하나님의 백성에게 의와 공의와 평화를 가져와야만 했습니다.

9
오실 주님

주님은 오셔야만 한다

솔로몬 시대 이후 이스라엘의 역사는 한마디로 점점 더 증가하는 배교와 그에 대한 심판의 이야기였습니다. 솔로몬의 왕국은 그의 아들 르호보암이 과중한 조세 부담으로 인해 항의하는 백성들을 지혜롭게 다루기보다는 왕의 권세로 거만하게 다룸으로써 분열되었습니다. 여로보암의 영도하에 북쪽 열 지파가 다윗 왕가를 배반하고 독립하였습니다. 여로보암은 이스라엘의 독립을 견고하게 하려고 단과 벧엘 즉 왕국의 북쪽과 남쪽에 각각 하나씩 금송아지 우상을 세웠고, 이스라엘은 여호와께 예배하러 예루살렘까지 가지 않게 되었습니다. 그러고 나서 그는 이스라엘에게 "이스라엘아, 이는 너희를 애굽 땅에서 인도하여 올린 너희 신이라"(열왕기상 12:28)라고 선포했습니다. 이 선포는 수백 년 전 시내산 밑에서 이스라엘 자손이 행한 송아지 숭배를 반복하는 것이었습니다. 이는 그들의 장래에 대한 불길한 예고였습니다.

여로보암은 예배의 형태와 제도를 갖추었는데, 남쪽 유다에서와 같이 제사장도 세우고, 절기도 정하고, 제사도 드리고, 기타 나름대로 여러 의식을 정하였습니다. 또 산당들을 짓고 거기서도 예배를 드리도록 했습니다. 하나님의 백성 이스라엘에게 늘 유혹거리가 되어 왔던 가나안의 종교 행태들이 공식적인 인정을 받았습니다. 성경은 거듭해서 여로보암의 죄에 대한 하나님의 선고를 기록하고 있습니다. 그것은 여로보암의 배교적인 관행을 따라간 후대의 모든 왕에 대한 평가에 반복해서 나타납니다. "바아사가 여호와 보시기에 악을 행하되 여로보암의 길로 행하며 그가 이스라엘로 범하게 한 그 죄 중에 행하였더라"(열왕기상 15:34).

그러나 하나님께서는 이스라엘을 완전히 버리시지는 않았습니다. 하나님은 여로보암의 통치 시작부터 계속해서 그들에게 선지자들을 보내셨습니다. 선지자들은 이스라엘에게 회개하라고 외치며, 하나님의 심판을 선포하였고, 회개하는 자들에 대한 하나님의 용서를 약속하였습니다. 그러나 선지자들의 메시지는 줄곧 무시되었습니다. 훗날 선지자 예레미야는 23년 동안의 자신의 사역에 아무런 반응이 없었던 이스라엘에 대하여 이렇게 덧붙였습니다. "여호와께서 그 모든 종 선지자를 너희에게 보내시되 부지런히 보내셨으나 너희가 듣지 아니하였으며 귀를 기울여 들으려고도 아니하였도다"(예레미야 25:4).

그러다가 아합왕 시대에 와서 이스라엘의 배교는 훨씬 더 악한 행태를 띠게 되었습니다. 아합왕의 이방 왕비 이세벨은 두로의 신 바알 숭배를 이스라엘의 공식 종교로 만들었습니다. 이세벨의 정책은 이스라엘의 배교를 최악의 단계로 끌고 갔습니다. 이스라엘은 여호와 하나님을 완전히 버리고 다른 신을 숭배하기에 이르렀습니다.

이와 같이 이스라엘에 만연된 주변 이방 민족들의 악한 영향을 타파하기 위하여 하나님께서는 가뭄을 보내어 그들을 심판하셨습니다. 이 가뭄은 하나님의 선지자 엘리야에 의해 선포되었습니다. 엘리야는 아합왕에게 가서 이렇게 선언하였습니다. "나의 섬기는 이스라엘 하나님 여호와의 사심을 가리켜 맹세하노니 내 말이 없으면 수년 동안 우로가 있지 아니하리라"(열왕기상 17:1).

수년 동안 비가 내리지 않게 되자 기근이 이스라엘 전역을 휩쓸었습니다. 아합왕은 엘리야를 체포하려고 혈안이 되어 국제적으로 수사망을 폈습니다(열왕기상 18:10 참조). 여호와께서는 엘리야에게 은신처를 마련해 주셨고, 시돈 근처에 있는 이방 도시 사르밧에 사는 한 과부를 통하여 그에게 양식을 공급해 주셨습니다. 다시 여호와의 말씀이 엘리야에게 임하였습니다. 그는 이스라엘에 극적으로 다시 나타났습니다. 그는 한 번 더 아합왕과 대면해야 했습니다. 그는 여호와의 유일한 선지자인 자신과 바알의 제사장들과의 능력의 대결을 아합왕에게 요구하였습니다. 이스라엘에게 비를 내려 줌으로써 자신의 능력을 보이는 신이 참하나님이실 것이다!

대결 장소는 갈멜산이었습니다. 아합왕은 풍요의 신인 바알과 아세라를 섬기는 선지자 수백 명을 갈멜산으로 모았습니다. 이 대결을 지켜보려고 수천 명의 이스라엘 사람들이 산기슭에 모여들었습니다. 백성은 바알과 아세라가 풍요의 신이라고 믿고 있었기 때문에 그 신들이 틀림없이 비를 내려 주리라 믿었을 것입니다. 그 대결에서 엘리야는 바알 선지자들에게 여러 가지 유리한 점을 주었습니다. 그들로 먼저 제사를 드리게 하였습니다. 단, 바알이 그 제물을 받았는지를 보여 줄 수 있는 증거를 정하되, 바알은 폭풍과 비의 신이기도 하므로 번갯불을 내려 나무에 불을 붙이고 그 뒤에 비를 내리게 하자고 제안했습니다. 모든 게 그들에게 유리한 조건이었습니다.

바알의 선지자들은 바알에게 부르짖기 시작했습니다. 그러나 아무 응답이 없었습니다. 그들은 제단 주위에서 뛰놀기 시작했습니다. 그러나 여전히 불도, 비도 없었습니다. 수백 명이나 되는 그들은 노래도 하고 춤도 추고 주문을 외면서 바알의 응답을 기원하기를 아침부터 정오까지 하였으나 아무 소리도 응답도 없었습니다. 엘리야가 그들을 조롱하였습니다. "큰 소리로 부르라. 저는 신인즉 묵상하고 있는지, 혹 잠깐 나갔는지, 혹 길을 행하는지, 혹 잠이 들어서 깨워야 할 것인지……"(열왕기상 18:27).

엘리야의 조롱에 자극을 받은 바알의 선지자들은 칼과 창으로 자기 몸을 상하게 하여 피가 흐르는 상태로 미친 듯이 떠들며 저녁 때까지 바알에게 부르짖었으나 여전히 아무 응답이 없었습니다. 그러자 엘리야가 그들을 중단시키고, 백성 앞에 서서 무너진 여호와의 단을 수축하였습니다. 그는 아합 왕국의 열 지파가 아니라, 이스라엘의 열두 지파를 상징하여 열두 개의 돌을 취하여 그 돌로 단을 쌓고, 단 주위에 도랑을 만들고, 단 위에 나무를 벌여 놓고 그 위에 번제물을 놓은 다음 번제물과 나무 위에 물을 붓도록 명하였습니다. 물이 단 위로 흘러넘쳐 도랑에 가득할 때까지 물을 부었습니다. 그다음 엘리야는 여호와 하나님께로 나아가 기도하였습니다. "아브라함과 이삭과 이스라엘의 하나님 여호와여, 주께서 이스라엘 중에서 하나님이 되심과 내가 주의 종이 됨과 내가 주의 말씀대로 이 모든 일을 행하는 것을 오늘날 알게 하옵소서. 여호와여, 내게 응답하옵소서. 내게 응답하옵소서. 이 백성으로 주 여호와는 하나님이신 것과 주는 저희의 마음으로 돌이키게 하시는 것을 알게 하옵소서"(열왕기상 18:36-37).

이에 여호와의 불이 내려와서, 젖은 번제물과 나무와 돌과 흙을 태우고 도랑의 물까지도 증발시켜 버렸습니다. 이것을 보고 두려움에 찬 백성은 땅에 엎드려 "여호와 그는 하나님이시로다. 여호와 그는 하나님이시로다"(39절) 하고 외쳤습니다.

오늘날에도 많은 사람들은 살아 계신 하나님의 존재를 바로 이와 같이 증명하여 주기를 요구합니다. 만일 하나님이 계신다면 핵폭탄과 같은 위력으로 자신이 하나님이라는 것을 보여 보라고 요구합니다. 그분의 말씀에 따라 어떤 것이 생기기도 하고 없어지기도 한다는 것을 보여 달라는 것입니다. 사람들은 예수님께도 그런 요구를 했습니다. 예수님을 대적하는 자들은 그분을 믿지 못하고 예수님이 행하신 기적들을 무시하고 또 다른 기적을 행하기를 요구하였습니다. 예수님은 그들의 요구를 거절하셨습니다.

하나님께서는 자신이 택하시는 때에 갈멜산에서 행하신 것과 같이 자신의 능력을 나타내실 수 있습니다. 그러나 전능하신 하나님께서는 그분을 불신하고 계속 증거를 요구하는 자들에게 자신이 하나님이신 것을 인정받기 위하여 그들의 요구에 따라 능력을 행하시지는 않습니다. 왜냐하면 하나님을 거스르는 죄인들이 하늘로부터 불이 내려오기를 요구하는 것은 어리석음의 극치이기 때문입니다! 하늘로부터 오는 하나님의 불은 소돔과 고모라를 태웠듯이 죄인들을 태워 버릴 수도 있을 것입니다.

하지만 하늘로부터 오는 불은 죄인들을 구원할 수 없습니다. 그 불은 하나님의 신비한 계획을 성취할 수도 없습니다. 엘리야는 그 교훈을 배워야 했습니다. 갈멜산의 대결에서 승리한 후 엘리야는 바알의 선지자들에 대한 하나님의 심판을 집행할 것을 백성에게 명령할 수 있었습니다. 하나님께서는 큰 비를 보내 주셨습니다. 엘리야의 승리는 완전했으며, 백성들의 마음을 이스라엘의 하나님께로 돌이킨 것처럼 보였습니다. 그러나 바알의 선지자들을 죽인 소식을 들은 왕비 이세벨이 대노하여 엘리야를 죽이기로 맹세함으로써 선지자 엘리야는 도망가야 했습니다.

아라바 광야에서 홀로 기진맥진한 엘리야는 차라리 죽기를 구하고 하나님께 자기 생명을 취하여 가 달라고 기도하였습니다. 갈멜산에서의 승리는 어디로 갔는가? 엘리야가 아니면 하나님의 말씀을 선포할 자가 누구인가? 그런데 이제 다시 그의 생명은 위험에 처해 있습니다. 그는 나무 아래 털썩 주저앉았습니다. "여호와여, 넉넉하오니 지금 내 생명을 취하옵소서. 나는 내 열조보다 낫지 못하니이다"(열왕기상 19:4).

하나님은 사기가 땅에 떨어진 그분의 선지자를 돌아보셨습니다. 하나님은 잠과 음식으로 엘리야의 기운을 북돋아 주었고, 그를 하나님의 산 호렙으로 인도하셨습니다. 엘리야가 오직 자기만 남았다고 하나님께 아뢰자, 하나님께서는 그에게 옛적에 시내산에서 모세에게 하셨던 것처럼 자신의 영광을 계시하셨습니다. 엘리야는 굴에 들어가 거기에 머물렀습니다. 크고 강한 바람이 산을 가르고 바위를 부수었습니다. 잠시 후 지진이 일어나 산을 흔들었습니다. 그다음에 갈멜산 위에 떨어졌던 불처럼 호렙산에도 불이 떨어졌습니다. 그러나 이 어느 것 가운데에도 하나님은 계시지 않았습니다. 그런데 불 후에 세미한 소리가 들렸습니다. 엘리야는 그 소리를 듣고 겉옷으로 얼굴을 가리고 나가 굴 어귀에 섰습니다.

하나님께서 이 세상과 역사를 주관하시는 데 필요한 것은 하늘로부터 오는 불이 아닙니다. 하나님은 그분의 뜻이 이루어지도록 말씀하시는 것으로 족하십니다. 그분의 말씀은 절대주권적이며 전능합니다. 하나님의 목적은 결코 실패하지 않습니다. 여호와 하나님께서는 엘리야에게 이스라엘에 만연된 바알 숭배를 타파하기 위하여 각각 다른 방법으로 하나님의 도구로 사용될 세 사람에게 기름을 부으라고 명하셨습니다. 하사엘에게 기름을 부어 아람왕이 되게 하고, 예후에게 기름을 부어 이스라엘왕이 되게 하고, 엘리사에게 기름을 부어 엘리야를 이을 선지자가 되게 하라고 하셨습니다. 하나는 이방인 침략자, 하나는 격렬한 파괴자, 또 하나는 하나님의 말씀을 위한 신실한 봉사자. 이 모두 하나님께서 택하신 때에 하나님의 방법으로 사용될 사람이었습니다. 엘리야는 자신의 생각처럼 혼자만 남은 것이 아니었습니다. 하나님께서는 바알에게 무릎을 꿇지 않고 입을 맞추지 않은 신실한 사람들을 이스라엘 가운데 칠천 명이나 남겨 두셨습니다.

이제 엘리야는 아합이나 이세벨이 이 세상을 통치하시는 하나님의 절대주권에 감히 대항할 수 없다는 것을 알았습니다. 엘리야는 하나님의 계획과 목적에 대하여 절망할 필요가 없었습니다. 호렙산에서 엘리야에게 말씀하신 하나님의 세심한 음성 가운데는 많은 의미가 담겨 있었습니다. 하나님께서는 아브라함과 다윗에게 하신 약속을 잊지 않으셨습니다. 이스라엘 위에 심판이 임해야 하지만, 그러나 그 심판을 통하여서도 하나님께서는 이스라엘에게 자비를 보여 주실 것입니다. 진실로 이스라엘 백성은 갈멜산에서 목격한 그 불을 신속히 잊어버렸지만, 하나님께서는 자신의 능력을 보여 주시는 것 그 이상의 또 하나의 목적을 가지고 계셨습니다. 즉 하나님의 말씀, 하나님의 구원의 신비를 나타낼 말씀은 계속 선포될 것이라는 사실입니다.

엘리야는 하나님의 말씀을 위하여 섬긴 많은 선지자들의 대열에서 선두에 위치한 사람이었습니다. 시내산의 천둥 가운데서도 아니요, 갈멜산의 불 가운데서도 아니라, 자신의 선지자들에게 하신 조용한 계시의 말씀 가운데서 하나님께서는 너무도 놀랍게 하나님의 은혜로운 구원 계획을 계시하실 것입니다. 수백 년 후 위대한 선지자들 가운데서 최후의 선지자인 세례 요한이 엘리야의 심령과 능력으로 와서, 하나님께서 친히 자기 백성을 구원하기 위하여 오셨다는 하나님의 계획의 성취를 알릴 것입니다(말라기 4:5-6, 누가복음 1:17, 마태복음 11:13-14, 마가복음 9:11-13).

엘리야처럼 세례 요한도 하늘로부터 오는 불을 기대하였습니다. 그는 장차 오실 그이인 예수님이 하나님 나라의 축복을 이 세상으로 가져오기 위하여는 악한 자들을 나무처럼 찍어 불에 던져 버리셔야 한다고 생각했습니다(마태복음 3:7-10 참조). 그런데 예수님께서 심판보다는 축복의 기적들을 행하시자 세례 요한은 혼란스러웠습니다. 요한은 헤롯의 죄악을 탄핵하다가 감옥에 갇혀 있었습니다. 감옥 속에서 요한은 예수님이 죽은 자를 살리기도 하신다는 것을 들었습니다(누가복음 7:18). 그러나 그분의 자유케 하시는 사역은 어디에 있는가? 압제자들이 심판을 받지 않는다면 어떻게 가난하고 억눌린 자들이 하나님의 축복을 받을 수 있는가?

의문에 사로잡힌 요한은 제자들을 예수님께 보내어 "오실 그이가 당신이오니이까? 우리가 다른 이를 기다리오리이까?"(누가복음 7:19) 하고 물었습니다. 엘리야처럼 세례 요한도 주님께서 하나님의 나라의 대적들을 멸하시리라 생각했습니다. 예수님은 요한의 제자들 앞에서 기적을 많이 행하셨습니다. 그 기적들은 이사야 35:5-6의 예언을 정확히 성취하는 기적들이었습니다. 그다음 예수님은 이렇게 말씀하셨습니다. "누구든지 나를 인하여 실족하지 아니하는 자는 복이 있도다"(누가복음 7:23). 주님은 엘리야를 교훈할 때처럼 조용한 음성으로 요한을 교훈하셨습니다. 그분은 늘 그분의 방법으로 그분의 일을 하십니다.

거룩하신 하나님의 불이 진정 내려온다면 모든 것이 불타 버릴 것입니다. 요한을 감옥에 가둔 헤롯왕뿐만 아니라 요한과 그 제자들까지도 심판해 버릴 것입니다. 예수님은 심판하기 위하여서가 아니라 그 심판을 몸소 짊어지시려고 오셨습니다. 변화산에서 엘리야와 모세는 예수님과 함께 서서 예수님의 임박한 죽음에 대하여 이야기했습니다. 분명 하나님의 구속의 신비는 갈보리의 희생을 통하여서만 실현될 것이었습니다.

엘리야로부터 세례 요한에 이르기까지 선지자들은 '오실 그이'를 예비하고 있었습니다. 모세 역시 백성이 삼가 따라야 할 위대한 선지자의 오심을 예언했습니다(신명기 18:18). 선지자들은 이스라엘의 역사를 쓰면서 이스라엘의 사사와 왕들이 하나님께 대하여 신실하였느냐 아니하였느냐를 서술하였습니다. 그들은 이스라엘 백성의 배교와 심판과 멸망의 고통스러운 사실을 기록하였습니다. 그러나 과거를 되돌아보면서 자신들의 운명을 한탄만 하는 운명론자들이 아니었습니다. 오히려 예루살렘 성벽의 파수꾼처럼 서서 주님의 구원이 오는 것을 바라보고 기다리는 사람들이었습니다(이사야 62:6-7).

이스라엘 민족은 여호수아의 영도하에 가나안 땅으로 들어갔을 때 모세의 명대로 신명기 27-29장에 기록되어 있는, 하나님께서 약속하신 축복과 심판의 말씀을 낭독하였습니다(신명기 27:11-15, 여호수아 8:30-35 참조). 하나님의 약속은 지켜져 왔습니다. 진저리나는 이스라엘의 불순종의 역사에도 불구하고 하나님께서는 그들에게 그 땅을 주셨고, 솔로몬은 마침내 하나님께서 약속하신 것을 행하신 사실에 대하여 하나님을 찬양할 수 있었습니다. 그러나 이스라엘의 배교 – 솔로몬 당시에 이미 이런 일이 성행했습니다 – 는 신명기에 기록된 심판을 가져왔습니다. 그러나 우리는 신명기 30장에서 하나님께서는 훨씬 그 이상을 약속하신 것을 보게 됩니다. 이스라엘을 심판하시고 그 땅에서 내쫓은 이후에 하나님께서는 다시 그 백성을 모으시고 그들의 마음에 할례를 행하시리라고 약속하셨습니다(신명기 30:1-10, 특히 6절).

선지자들은 이 메시지를 충실하게 선포했습니다. 그들은 하나님께서 이스라엘의 죄악을 심판하시는 도구로서 이방인들을 사용하실 것이라고 백성들에게 경고했습니다. 그들은 또한 이방 민족에 대하여도 경고했습니다. 이스라엘을 황폐케 한 침략자들은 하나님께 속한 거룩한 전쟁을 하고 있는 게 아니었습니다. 그들은 가나안 민족들을 멸한 이스라엘처럼 하나님의 심판을 대신 행하는 자들이 아니었습니다. 그들은 먹이를 삼키는 데에만 정신이 팔린 야수 떼와 같았습니다. 그들은 자신의 군사적 힘을 숭배했습니다. 하나님께서는 비록 그들을 이스라엘을 심판하시는 데 사용하실 것이나 또한 그들 역시 반드시 심판하실 것입니다(이사야 10:5-9, 34:2-4).

이스라엘을 심판하시는 가운데서도 하나님의 목적은 분명하게 성취되었습니다. 하나님께서는 열방에게 복이 되도록 하기 위하여 아브라함을 부르셨습니다. 이스라엘이 불순종함으로 말미암아 자기의 부르심에서 실패한다면, 그들의 불순종에 대한 징벌이 하나님의 계획을 성취할 것입니다. 엘리야가 이스라엘 위에 내린 가뭄으로 이방 과부에게 하나님의 말씀이 전해졌습니다(열왕기상 17:8-24, 누가복음 4:26). 이스라엘에 대한 하나님의 채찍으로 세움을 입은 아람의 장군 나아만은 엘리사를 통해 문둥병을 고침받았습니다. 이는 분명히 이스라엘을 침략하는 그의 일을 계속하도록 고침을 받은 것입니다.

이스라엘에 대한 하나님의 심판이 어떻게 이방인들에게 복을 가져다주는가가 요나서에 잘 나타나 있습니다. 여호와께서는 선지자 요나에게 니느웨로 가서 니느웨에 대한 하나님의 심판의 말씀을 전하라고 명령하셨습니다. 요나는 하나님께 불순종하여 반대 방향으로 가서 서쪽에 있는 다시스로 가는 배를 탔습니다. 거기에는 요나 나름대로 분명한 이유가 있었습니다. 니느웨는 당시 초강대국 앗수르의 수도였고, 앗수르의 군대는 이스라엘을 크게 위협하고 있었습니다. 대영박물관에 있는 살만에셀의 '검은 오벨리스크'에 보면 이스라엘왕 예후가 니느웨의 왕 앞에 엎드려 땅에 입을 맞추고 있고 그 뒤에는 그가 앗수르에 가져온 공물을 나르는 짐꾼들이 조각되어 있습니다.

요나는 이스라엘의 구원을 예언했었습니다. 과연 그의 예언대로 하나님께서 여로보암 2세를 통해 이스라엘을 구원해 주셨고, 이스라엘은 여로보암 2세 치하에서 번영을 구가하고 있었습니다(열왕기하 14:25-27). 그러나 이제 그가 요나서의 끝부분에서 고백하고 있듯이 요나는 두려움으로 가득 차 있습니다(요나 4:2). 니느웨 사람들이 그의 경고에 귀를 기울여 죄악을 회개하면 어떻게 하지? 그들이 회개하면 하나님께서는 그들을 멸하지 않고 아끼실 것이 아닌가? 니느웨가 아낌을 받으면 이스라엘이 어떻게 안전할 수 있는가?

요나는 자신이 버림을 당해도 좋다고 생각했습니다. 하나님께서는 40일 후면 니느웨가 멸망할 것이라고 니느웨 사람들에게 경고하라고 그에게 명하시지 않았던가? 그가 그 명령에 순종하지 않는다고 생각해 봅시다. 니느웨 사람들은 경고를 듣지 못할 것이요, 결국 니느웨는 분명 멸망할 것입니다. 요나는 이스라엘의 보전을 위해 기꺼이 자신이 멸망을 당하기로 결심했습니다.

그런 결심하에 그는 니느웨의 반대쪽으로 갔고, 타고 가던 배가 큰 폭풍을 만나 파선할 지경에 이르렀어도 배 밑에서 깊이 잠을 잘 수 있었습니다. 그는 공포에 질린 선원들에게 자기 신분이 밝혀지자 자기 계획을 실행하는 데 훨씬 더 효과적일 것 같은 방안을 제시하였습니다. 그는 선원들에게 자기를 바다에 던지라고 하였습니다. 큰 폭풍은 하나님께로부터 온 것이었고, 진노의 대상은 요나였기 때문에, 요나를 바다에 던지면 선원들은 살게 될 것이고, 그리고 중요한 점은 니느웨는 아무 경고도 듣지 못하게 될 것입니다.

그러나 하나님께서는 요나를 구조하기 위하여 큰 물고기를 보내셨고, 물고기 속에서 요나는 구원은 여호와께로 말미암는다고 고백하였습니다. 그는 저 깊은 곳 죽음의 문턱까지 내려갔지만, 하나님께서는 아끼셨습니다. 육지에 토하여진 요나는 마침내 니느웨로 가서 하나님께서 명하신 대로 전파하였으며, 그가 가장 두려워하던 일이 실제로 일어나게 되었습니다. 니느웨 사람들은 위로 왕으로부터 가장 낮은 종에 이르기까지 회개하였습니다.

요나는 니느웨의 회개가 하나님의 수준에 미치지 못함으로써 니느웨가 멸망하기를 바라면서 성 밖에 앉아 사십 일 동안 기다렸습니다. 그는 여호와께 "여호와여, 내가 고국에 있을 때에 이러하겠다고 말씀하지 아니하였나이까?"(요나 4:2) 하고 따졌습니다. 그는 계속해서 이렇게 아뢰었습니다. "그러므로 내가 빨리 다시스로 도망하였사오니 주께서는 은혜로우시며 자비로우시며 노하기를 더디 하시며 인애가 크시사 뜻을 돌이켜 재앙을 내리지 아니하시는 하나님이신 줄을 내가 알았음이니이다. 여호와여, 원컨대 이제 내 생명을 취하소서. 사는 것보다 죽는 것이 내게 나음이니이다"(요나서 4:2-3).

물론 요나의 말은 옳았습니다. 그는 하나님의 자비와 사랑을 알고 있었습니다. 그가 니느웨에 대하여 염려한 것도 옳았습니다. 하나님께서 니느웨를 아끼셨음에도 불구하고 얼마 후면 니느웨로부터 앗수르의 군대가 쳐들어와서 이스라엘을 정복하고 그들을 사로잡아 그 땅에서 쫓아낼 것입니다. 요나가 잊은 것은 이스라엘은 이방인들이 듣도록 하나님의 공의와 자비를 증거해야 할 소명을 가지고 있었다는 사실이었습니다.

하나님께서는 아브라함을 축복하셨을 뿐 아니라, 그가 땅의 모든 족속에게 복이 되도록 부르셨습니다. 이스라엘을 위한 요나의 열심에도 불구하고 죄악 된 이 백성은 하나님의 심판을 피할 수 없었습니다. 하나님께서는 이스라엘을 치는 도구로 사용하기 위하여 니느웨를 아끼셨습니다. 이스라엘의 죄악이 하나님의 이름으로 열방 중에서 욕을 당하게 하였다면, 이스라엘을 심판하심으로써 하나님께서는 자기의 이름을 알리실 것입니다. 이스라엘을 심판하실 때 하나님께서는 열방에게 복을 가져다주셨습니다.

요나 개인의 역사는 사로잡혀간 하나님의 백성에게 소망을 주는 메시지가 되었습니다. 열방의 바다에 삼키운 바 된 그들은 하나님께 잊힌 것이 아니었습니다. 구원은 여호와 하나님께로 말미암습니다. 하나님은 진실로 자기 백성을 구원하실 것이며, 죽은 자 가운데서 다시 살리심으로써 그리하실 것입니다. 요나의 표적은 예수 그리스도 안에서 성취되었습니다(마태복음 16:4). 온 민족이 멸망하지 않도록 한 사람이 죽는 것이 낫다는 말은 바로 예수님에 대하여 예언적으로 말해진 것이었습니다. 하나님의 순종하는 종 예수님은 요나가 불순종의 어리석음 가운데서 마지못해 했던 것을 기쁨으로 기꺼이 하셨습니다. 예수님은 하나님의 백성에게 구원을 가져다주기 위하여 자기의 목숨을 주셨습니다. 구원은 주님께로 말미암습니다.

주님께서 친히 구원하셔야만 합니다. 왜냐하면 죄악 된 인간의 상태는 너무도 절망적이어서 하나님 외에는 어느 누구도 인간을 구원할 수 없기 때문입니다. 에스겔은 포로 상태에 있는 하나님의 백성에 대한 환상을 보았습니다. 그들을 하나님께서 백성이라 부르는 것은 참으로 기괴한 일일 것입니다. 그들은 골짜기를 가득 메웠으나 모두 죽고 썩어 뼈만 남아 있었고, 그것도 아주 말라 있었습니다. 에스겔이 그 넓은 죽음의 골짜기를 지나가면서 본즉 뼈들은 이리저리 어수선하게 널려 있었습니다. 그때 하나님께서 에스겔에게 물으셨습니다. "인자야, 이 뼈들이 능히 살겠느냐?"(에스겔 37:3).

에스겔은 분명하게 대답을 못 하고, "주 여호와여, 주께서 아시

나이다"(에스겔 37:3)라고 대답했습니다. 그러자 여호와께서는 에스겔에게 아주 놀라운 책임을 주셨습니다. 그 마른 뼈들에게 하나님의 말씀을 대신 말하라고 하셨습니다. "너는 이 모든 뼈에게 대언하여 이르기를 '너희 마른 뼈들아, 여호와의 말씀을 들을지어다. 주 여호와께서 이 뼈들에게 말씀하시기를, 내가 생기로 너희에게 들어가게 하리니 너희가 살리라. 너희 위에 힘줄을 두고 살을 입히고 가죽으로 덮고 너희 속에 생기를 두리니 너희가 살리라. 또 나를 여호와인줄 알리라 하셨다' 하라"(에스겔 37:4-6).

에스겔이 하나님의 명을 좇아 대언할 때 섬뜩하면서도 놀라운 일이 일어났습니다. 여기저기서 소리가 나면서 마른 뼈들이 움직이더니 이 뼈, 저 뼈가 들어맞아서 서로 연결되었습니다. 그러더니 그 뼈에 힘줄이 생기고 살이 오르며 그 위에 가죽이 덮였습니다. 다시 에스겔이 하나님의 명을 좇아 생기를 향하여 대언하자 생기가 그들에게 들어가 그들이 곧 살아 일어나 서는데 지극히 큰 군대가 되었습니다(에스겔 37:7-10).

이 환상과 함께 하나님께서는 이스라엘을 마른 뼈와 같은 포로 상태에서 건져 내실 뿐만 아니라 그들이 살도록 그들 속에 하나님의 신을 주시겠다고 약속하셨습니다(에스겔 37:11-14). 포로로 사로잡혀가 각지에 뿔뿔이 흩어져 살고 있는 이스라엘 민족의 상황에 대하여 이보다 더 어두운 묘사를 할 수 없을 것입니다. 그러한 상황은 인간으로서는 도저히 치료할 수 없는 것이었습니다. 오직 하나님만이 죽은 자들의 골짜기에 생명을 주실 수 있습니다. 사도 바울은 잃어버린 세상의 상태를 묘사할 때 바로 에스겔의 죽음의 골짜기를 염두에 두고 있었습니다. "너희의 허물과 죄로 죽었던 너희를 살리셨도다"(에베소서 2:1), "허물로 죽은 우리를 그리스도와 함께 살리셨고"(에베소서 2:5), "또 너희의 범죄와 육체의 무할례로 죽었던 너희를 하나님이 그와 함께 살리시고 우리에게 모든 죄를 사하시고"(골로새서 2:13). 이와 같이 우리는 우리 죄로 인하여 죽어 있었습니다.

이처럼 인간의 상태가 절망적이고 회복 불가능할 뿐만 아니라, 하나님의 약속들 또한 인간의 능력으로는 도저히 성취가 불가능하기 때문에 주님께서 오셔야만 했습니다. 아브라함은 사라의 노년에 사라에게서 아들이 태어나리라는 하나님의 불가능한 약속을 듣고 웃었습니다. 그는 하나님께 그 약속을 약간 변경시켜서 사라의 여종인 하갈이 낳은 아들 이스마엘로 만족하고 싶다고 말씀드렸습니다. 그러나 하나님께서는 아브라함에게 "여호와께 능치 못한 일이 있겠느냐? 기한이 이를 때에 내가 네게로 돌아오리니 사라에게 아들이 있으리라"(창세기 18:14)라고 다시금 분명하게 말씀해 주셨고, 그 약속대로 하나님께서 정한 기한에 이르러 '웃음'이라는 뜻을 가진 이삭이 태어났습니다.

주님이 오시지 않는다면 하나님의 선지자들의 약속들은 순전히 환상에 지나지 않을 것입니다. 선지자들은 이스라엘의 재앙과 파멸을 외쳤습니다. 그러나 그들은 또한 하나님께서 자기 백성을 버리시지 않았다고 선포하였습니다. 이사야 선지자는 만군의 하나님 여호와께서 빽빽한 삼림과 같은 교만한 이스라엘을 베어 버리실 것이라고 말하였습니다. 그러면 이스라엘의 모든 소망은 끊어졌습니까? 아닙니다. 땅에 남아 있는 나무의 뿌리에서 한 싹이 나와 마침내 큰 나무가 되어 만민의 기호로 서게 될 것이며, 열방이 그에게로 돌아올 것이라는 소망의 소식을 이사야는 선포합니다(이사야 10:33-34, 11:1,10).

선지자들의 절망적인 질문에 두 가지 대답이 주어졌습니다. 첫째, 이스라엘은 완전히 멸망할 것이 아니며, 하나님께서는 남은 자를 아끼실 것이다. 둘째, 이스라엘은 멸망으로 끝나는 것이 아니라, 하나님께서는 그들을 회복시키셔서 새롭게 하여 주실 것이다. 베어 낸 나무의 그루터기는 곧 남은 자를 의미하였고, 거기서 나오는 싹은 하나님의 회복과 새롭게 하심을 의미하였습니다.

남은 자의 수에 대하여도 선지자들은 처량한 표현을 하고 있습니다. 이사야는 추수하고 난 들판 구석에 떨어져 있는 이삭 몇 개, 감람나무를 흔들어 수확한 다음 가장 높은 가지 꼭대기에 남은 실과 이삼 개, 무성한 나무의 가장 먼 가지에 남은 사오 개에 비유하였습니다(이사야 17:5-6). 아모스는 불붙는 가운데서 빼낸 나무 조각(아모스 4:11)과 목자가 사자의 입에서 건져 낸 양의 두 다리나 귀 조각(아모스 3:12)에 비유하였습니다. 하나님께서는 자기의 것을 지키십니다. 좋은 곡식은 한 알갱이도 땅에 떨어지지 않을 것입니다(아모스 9:9).

심판의 폭풍우가 있은 후에 약속의 밝은 무지개가 뜰 것입니다. 하나님께서는 자기 백성을 건지실 뿐만 아니라, 그들의 육신에서 굳은 마음을 제거하고 대신 부드러운 마음을 줄 것입니다(에스겔 36:26-27). 하나님께서는 그들과 새 언약을 맺으실 것입니다(예레미야 31:31-34). 우주적인 평화와 공의가 새 하늘과 새 땅에서 확립될 것입니다(이사야 11:6-9, 65:17-25).

진실로, 각 고산과 각 준령에 시냇물이 흐르고, 달이 해처럼 밝을 것이며, 하나님께서는 자기 백성의 상처를 싸매시며 치료하여 주실 것입니다(이사야 30:23-26). 원수인 열방들 중에서 남은 자가 이스라엘의 남은 자와 더불어 구원을 얻을 것입니다(예레미야 48:47, 49:6, 시편 87:4-5). 그리고 주님께서는 만민을 위하여 연회를 베푸실 것입니다.

> 만군의 여호와께서 이 산에서 만민을 위하여
> 기름진 것과 오래 저장하였던 포도주로 연회를 베푸시리니,
> 곧 골수가 가득한 기름진 것과
> 오래 저장하였던 맑은 포도주로 하실 것이며,
> 또 이 산에서 모든 민족의 그 가리워진 면박과
> 열방의 그 덮인 휘장을 제하시며
> 사망을 영원히 멸하실 것이라.
> 주 여호와께서 모든 얼굴에서 눈물을 씻기시며
> 그 백성의 수치를 온 천하에서 제하시리라.
> 여호와께서 이같이 말씀하셨느니라.
> (이사야 25:6-8)

진실로 하나님께서 베푸시는 축복은 우리가 상상할 수 없을 정도로 흘러넘쳐서 애굽과 앗수르가 모두 이스라엘의 하나님께 경배할 것입니다. 애굽인은 남으로부터 와서 이스라엘 땅을 지나 앗수르에 계신 하나님을 예배할 것이요, 앗수르인은 그 반대로 예루살렘을 통과하여 애굽에 계신 하나님을 예배하게 될 것입니다(이사야 19:23). 하나님께서는 자기의 언약의 백성에게 주신 사랑스러운 이름을 원수인 열방에게도 축복으로 주실 것입니다. "그날에 이스라엘이 애굽과 앗수르로 더불어 셋이 세계 중에 복이 되리니, 이는 만군의 여호와께서 복을 주어 가라사대 '나의 백성 애굽이여, 나의 손으로 지은 앗수르여, 나의 산업 이스라엘이여, 복이 있을지어다' 하실 것임이니라"(이사야 19:24-25).

하나님의 약속대로 포로 생활에서 돌아온 이스라엘 자손 중에서 어떤 이들은 그들이 새로이 건축한 성전의 미천함을 보고 장엄했던 이전의 모습을 생각하면서 울었습니다. 하나님께서 약속하신 영광

은 어디에 있는가? 선지자 스가랴는 하나님께서 너무 많은 것을 약속하셨다고도, 백성들은 현재 그들이 소유하고 있는 것으로 만족해야 한다고도 외치지 않았습니다. 반대로 그는 우리가 도저히 상상할 수 없는 일들을 선포하였습니다. 주님의 날이 이를 텐데 그날에는 대제사장이 머리에 쓰는 관에 있는 정금의 패에 새긴 '여호와께 성결'이라는 말이 말방울에까지 기록될 것이며, 여호와의 전에 있는 모든 솥이 제단 앞 주발과 다름이 없을 것이며, 예루살렘과 유다의 모든 솥이 여호와의 성물이 될 것이며, 가장 약한 자도 다윗왕과 같을 것입니다(스가랴 14:20-21, 12:8). 한 가지 질문이 남습니다. 그날에는 왕은 무엇과 같을 것인가? "다윗의 족속은 하나님 같고 무리 앞에 있는 여호와의 사자 같을 것이라"(스가랴 12:8).

물론 선지자들의 메시지는 비유적이고 시적인 표현으로 가득 차 있습니다. 이사야가 여호와의 날에는 달빛이 햇빛 같겠고 햇빛은 칠 배가 되어 일곱 날의 빛과 같으리라고 한 것도 여기에 속합니다(이사야 30:26). 선지자들은 비유적인 표현을 통하여 놀라운 축복을 묘사하곤 했습니다. 마찬가지로 요한계시록에서 요한이 본 여러 환상도 장차 임할 참되고 영원한, 하나님의 거룩한 성의 상상조차 못할 영광을 그리고 있습니다.

주님께서는 오실 것이다

선지자들이 약속한 바는 실로 말로 표현할 수 없는 놀라운 것입니다. 그래야 당연한 이유는 그 약속을 성취하실 분이 바로 하나님 그분이기 때문입니다. 영광의 하나님은 햇빛보다 더 밝은 빛을 가져오십니다.

> 일어나라. 빛을 발하라.
> 이는 네 빛이 이르렀고
> 여호와의 영광이 네 위에 임하였음이니라.
> 보라. 어두움이 땅을 덮을 것이며
> 캄캄함이 만민을 가리우려니와,
> 오직 여호와께서 네 위에 임하실 것이며
> 그 영광이 네 위에 나타나리니.
> (이사야 60:1-2)

흩어진 하나님의 백성이 하나로 모이게 되려면, 하나님께서 친히 그들의 목자가 되셔야만 합니다. 에스겔은 하나님의 양 떼를 엉터리로 돌보며 비참하게 만드는 거짓 목자들을 쳐서 다음과 같이 하나님의 말씀을 선포합니다.

> 주 여호와의 말씀에 "내가 목자들을 대적하여 내 양의 무리를 그들의 손에서 찾으리니, 목자들이 양을 먹이지 못할 뿐 아니라, 그들이 다시는 자기를 먹이지 못할지라. 내가 내 양을 그들의 입에서 건져 내어서 다시는 그 식물이 되지 않게 하리라. 나 주 여호와가 말하노라. 나 곧 내가 내 양을 찾고 찾되, 목자가 양 가운데 있는 날에 양이 흩어졌으면 그 떼를 찾는 것같이 내가 내 양을 찾아서 흐리고 캄캄한 날에 그 흩어진 모든 곳에서 그것들을 건져 낼지라." (에스겔 34:10-12)

이사야는 강하면서도 부드럽게 주님을, 이스라엘을 포로 상태에서 건져 내어 제2의 출애굽 해방으로 인도하시는 목자로 묘사합니다. 헨델은 메시야라는 작품에서 그 성경 말씀을 음악으로 표현하였습니다. "그는 목자같이 양 무리를 먹이시며 어린양을 그 팔로 모아 품에 안으시며 젖 먹이는 암컷들을 온순히 인도하시리로다"(이사야 40:11).

주님은 목자로서뿐 아니라 용사로서도 오실 것입니다. 착취와 불의가 가득 찬 세상에서 진리는 아무 데서도 발견할 수 없으며, 주님은 이를 보시고 노하실 것입니다.

> 사람이 없음을 보시며
> 중재자 없음을 이상히 여기셨으므로
> 자기 팔로 스스로 구원을 베푸시며
> 자기의 의를 스스로 의지하사
> 의로 호심경을 삼으시며
> 구원을 그 머리에 써서 투구를 삼으시며
> 보수로 속옷을 삼으시며
> 열심을 입어 겉옷을 삼으시고.
> (이사야 59:16-17)

지금까지 하나님의 백성의 목자와 사사(재판관)들은 모두 실패했습니다. 이제 하나님의 백성은 하나님이 보내시는 참된 '구원자'가 필요했습니다. 구원이란 하나님의 백성을 집어삼키는 악한 압제자들로부터의 해방(건짐)을 의미합니다. 하나님께서는 자기 백성을 사로잡고 있는 자들을 멸하시기 위하여 능력으로 오실 것입니다. 그들의 사로잡힘은 그 어떤 군대가 강요하는 것보다 더 혹독하고, 그들이 갇혀 있는 감옥은 그 어느 것보다 깊었습니다. 그들은 자신들의 죄로 인하여 사로잡혀 있었습니다. 그러므로 미가 선지자는 하나님께서 그들의 적들뿐만 아니라 그들의 죄까지도 이기실 것이라고 선포합니다. 하나님께서 그분의 구원을 보이실 때 열방은 보고 부끄러워하며 두려워할 것입니다.

> 주와 같은 신이 어디 있으리이까?
> 주께서는 죄악을 사유하시며
> 그 기업의 남은 자의 허물을 넘기시며
> 인애를 기뻐하심으로
> 노를 항상 품지 아니하시나이다.
> 다시 우리를 긍휼히 여기셔서
> 우리의 죄악을 발로 밟으시고
> 우리의 모든 죄를 깊은 바다에 던지시리이다.
> (미가 7:18-19)

하나님께서는 구원하실 수 있는 능력을 가지고 계십니다. 그 어느 대적도 구름 병거를 타고 다니시는 용사이신 하나님을 막을 수 없습니다. 출애굽 때의 기적들, 여리고성의 함락, 다윗의 승리들, 모든 것이 하나님의 능력을 보여 주었습니다. 그러나 선지자들은 훨씬 더 놀라운 구원을 선포합니다. 주님께서는 자기 백성을 사슬에서 자유케 하실 뿐 아니라, 죄에서도 자유케 하실 것입니다. 자기 백성을 자유케 하기 위하여 하나님께서는 그들의 마음을 사로잡으실 것입니다.

그러므로 하나님께서는 단지 능력과 위엄 가운데서만 아니라, 사랑과 긍휼 가운데 오십니다. 주님은 목자요 용사요 사사(재판관)로서 자기 백성을 돌보십니다. "여호와께서 말씀하시되 '그들은 실로 나의 백성이요 거짓을 행치 아니하는 자녀라' 하시고, 그들의 구원자가 되사 그들의 모든 환난에 동참하사 자기 앞의 사자로 그들을 구원하시며 그 사랑과 그 긍휼로 그들을 구속하시고 옛적 모든 날에 그들을 드시며 안으셨으나"(이사야 63:8-9).

진실로 이스라엘의 목자는 자기 백성의 남편이요 또한 아버지이십니다. 선지자 호세아는 간음한 아내 고멜을 다시 데려오라는 명령을 받았습니다. 이는 배교한 이스라엘에 대한 하나님의 사랑을 보이기 위한 것이었습니다. 이 비유는 에스겔서와 연관되어 있습니다. 에스겔서에 보면, 주님께서는 벌판에 핏덩이 채로 버려져 있는 갓 태어난 여아인 이스라엘을 보시고 데려다가 살려서 깨끗하게 씻기고 옷을 입히고 키워 자기의 신부로 삼으셨습니다(에스겔 16:1-14). 그랬더니 후에 이스라엘은 주님을 배반하고 다른 연인에게로 가 주님께서 주신 것들로 다른 자들을 유혹하는 데 사용하였습니다(에스겔 16:15-34).

그러나 이스라엘의 연인들은 이스라엘을 배반하여 돌아서서 하나님께서 이스라엘을 심판하시는 도구가 되었습니다. 마침내 하나님께서는 그분의 언약을 다시 세우셨습니다. 그분의 백성은 결국 회개하고 부끄러워할 것입니다. "내가 네게 내 언약을 세워서 너로 나를 여호와인줄 알게 하리니, 이는 내가 네 모든 행한 일을 용서한 후에 너로 기억하고 놀라고 부끄러워서 다시는 입을 열지 못하게 하려 함이니라. 나 주 여호와의 말이니라 하셨다 하라"(에스겔 16:62-63).

비유는 바뀌어, 하나님께서 아버지로서 자기의 어린 아들을 인도하시는 것으로 표현되어 있습니다. 아버지는 자기의 어린 아들 이스라엘을 애굽에서 인도해 내어 팔로 안으시며 걸음마를 가르치십니다(호세아 11:3). 아들의 반역은 아버지의 심판을 가져오나, 하나님께서는 이렇게 외치십니다.

에브라임이여, 내가 어찌 너를 놓겠느냐?
이스라엘이여, 내가 어찌 너를 버리겠느냐?

내가 어찌 너를 아드마같이 놓겠느냐?
어찌 너를 스보임같이 두겠느냐?
내 마음이 내 속에서 돌아서
나의 긍휼이 온전히 불붙듯 하도다.
내가 나의 맹렬한 진노를 발하지 아니하며
내가 다시는 에브라임을 멸하지 아니하리니
이는 내가 사람이 아니요 하나님임이라.
나는 네 가운데 거하는 거룩한 자니
진노함으로 네게 임하지 아니하리라.
(호세아 11:8-9)

선지자는 계속하여, 여호와께서는 자기 백성을 동서로부터 모으기 위하여 사자처럼 소리를 발하실 것이라고 선포합니다(10절).

주님께서 심판하시고 구원하시기 위하여 오실 때에 삼림의 나무들이 주님 앞에서 즐거이 노래할 것이며, 주님의 백성이 그 노래에 참여할 것입니다(시편 96:12-13).

시온의 딸아, 노래할지어다.
이스라엘아, 기쁘게 부를지어다.
예루살렘 딸아, 전심으로 기뻐하며 즐거워할지어다.
여호와가 너의 형벌을 제하였고
너의 원수를 쫓아내었으며
이스라엘왕 여호와가 너의 중에 있으니
네가 다시는 화를 당할까 두려워하지 아니할 것이라
너의 하나님 여호와가 너의 가운데 계시니
그는 구원을 베푸실 전능자시라.

그가 너로 인하여 기쁨을 이기지 못하여 하시며

너를 잠잠히 사랑하시며

너로 인하여 즐거이 부르며 기뻐하시리라.

(스바냐 3:14-15,17)

주님의 종이 오실 것이다

여호와 하나님의 약속의 말씀은 헛되이 돌아오지 않습니다(이사야 55:11). 그분의 은혜는 실패하지 않을 것입니다. 그분의 긍휼은 승리할 것입니다. 배교에 대한 그분의 무서운 진노로 인한 멸망은 전적인 것도 최종적인 것도 아닙니다. 왜냐하면 하나님께서는 우리의 상상을 초월하여 구원을 계획하시기 때문입니다.

하나님은 조롱을 당하시지 않습니다. 하나님의 사랑에 대한 응답이 있어야만 합니다. 하나님이 주님이시라면 그분은 주님으로서 사랑을 받고 섬김을 받으셔야만 합니다. 하나님이 아버지시라면 그분은 자기의 참아들에 대한 권리를 주장하셔야만 합니다. 우리의 불순종이 순종으로 바뀌지 않는다면, 하나님의 오심은 기쁨보다 두려움이 될 것입니다. "그의 임하는 날을 누가 능히 당하며 그의 나타나는 때에 누가 능히 서리요?"(말라기 3:2).

하나님은 자기의 언약을 지키셨습니다. 그러나 그분의 백성은 언약을 어겼습니다. 새 언약이 있기 위하여는 하나님께서 영광 중에 오시는 것으로는 부족했습니다. 백성들의 허물과 죄를 대신 짊어질 분이 오셔야 했습니다. 아브라함, 이삭, 야곱, 요셉, 모세, 여호수아, 삼손, 사무엘, 다윗, 솔로몬, 엘리야, 엘리사, 요나, 이사야, 예레미야, 다니엘 등 이스라엘의 모든 선지자, 제사장, 왕으로도 너무 부족했습니다. 그들은 이스라엘 백성을 인도하고, 백성을 위하여 기도하며, 백성을 설득하고, 백성을 위하여 싸우고, 백성을 경책했지만, 그들 힘으로는 이스라엘 백성으로 하여금 하나님과의 언약을 지키게 할 수 없었습니다. 그들은 백성 대신 설 수도 없었고, 백성의 편을 들 수도 없었습니다. 그러므로 누군가 백성 편에 서서 그들을 대신할 자가 있어야 했습니다. 선지자나 제사장이나 왕보다 더 위대한 구원자가 필요했습니다.

그 구원자 역시 오실 것입니다. 주님께서 오시리라는 약속과 병행하여 종이 오시시라는 약속이 있습니다. 그 종은 모세와 같은 선지자이시나 더 나은 중보자이시며, 그분은 또한 아론과 같은 제사장이시나 멜기세덱의 반차를 좇는 제사장이시며, 다윗과 같은 왕이시나 영원한 보좌를 받으신 분이십니다. 새사람은 마지막 아담에 의하여 세워져야만 했습니다. 마지막 아담은 뱀의 머리를 상하게 할 여인의 후손이었습니다. 아브라함에게 하신 약속은 열방들이 그 안에서 복을 받게 될 참씨인 또 다른 이삭 안에서 성취되어야 했습니다. 새 이스라엘은 주님의 종 안에서 확립되어야 했습니다. 다음은 그 종에 대한 선포입니다.

> 내게 이르시되 "너는 나의 종이요 내 영광을 나타낼 이스라엘이라" 하셨느니라.… 다시 야곱을 자기에게로 돌아오게 하시며 이스라엘을 자기에게로 모이게 하시려고 나를 태에서 나옴으로부터 자기 종을 삼으신 여호와께서 말씀하시니라. 그가 가라사대 "네가 나의 종이 되어 야곱의 지파들을 일으키며 이스라엘 중에 보전된 자를 돌아오게 할 것은 오히려 경한 일이라. 내가 또 너로 이방의 빛을 삼아 나의 구원을 베풀어서 땅끝까지 이르게 하리라." (이사야 49:3-6)

하나님의 종은 이스라엘과 동일시되어 이스라엘이라 불리지만, 그분은 또한 이스라엘과는 구별될 것입니다. 왜냐하면 그분은 이스라엘 중에 보전된 자를 일으키며 돌아오게 하시고, 이방인들에게 하나님의 빛이 될 것이기 때문입니다. 하나님께서 이스라엘을 부르시고 택하신 일은 이스라엘이 다른 신들을 택함으로써 조롱을 당하였습니다. 그러므로 하나님께서는 그분의 종을 택하셔서 그분에게 자기의 신을 주실 것입니다(이사야 42:1). 하나님의 종은 열방 중에서 이스라엘의 부르심을 성취하실 것이며, 그분 안에서 새롭고 참된 이스라엘이 확립될 것입니다(로마서 9:6-8, 15:8-9).

하나님의 택하신 종은 하나님의 기쁨이 되셔야 하지만, 그분은 또한 낮아져서 굴욕을 당하고 고난을 당하실 것입니다. 주님의 원수들이 종의 원수들이 될 것이며, 하나님을 훼방하는 훼방이 그 종 위에 쌓일 것입니다(시편 69:9). 선지자들의 사역은 하나님의 고난받는 종에 대한 메시지에서 그 절정에 달하였습니다(이사야 53장).

하나님의 종이 받을 고난은 너무도 잔인하고 고통스러운 것이었습니다. 사람들은 그가 받는 모욕과 학대를 보고 기겁을 하며 놀랄 것입니다. 그는 고운 모양도 없고 풍채도 없어서 우리의 보기에 흠모할 만한 아름다운 것이 없을 것입니다. 그분의 얼굴은 상할 것이며, 그 모양이 너무도 상하여서 사람들이 그를 보고 놀랄 것입니다. 그는 멸시를 받아서 사람들에게 싫어 버린 바 될 것이며, 간고를 많이 겪을 것이며, 슬픔을 당할 것입니다. 그는 마치 사람들에게 얼굴을 가리우고 보지 않음을 받는 자 같아서 아무도 그를 귀히 여기지 않을 것입니다. 사람들은 또 그는 징벌을 받아서 하나님께 맞으며 고난을 당한다고 생각할 것입니다. 사람들은 그를 하나님께 버림을 당한 악인이라고 고소할 것입니다. 그가 당한 곤욕과 심문은 그가 하나님께 버림을 당한 자라는 것을 보여 주지 않는가?

그러나 종은 순종함으로 온유하게 이 모든 것을 견딜 것입니다. 의롭고 결백하지만 저항하지 않을 것입니다. 마치 도수장으로 끌려가는 어린양과 털 깎는 자 앞에 잠잠한 양 같을 것입니다.

더욱더 놀라운 것은 그 비극에는 의미가 있다는 사실입니다. 하나님의 종의 고난과 죽음은 하나의 제사가 되어야만 했습니다. 그는 하나님의 선고에 의하여 고난을 받을 것입니다(이사야 53:10). 그는 범죄자가 아니었으나, 범죄자 중 하나로 헤아림을 입어야 했습니다. 왜냐하면 많은 사람의 죄를 짊어졌기 때문입니다. 우리는 그릇 행하여 각기 제 길로 간 양 같았으나, 여호와께서는 우리 모두의 죄를 그 종에게 담당시키셨습니다(6절). "그가 곤욕과 심문을 당하고 끌려갔으니 그 세대 중에 누가 생각하기를 '그가 산 자의 땅에서 끊어짐은 마땅히 형벌 받을 내 백성의 허물을 인함이라' 하였으리요"(8절). 그의 영혼은 속건제물이 되어야 했습니다(10절).

그 종은 마땅히 채찍에 맞아야 할 자들을 대신하여 채찍에 맞으실 것입니다. 아주 기꺼이 그 일을 하실 것입니다. 왜냐하면 그들의 슬픔과 질고와 아픔을 자원하여 짊어지실 것이기 때문입니다. 그는 범죄자들을 위하여 중보하실 것입니다. 그가 채찍에 맞음으로 그들은 나음을 입을 것입니다.

종의 희생은 승리로 끝날 것입니다. 그것은 왕으로서의 승리요 제사장으로서의 승리로서 열방에게 선포될 것입니다. 먼저 그는 왕으로서 승리자가 되셔야만 했습니다. 승리하는 하나님의 종은 완전한 성공을 이룸으로써 받들어 높이 들려 지극히 존귀하게 될 것입니다(이사야 52:13). 그는 그의 손으로 주님의 뜻을 성취할 것이며, 주님께서는 그의 손으로 한 일을 보고 심히 기뻐하실 것입니다. 그는 많은 사람을 의롭게 하며, 그의 승리로 얻은 탈취물을 그들과 함께 나누실 것입니다. 또한 그는 제사장으로서 자기 피로 열방을 정결케 하실 것이며, 죄인들을 위하여 중보 기도할 것입니다. 열방들은 그의 고난의 의미를 듣고 깜짝 놀랄 것입니다.

드디어 여기에서 하나님의 종의 긴 고난의 이야기는 절정에 달합니다. 모세는 이스라엘 백성의 비난을 참았습니다. 엘리야는 목숨을 건지려고 도망쳤습니다. 예레미야는 구덩이 속에 던져졌습니다. 그러나 이사야는 하나의 선지자 그 이상인 분을 묘사하고 있습니다. 그들처럼 그분은 박해를 당하였으나, 그들과는 달리 그분은 죄가 없으셨습니다. 다윗도 역시 주님을 위하여 비난을 참았습니다. 그러나 다윗은 그의 범죄로 말미암아 그의 통치에 큰 오점을 남겼습니다. 주님은 다윗을 건지셔서 그의 왕위를 회복시켜 주셨지만, 다윗은 결코 하나님의 우편으로까지 높임을 받지는 않았습니다. 제사장들은 매일 희생 제사를 드렸지만, 종은 자기 자신을 속죄 제물로 드립니다. 종은 성령으로 기름 부음을 받으며, 종의 사역은 하나님의 구원을 땅끝까지 이르게 할 것입니다.

선지자들의 메시지에서 하나님의 기름 부음을 받은 종의 오심은 하나님 그분께서 친히 오심과 아주 긴밀하게 연관되어 나타납니다. 하나님께서 자기 백성의 목자가 되기 위하여 오실 때 다윗은 그들의 목자가 될 것입니다(에스겔 34:23). 예루살렘 거민 중 가장 약한 자가 다윗왕과 같을 때에, 다윗의 집은 하나님 같고 무리 앞에 있는 여호와의 사자 같을 것입니다(스가랴 12:8). 신적인 이름들이 그 약속된 왕에게 주어집니다. "이는 한 아기가 우리에게 났고 한 아들을 우리에게 주신 바 되었는데 그 어깨에는 정사를 메었고 그 이름은 기묘자라, 모사라, 전능하신 하나님이라, 영존하시는 아버지라, 평강의 왕이라 할 것임이라"(이사야 9:6).

이사야는 '전능하신 하나님'이라는 이름을 그다음 장인 이사야 10장에서 여호와께 돌립니다(21절). 그러면 어떻게 그 이름을 메시야가 가질 수 있습니까? "그러므로 주께서 친히 징조로 너희에게 주실 것이라. 보라. 처녀가 잉태하여 아들을 낳을 것이요 그 이름을 임마누엘('하나님이 우리와 함께 계시다')이라 하리라"(이사야 7:14).

아담은 하나님의 형상으로 지음을 받았기 때문에 어느 의미에서 하나님의 아들이라 불릴 수 있습니다(누가복음 3:38). 구약성경에서 천사들도 하나님의 아들들이라 불립니다(욥기 1:6). 그러나 왕으로서의 메시야의 존귀하심에서 볼 때 고유한 아들 직분은 메시야에게 돌려집니다(시편 2:6, 시편 72편). 예수님은 그의 비판자들에게 다윗이 약속된 그의 자손을 주라 불렀다는 것을 상기시켰습니다(시편 110:1, 마태복음 22:43-45). 주님의 성전에 임하실 언약의 사자는 바로 주님 자신인 것입니다(말라기 3:1). 구약성경의 마지막 선지자인 말라기는 주님의 오심을 알리는 주님의 사자로서 엘리야가 올 것을 예언했습니다(말라기 4:5). 세례 요한은 엘리야의 심령과 능력으로 와서 그 약속을 성취하였으며, 자신은 그분의 신들메를 풀기도 감당치 못할 자라고 하면서 주님의 오심을 선포하였습니다. 세례 요한은 바로 광야에서 주님의 길을 예비하라고 외치는 자의 소리였습니다(이사야 40:3).

구약성경에 있는 예수님의 이야기는 신약에서 복음의 이야기가 되고 있습니다. 성육신의 기적 가운데서 주님 자신이 자기 백성을 구원하기 위하여 오십니다. "여호와께 능치 못한 일이 있겠느냐?" 사라에게 하신 하나님의 약속은 마리아에게도 지켜졌습니다(창세기 18:14, 누가복음 1:37). "성령이 네게 임하시고 지극히 높으신 이의 능력이 너를 덮으시리니, 이러므로 나실 바 거룩한 자는 하나님의 아들이라 일컬으리라"(누가복음 1:35)라는 천사의 약속대로 처녀 마리아는 잉태하였습니다. 마리아에게서 나신 그분은 '주 그리스도'(누가복음 2:11)이셨습니다. 그분은 이방인의 빛과 이스라엘의 영광으로 오셨습니다(누가복음 2:32). "본래 하나님을 본 사람이 없으되 아버지 품속에 있는 독생하신 하나님이 나타내셨느니라"(요한복음 1:18). 예수님은 이렇게 말씀하실 수 있었습니다. "나와 아버지는 하나이니라.… 나를 본 자는 아버지를 보았거늘…"(요한복음 10:30, 14:9).

주님으로서 예수님은 폭풍과 귀신들에게 명령하셨습니다. 그분은 물 위로 걸으셨고, 그분의 명령으로 죽은 자를 살리셨습니다. 그분은 권위를 가지고 죄를 사하시고, 제자들의 경배를 받으셨습니다. 도마는 부활하신 주님을 보고 그분의 발 아래 엎드려 이렇게 고백하였습니다. "나의 주시며 나의 하나님이시니이다"(요한복음 20:28). 베드로는 제자들 모두를 대신하여 예수님이 그리스도시요 살아 계신 하나님의 아들이시라고 고백하였습니다(마태복음 16:16).

그리스도께서 승천하신 후 베드로는 소아시아에 있는 그리스도인들에게 편지하여 그리스도를 위하여 박해를 당하고 있는 그들을 격려하면서 이사야서의 말씀을 인용하여 "저희의 두려워함을 두려워 말며 소동치 말고 너희 마음에 그리스도를 주로 삼아 거룩하게 하고"라고 명합니다(베드로전서 3:14-15, 이사야 8:12-13). 베드로에게 예수 그리스도(그분은 베드로의 고깃배에서 주무셨습니다)는 주님으로서 거룩하게 경배받으실 분이셨습니다.

주 그리스도는 신약성경에서 성자 하나님으로 불립니다. 그분은 또한 종으로서 계시되어 있습니다. 그분은 하나님 아버지의 뜻을 행하며, 많은 사람을 위한 대속물로 자기 목숨을 주기 위하여 오십니다. 예언서에서 이스라엘은 하나님의 포도나무였지만, 예수님은 참포도나무이십니다. 그분은 하나님의 진실하심을 위하여 할례의 사역을 성취하시며, 이로써 조상들에게 주신 약속을 견고케 하시고, 이방인들도 하나님의 긍휼하심을 받아 하나님께 영광을 돌리게 하려 하십니다(로마서 15:8-9).

　그리스도는 또한 모든 점에서 우리와 한결같이 시험을 받으셨지만 죄가 없으십니다(히브리서 4:15). 그분은 모든 의를 성취하셨습니다. 그분은 십자가에서 당할 자기의 죽음을 향하여 단호하게 걸어가셨습니다. "친히 나무에 달려 그 몸으로 우리 죄를 담당하셨으니 이는 우리로 죄에 대하여 죽고 의에 대하여 살게 하려 하심이라. 저가 채찍에 맞음으로 너희는 나음을 얻었나니"(베드로전서 2:24).

　그분은 삼 일 만에 죽은 자 가운데서 살아나셔서, 사십 일 동안 제자들에게 자신을 보이시고, 하늘로 오르사 하나님 우편에서 영광을 받으셨습니다. 그분은 하늘 보좌에서 성령을 보내심으로써 죄와 사망에 대한 그분의 승리를 인치셨습니다. 이제 그분은 만유의 주님이시며, 그분의 몸 된 교회의 머리이십니다. 예수님이 다시 오시는 그날까지 모든 역사가 예수님의 이야기를 완성하기 위하여 전개됩니다.

> 그는 보이지 아니하시는 하나님의 형상이요 모든 창조물보다 먼저 나신 자니, 만물이 그에게 창조되되 하늘과 땅에서 보이는 것들과 보이지 않는 것들과 혹은 보좌들이나 주관들이나 정사들이나 권세들이나 만물이 다 그로 말미암고 그를 위하여 창조되었고, 또한 그가 만물보다 먼저 계시고 만물이 그 안에 함께 섰느니라. 그는 몸인 교회의 머리라. 그가 근본이요 죽은 자들 가운데서 먼저 나신 자니 이는 친히 만물의 으뜸이 되려 하심이요, 아버지께서는 모든 충만으로 예수 안에 거하게 하시고 그의 십자가의 피로 화평을 이루사 만물 곧 땅에 있는 것들이나 하늘에 있는 것들을 그로 말미암아 자기와 화목케 되기를 기뻐하심이라. (골로새서 1:15-20)

구약에 나타난 그리스도

초판 1쇄 발행 : 1991년 5월 25일
개정 1쇄 발행 : 2024년 4월 5일

펴낸곳 : 네비게이토 출판사 ⓒ
주소 : 03784 서울시 서대문구 연희로 16 (창천동)
전화 : 334-3305(대표), 334-3037(주문), FAX : 334-3119
홈페이지 : http://navpress.co.kr
출판등록 : 제10-111호(1973년 3월 12일)
ISBN 978-89-375-0653-6 03230

본 출판사의 서면 허락 없이는 본서의 전부 또는
일부의 무단 복제, 또는 원문에 대한 무단 번역을 금합니다.